영웅들의 삶을 통해 본 최고의 순간들!! 나의 최고의 순간은 언제일까?

애국심 *Lovely Korea*

영웅들의 생각과 삶! 스타들의 말과 행동!!

황 광 석 지음

다솜출판사

머리글

카카오 톡 AI Askup에 물었다. 애국심이란?

애국심이란 자신의 나라와 국민에 대한 사랑과 충성심을 의미합니다. 이는 국가와 국민을 위해 헌신하고, 국가의 발전과 번영을 위해 노력하는 것을 장려합니다. 애국심은 국가적 정체성과 자부심을 형성하고, 국가의 역사와 문화를 존중하며, 국가의 이익과 안보를 위해 노력하는 것을 포함합니다.

애국심은 다양한 형태로 나타날 수 있으며, 국가에 대한 충성심, 조국의 자유와 안전을 지키기 위한 헌신, 국가적 가치와 전통을 존중하는 태도 등을 포함할 수 있습니다. 또한 애국심은 국가 내외의 문제에 대해 관심을 가지며, 사회적인 책임과 의무를 다하는 것을 장려합니다.

애국심은 다양한 문화와 사회에서 다르게 이해될 수 있으며, 개인의 신념과 가치관에 따라 그 의미와 중요성이 달라질 수 있습니다.

그러면 애국심이란? 나라를 사랑하는 마음으로 표현하면 될까?

나라를 사랑하는 마음은 어디에서 오는 걸까? 세계적인 소프라노 조수미님의 보리밭에 얽힌 사연을 보다가 눈물이 왈칵 쏟아지는 감정은 고향을 그리는 마음과 조국을 그리는 마음이 교차하면서 평소에 나라사랑이라는 말을 들어 본지가 너무나 오래되었기에 되내어 보기로 했다.

나에게 사랑하는 마음이 있기나 하는 걸까?

우리는 태어나는 것을 선택할 수는 없지만 태어나 자라면서 환경에 적응하고 성장하면서 친구들을 사귀며 사회와 국가에 기여할 것이 무엇인지 어떻게 살아가는 것이 옳고 정의로운 삶인지 고민하면서 하루하루 살아간다.

지금처럼 평화로운 시대가 있었을까? 한 세기 전만 하여도 이데올로기와 영토 확장을 위한 전쟁으로 피폐한 삶을 살았던 선열들을 생각하면 가슴이 먹먹하다. 1910년의 한일합방과 1950년 6.25 전쟁의 참상을 알리 없는 전후 세대와 MZ 세대는 선열들이 흘린 피와 땀의 결과로 지금의 자유와 평화를 만끽하고 살아간다는 것을...

1945년 일본으로부터 해방이 되어 좌와 우로 갈린 조국의 지식인들은 대부분 좌편향적인 공산주의 이념에 사로잡혀 낮에는 자유민주주의 수호를 외치고 밤에는 좌익 용공 단체의 활동으로 공산화 혁명에 가담하여 죽음을 자초한 사람들이 많았다.

　1950년 6.25 전쟁이 일어나기 전 우리들 주변에 그러한 사람이 많았다. 자유민주주의를 수호하고자 하는 정부와 공산화를 이루고자 한 사람들과의 싸움으로 혼란스러운 그런 시기가 있었다. 참으로 어리석은 이념논쟁이었다.

　똑똑한 사람은 프롤레타리아 혁명으로 좌에 편승하여 국가를 전복하려는 민중봉기를 주도하였다. 국민 모두가 평등하게 잘사는 사회는 이상국가이다. 불평지맹을 주장한 학자도 있었다.

　그러나, 오늘날 마르크스와 넨린주의는 민주주의의 성공 앞에 사라진지가 오래다. 자유의 상징 미국과 견주었던 소련연방공화국이 패망하여 러시아 등 여러 분권국가로 독립을 하였고, 중국은 마오쩌둥이 백묘흑묘를 부르짖으며 시장개방으로 자유시장 체제의 사회주의로 성공을 쟁취하였다. 오직 북한만이 공산주의 사상과 핵으로 무장하여 인민들은 굶주림에 허덕이고 있으나 김정은과 그 지도부는 호의호식하는 모습을 연출하고 있다.

　1960년대 우리나라는 북한보다 심한 경제난으로 보릿고개를 겪어야만 겨울을 나는 어려운 경제 상황이었지만 박정희 대통령이 집권하여 경제개발 5개년 계획을 수립하고 새마을 정신으로 똘똘뭉쳐 우리도 한번 잘살아 보세를 외치며 산업화에 성공하여 오늘날 부강한 나라가 되었다.

  얼마 전 보도에 의하면 1인당 GNI가 일본을 추월했다는 소식은 정말로 고무적이다. 경제력 세계 10위 국방력 세계 6위의 위업을 달성한 데에는 기업과 국민 개개인의 피나는 노력이 있었기에 가능했다.

  국민 모두가 인터넷과 스마트폰을 손쉽게 다루는 IT 강국이며 원전과 조선, 자동차 등의 기술력과 디자인도 세계적인 수준이다. 앞으로 항공 산업과 우주산업 분야에서도 대한민국이 우뚝 설 것을 확신한다.

  탄핵으로 국론이 분열되어 두 쪽으로 갈라졌다. 힘이 분산되어 대한민국의 존망이 위태로운 현실을 걱정하는 사람들이 많다. 기업은 기업대로, 개인은 개인대로 소비심리가 위축되어 어려운 살림살이를 걱정한다. 바르게 산 사람이 성공하고 그렇지 못한 사람은 실패하는 그런 사회가 반드시 이루어져야 한다고 강조한 대통령도 있었다.

  역사적으로 보면 위기 상황에 강한 민족이 대한민국의 국민이었다. 국민이 선택한 자유대한민국을 이끌 위대한 영웅들을 기다린다.

  조국의 올바른 부름에 언제든지 달려갈 수 있는 용기를 애국심으로 표현한 사람도 있다. 애국심으로 똘똘뭉쳐 새로운 자유대한민국이 탄생하길 바란다.

일러두기

한강의 노벨문학상 수상은 대한민국의 국격을 올려 놓았다.

2014년 발간된 '소년이 온다'는 5.18의 아픈 역사를 기술하였고, 2021년 발간된 '작별하지 않는다'는 제주 4.3사건의 아픔을 다루었다. 노벨상 한림원의 선정 이유로 역사적 트라우마를 시적 표현으로 형상화 하였다고 높이 평가하였다.

이들 역사는 정리되지 않은 과거의 기록들로 무엇이 정답인지 명확하지 않은 진실들을 규명하기 위해 아직도 현재 진행형이다. 진실 화해를 위한 과거사 정리위원회도 좌우의 논쟁에서 자유롭지 않아 보인다.

아무튼 지금의 자유대한민국은 이데올로기에서 자유를 선택하여 자유대한민국이 탄생하였으며, 민주화와 산업화를 동시에 성공한 세계 유일의 '한강의 기적을 이룬 나라'가 되었다.

좌우의 대립 보다는 지금 대한민국의 번영과 미래를 살아가기 위해 무엇이 필요한가? 세계 곳곳에서 발생하는 종교와 이념 등 영토분쟁으로 발발하는 전쟁의 참상을 보며 평화와 자유의 가치가 얼마나 소중한지를 깨닫게 한다.

이제 아픈 과거는 덮어주자. 복수는 복수를 낳고 결국은 사망에 이르게 된다는 기독교적 가치관이 아니더라도 역사적 트라우마는 역사 속에 묻어두고 '한 송이 국화꽃을 피우기 위해' 몹시도 몸부림 쳐 울어야 했던 한 사람 한 사람의 일생을, 그들의 희생을 존중하며 살아갔으면 좋겠다.

눈물로 쓰여진 자유대한민국의 역사를 과거보다는 현재와 미래의 가치를 위해 '애국심'이라는 주제를 가지고 저의 개인적인 생각과 사상으로 기술하였다. '좋은 약은 입에 쓰나 병에는 이롭다.'라고 하였다. 부디 좋은 약이 되길 바라는 마음이다.

# 목 차

제1장 예술가의 탄생

조수미 / 2
위대한 탄생(조용필) / 5
싸이 / 7
BTS / 9
에이티즈 / 12
대한민국 트로트의 역사와 현재를 빛낸 사람들 / 13

제2장 스포츠의 영웅들

골프영웅(박세리와 박세리키즈) / 22
야구영웅(박찬호/류현진) / 23
축구영웅(박지성/손흥민) / 26
피겨스케이팅 퀸 김연아 / 30
월드컵 4강의 영웅들 / 32
2015 WBSC 프리미어12 우승의 주역들 / 33
올림픽 금메달리스트 / 34
아시안게임 금메달리스트 / 43
교토국제고 고시엔 우승 / 48

제3장 언론인과 미디어의 영웅들

넷플릭스 오징어 게임 / 52 황정민 배우 / 53

송강호 배우 / 54   　　　언론인 편 / 55

제4장 대통령

대통령의 리더쉽 / 62   　　　이승만 대통령 / 64
윤보선 대통령 / 82   　　　박정희 대통령 / 84
최규하 대통령 / 122   　　　전두환 대통령 / 135
노태우 대통령 / 148   　　　김영삼 대통령 / 160
김대중 대통령 / 169   　　　노무현 대통령 / 181
이명박 대통령 / 192   　　　박근혜 대통령 / 201
문재인 대통령 / 212   　　　윤석열 대통령 / 223

제5장 국토 방위편

연평해전과 천암함의 용사들 / 254
6.25 전쟁의 영웅 / 255
안시성과 양만춘 장군 / 259
강감찬 장군 / 260
세속오계 김유신 장군 / 260
이순신 장군 / 262

제6장 경제인 편

삼성그룹 이병철 / 266
현대그룹 정주영 / 268
엘지그룹 구인회 / 269
SK그룹 최종건 / 271
롯데그룹 신격호 / 273

제7장 의료인 편

동의보감 허준 / 278
청십자의료조합 장기려 박사 / 279
외과수술전문의 이국종 박사 / 280
국경없는의사회 / 282
의료 개혁 / 283

제8장 전국 숲 체험장

아홉산 대나무 숲 / 286
남해 섬이정원 / 287
국립 대운산 치유의 숲 / 288
국립 청도 숲체원 / 290
국립 통고산 자연휴양림 / 291

제9장 해양수산분야의 영웅

바다의 날 / 294
전국 해양스포츠제전 / 295
대한민국 수산식품 명인 / 296
4대에 걸친 등대공무원 가족 / 299
남극 장보고 과학기지 / 300

제10장 한국 바둑의 거장들

조훈현 / 302
이창호 / 303
이세돌 / 304
신진서 / 304

제11장 평범한 영웅들

택시 드라이버 / 308
농부의 하루 / 310
소상공인의 하루 / 313
직장인의 하루 / 314
알바의 하루 / 316
친구의 죽음 / 317
친구의 창작시 / 323

제12장 역사속의 인물들

한글편찬 세종대왕 / 332
목화씨 문익점 / 333
독립투사 안중근 의사 / 334
유관순 누나 / 338
김구 선생님 / 339
농업혁명 우장춘 박사 / 341
한국인이 존경하는 인물 / 343
한국을 빛낸 인물들 / 344

제13장 해외이주 교민의 애국심

LA 교민 / 348
연해주 / 349
페루 교민 / 350
아르헨티나 방송인 황진이 / 352
우즈베키스탄의 2세들 / 353

제14장 파독 광부와 간호사

대통령의 눈물 / 356
광부의 하루(파독 광부의 눈물) / 356
간호사의 첫사랑(파독 간호사의 사랑) / 358
남해 독일마을 / 359

제15장 맺음말

김형석 교수의 백성과 시민 / 362
미래를 위한 제언 / 364

제16장 부록

역대 올림픽 개최지(하계) / 368
전국 숲체원 / 370
수산식품 명인 / 371
자연휴양림1(국립) / 372
자연휴양림2(공립1) / 373
자연휴양림3(공립2~사립) / 374

제17장 참고문헌

참고문헌 / 375

제1장 예술가의 탄생

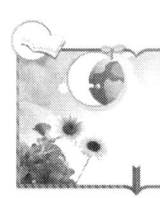

- 조수미
- 위대한 탄생(조용필)
- 싸이
- BTS
- 에이티즈
- 대한민국 트로트의 역사와 현재를 빛낸 사람들

조수미

　조수미 하면 모르는 사람이 없을 정도로 세계적인 유명 인사이다. '신이 내린 천상의 목소리'로 100년에 한 번 나올까 말까 한 인류의 자산이며, 세계 3대 소프라노로 인정받은 세계 최고의 리릭 콜로라투라 소프라노이다.

　얼마 전 조수미 국제 성악 콩쿠르를 개최하며 자신이 심사위원으로 참가하여 그의 꿈을 이루었다고 하였다. 18세에서 32세의 전 세계 음악인들이 오페라 스타를 꿈꾸며 경연을 하였으며, 현대자동차가 후원하였다고 한다.

　1962년 경상남도 창원시 동읍 본포리에서 출생하여 1981년 서울 음대 성악과에 수석 입학하였으나 졸업은 하지 못하였다. 이후 이탈리아 로마의 명문 산타체칠리아 국립음악원에서 수학하여 5년 과정을 2년 만에 졸업한 수재 중의 수재이다.

　1986년 이탈리아 오페라 리콜레토의 질다역으로 데뷔하여 다수의 공연에서 성공을 거두었으며, '이탈리아의 터키인'과 '그림자 없는 여인' 등이 오페라 부분 최고의 음반으로 기록되기도 하였다.

　동양인 최초 세계 7대 콩쿠르 석권 등 최초의 수식어가 무색할 정도로 많은 분야에서 인정을 받았으며, 한국인 최초 아시아 명예의 전당 입성 및 금관문화훈장 수훈으로 그 명성이 이미 검증되었다.

　유럽에서 승승장구하던 시절 '보리밭'에 얽힌 사연을 우연히 알게 되었는데 너무나 감동적이며 애국심의 발로라 생각되어 과

연 애국심이란 무엇인가? 라는 질문을 하게 되었으며, 어느 날 나의 화두가 되어버렸다.

조수미는 그녀의 앨범에 보리밭 원곡을 한글로 실어주지 않으면 음반 발매에 동의하지 않겠다고 끝까지 주장하고 설득하여 '보리밭'이 전 세계에 알려지며 국위를 선양하였다고 한다.

이는 자신의 정체성에 대한 얘기이며 조국을 사랑하는 마음이 너무나 컷기 때문이며, 동양의 작은 나라 한국을 위대한 나라로, 심금을 울리는 예술혼이 살아서 춤추는 나라로, 국민 개개인의 정서가 애국심으로 가득찬 나라! 싸이, BTS 등 K-culture의 원동력이 되는 계기가 되었다고 생각된다.

KBS 명성황후의 주제가 '나 가거든' 2002년 한일 월드컵 응원가로 알려진 '챔피언' 등은 대한민국 국민 모두가 좋아하는 명곡이다.

2018년 CCM(Contemporay Christian Music:현대기독교음악)으로 유명한 소향과 함께 평창 패럴림픽 개막식에서 'Here as One'을 열창하였으며, 그녀의 따뜻한 마음이 소외계층에 전달되었으면 좋겠다.

그런 의미에서 그녀의 고향 경남 창원 대산면에 '조수미 홀'을 만들어 조수미를 기리는 음악당이 되어 제2, 제3의 조수미가 탄생되는 그날을 기대해 본다.

'동심초', '그리운 금강산' 등 수많은 가곡을 불러 우레같은 박수를 받으며 무대를 즐기며 대한민국을 사랑한 소프라노 조수미는 참 사랑하지 않을 수 없는 사람이다. 그녀의 애창곡 보리밭을 올려본다.

보리밭(박화목작사/윤용하작곡)

보리밭 사잇길로 걸어가면
뉘 부르는 소리 있어
발을 멈춘다
옛생각이 외로워
휘파람 불며
고운 노래 귓전에 들려온다
돌아보면 아무도 보이지 않고
저녁노을 빈하늘만 눈에 차누나

최근 그녀의 동향을 살펴보면
2019년에 이탈리아 정부에서 친서훈장과 기사작위를 받았으며, 2021년 tvN의 유퀴즈온더블럭에 출연하여 K와의 연애이야기와 가족이야기 등을 가감없이 나누었다. 또한 카이스트 문화기술대학원 석학교수로 임용되어 문화예술 발전에 기여하였다.
카이스트와의 인연으로 2024년 카이스트에서 명예 과학기술학 박사학위를 수여받았으며, 2024.10.4. MBC '나 혼자 산다'에 출연하였다.
수많은 작품들에 출연하여 성공을 거두었고 나열되지 않은 그녀의 성장기는 2010년 발간된 '꿈꾸는 프리마돈나 조수미'를 참

고하기 바라며, 이제는 조용히 인생을 즐기는 절대음감 그녀를 보고 싶다.

위대한 탄생(조용필)

대한민국 대중음악의 산증인이며 가왕으로 불린다.

경기 화성에서 태어나 고3때 음악을 반대하던 아버지와 큰 갈등으로 가출하여 1968년 미8군 기타리스트 겸 가수로 활동하였다.

1972년 '사랑의 자장가', '케사라', '하얀 모래의 꿈' 등 첫 음반을 내며 본격적인 음악 활동을 시작하여 1975년 '돌아와요 부산항에'가 히트하면서 프로야구 롯데자이언츠의 응원가 1순위로 불렸다. 1979년 『위대한 탄생』을 결성하고 이후 1집 앨범 '창밖의 여자'를 발표하면서 1980년대를 주름잡는 가왕이 되었다.

한표가 기억하는 노래만 하여도 '단발머리', '미워 미워 미워', '친구여', '일편단심 민들레야', '강원도 아리랑', '고추 잠자리', '비련', '미지의 세계', '여행을 떠나요', '허공', '킬리만자로의 표범', '그 겨울의 찻집', '서울 서울 서울', '모나리자', '바람의 노래' 등 이루 말할 수가 없다.

1993년 부산 벡스코에서 열린 조용필 콘스트에 몰린 수많은 인파를 보면서 큰 감동을 느꼈다. 우와 조용필 팬이 이렇게나 많나 의구심이 들 정도로 많은 지인들을 만나고 공연에 감동을 받아 며칠을 굶어도 좋을 정도로 그 여운이 계속되었다.

아무튼 위대한 탄생 조용필은 그냥 조용필이 아니었다. 데뷔

50년을 훌쩍 넘겨 지금까지도 왕성하게 앨범을 내며 감동의 메시지를 전하고 있어 트로트의 산 역사이며, 대한민국 가요사의 상징처럼 가슴에 남아있다.

함께 웃고 울었던 88올림픽을 위한 노래 '서울 서울 서울'은 양인자(1945~)가 작사하였고, 조용필(1950~)이 작곡하였다.

참 많이도 부르고 즐겼던 '서울 서울 서울'의 일부 가사를 노래하면 다음과 같다.

해질 무렵 거리에 나가
차를 마시면
내 가슴에 아름다운
냇물이 흐르네
이별이란
헤어짐이 아니었구나
추억 속에서
다시 만나는 그대
베고니아 화분 놓인
우체국 계단
어딘가에 엽서를 쓰던
그녀의 고운 손
이국만리 청춘남녀가 만나 사랑에 빠지고 다시 헤어지는 마음을 옥구슬보다 예쁜 마음으로 표현한 작사가와 작곡가에게 찬사를 보내며 실제로 스포츠를 통해 이루어진 국제적인 사랑의 모델도 있기에 그 사랑의 결실이 영원하길 바란다.

　추억은 언제나 아름답다. 이별의 순간은 아프고 괴롭고 참기 어려운 과정들이지만 세월이 흘러 정지되는 어느 순간 아픈 이별도 아름다운 추억이 되어 입가에 미소를 머금게 한다.
　아무것도 하지 않는 것보다는 무엇이라도 하는 것이 용서와 절제의 미학이 아닐까?

싸이

　싸이의 본명은 박재상이다.
　2001년 정규앨범 'PSY From The Psycho World'로 데뷔하였다. 2012년 『강남 스타일』 뮤직비디오가 히트를 치며 유명해졌다. 1977년 서울 성동구에서 태어나 반포초, 반포중, 세화고등학교를 졸업하고 미국의 보스턴 대학교에 유학하였으나 중퇴하였다. 음악에 대한 열정으로 버클리 음대에서 음악적 소양을 익혔으나 학업을 마치지 못하고 귀국하여 가수 활동을 시작하였다.
　통통하고 동네 아저씨 같은 몸매에 친근감 있는 유머스러운 모습으로 인기를 끌었으며 2002년 9월 세 번째 정규앨범 '3마이'에 수록된 『챔피언』은 한일 월드컵의 특수로 크게 성공하였다.
　두 번에 걸친 군복무와 대마초 흡연 사건 등 불미스러운 일들을 잘 극복하고 2012년 대한민국 옥관문화훈장 수훈과 2023년 연세대학교 연세예술원 특임교수로 임명되었으며, 2030 부산 엑스포 유치를 위해 크게 활동한 바 있다.

2012년은 싸이의 해였다. 『강남 스타일』로 유명해지면서 유엔 한국대표부에서 열린 아시아나항공 '사랑의 기내 동전모으기' 70억원 돌파 기념행사에서 반기문 유엔사무총장과 함께하였으며, 미국과 유럽에서 강남스타일 열풍을 일으켰다. 유튜브 조회수 50억 뷰를 자랑한다.

싸이를 기리는 상설 '싸이 기념 공연장'에서 말춤을 추는 세계인을 상상해 보며,

최근 싸이의 흠뻑쇼 엔딩곡으로 유명한 '예술이야'의 일부를 올려본다.

너와 나 둘이 정신없이 가는 곳
정처 없이 가는 곳 정해지지 않은 곳
거기서 우리 (워 우 워) 서로를 재워주고 (워 우 워)
서로를 깨워주고 (워 우 워) 서로를 채워주고 (워 우 워)

EXCUSE ME 잠시만 아직까진 우린 남
하지만 조만간 중독성을 자랑하는 장난감
지금 이 느낌적인 느낌이 통하는 느낌
녹아버릴 아이스크림

지금이 우리에게는 꿈이야
너와 나 둘이서 추는 춤이야
기분은 미친 듯이 예술이야
WOO-WHE-OH WOO-WHE-OH WOO-WHE-OH

하늘을 날아가는 기분이야
죽어도 상관없는 지금이야
심장은 터질 듯이 예술이야
WOO-WHE-OH WOO-WHE-OH WOO-WHE-OH

이 '예술이야'는 2010년 10월 20일 발매한 싸이의 정규앨범 5집에 수록된 노래로 그리 히트한 곡이 아니었다. 그렇지만 싸이의 엔딩곡으로 유명해지면서 선정적이면서도 어쩌면 연인만이 느낄 수 있는 감정들을 경쾌하게 잘 풀어낸 작품이라고 할 수 있다.

최근 국내 광고시장에서도 인기를 끌며 가수 '싸이'의 존재감을 느끼고 있으며 끝없는 창작활동에 박수를 보낸다.

◼ BTS

"나를 사랑하는 것이 진정한 사랑의 시작이다."

2024년 파리올림픽에서 대한민국을 소개하면서 방탄소년단

(BTS)과 김치, 한복을 대한민국의 국기와 함께 보여주었다. 가슴 뭉클한 순간을 지금도 기억한다.

　방탄소년단의 국위선양은 이루 말할 수 없을 정도로 세계 정상의 가수로서 UN, 미국, 유럽 등 유명 인사들의 어록은 그들의 위상을 충분히 대변하고 있다.

　영국 비틀즈 그룹의 폴매카트니는 '우리가 겪었던 것들을 겪는 몇몇 젊은이들을 봤다. 방탄소년단, 한국 친구들! 그들을 지켜보는 걸 좋아한다'라고 하였고, 유엔 안토니우 구테흐스 사무총장은 '방탄소년단이 참가한 SDG 모먼트가 성공적으로 치러져 총회가 성공한 것과 다름없다. 내가 연설했으면 방탄소년단과 같은 그런 파급효과를 내지 못했을 것이다.' 또한 이문세는 '나에게 가장 자극되는 후배는 바로 방탄소년단이다. 그 친구들이 글로벌하게 사랑받는 이유가 무엇일까? 특히 우리말 가사로 세계에 진출했는데 미국 사람들이 환호하지 않냐, 거기서 배울점이 무엇인지 찾아보기도 한다.' 봉준호 감독은 'BTS(방탄소년단) 영향력은 저의 3000배가 넘는다.' 미국의 조 바이든 전 대통령은 '당신들한테 감사하다.'라고 하였다. 이 밖에도 많은 사람들이 극찬을 아끼지 않았지만 모두 표현하지 못하는 것이 못내 아쉬울 뿐이다.

　2021년 코로나19로 통행이 두절되고 사랑하는 사람을 보고 싶어도 보지 못하는 절체절명의 시기에 전 세계인의 가슴을 뜨겁게 하였던 '다이너마이트'는 그 어떠한 백신보다도 사람들의 마음을 따뜻하게 데워주는 역할을 하였다. 특히 청소년의 마음을 어루만지며 별빛 속에 빛나는 주인공으로 만들었으며, 'Life is sweet as honey(삶이란 꿀처럼 달콤해)'라는 가사 말은 나의 심금을 울렸다.

BTS의 서브보컬 진이 병역 문제로 왈가왈부 하던 시절 국위선양과 문화창달 등 자격요건은 완벽하였지만 병력특례법에 규정되지 않은 대중문화의 효과성에 대하여 공정성과 형평성을 고려한 정부정책으로 결국은 병역을 이행해야 하는 것으로 결론을 지은 바 있다. 많은 팬들의 지지에도 불구하고 병역특례 적용은 받지 못하였지만 진은 현역으로 병역을 필하고 지난 6월 전역하였다. 멤버들 모두 남성보컬로 대한민국 건강한 남자들은 모두 병역문제를 피할 수는 없기에 그들의 공익적 이익을 고려한 정책적 배려가 어느 정도는 있어야 좋겠다는 생각을 해본다.

BTS는 2013년 앨범 '2 COOL 4 SKOOL'로 데뷔하였으며, 2017년 발매한 'LOVE YOURSELF'로 빌보드 핫 100에 진입하면서 세계적인 주목을 받았다. 2020년 'Dynamite'로 한국인 가수 최초 빌보드 핫 100의 1위로 그 위상을 증명하였다. 세계적인 명성의 그레미 어워드에서도 시상을 기대하였으나 아깝게도 탈락하였지만 K-POP을 세계적인 아이돌 그룹으로 성장하는 계기가 되었으며, 한류 스타로 발돋움하였다.

BTS의 멤버는 7명으로 구성되어 있으며 진, 슈가, 제이홉, RM, 지민, 뷔, 정국이다. 서브 보컬의 진과 리드래퍼 슈가가 93년 생이며, 메인댄스 제이홉과 리더 RM이 94년생, 메인댄스 지민과 서브보컬 뷔가 95년생, 메인보컬 정국이 97년생이다. 10대에서 20대까지의 성장 과정과 그들의 고민들을 음악적으로 표현하며 위로하고 발전해 가는 모습들을 스스로 나타내고자 하는 것이 아름답다.

'나를 사랑하는 것이 진정한 사랑의 시작'이라는 메시지는 다소 철학적이며 한 인간의 고뇌와 노력의 산물이라는 생각에 이미 신의 경지에 오른 그들이라는 생각이 먼저들 정도이다. 세계인의 뇌리에 희망의 메시지를 전달하고자 하는 그들의 노력이 기대된다.

에이티즈

'MAKES 1 TEAM! 안녕하세요, ATEEZ입니다!'

2018년 10월 24일에 데뷔한 KQ 엔터테인먼트 소속 8인조 보이그룹으로 멤버는 성화, 홍중, 윤호, 여상, 산, 민기, 우영, 종호이며, 그룹명 ATEEZ는 'A TEEnage Z'에서 비롯하였으며, '10대들의 모든 것'이라는 의미를 담고 있다.

즉, 10대처럼 활동적이고 열정적인 그룹이라는 뜻을 내포하고 있기도 하다.

국내 댄스그룹으로 BTS에 이어 미국의 젊은이들이 찾는 뮤지션으로 인기가 올라가며 국내에서도 차츰 알려지기 시작하였다. 미니2집 'Say my name'과 수록곡 'HALA HALA'가 해외 팬덤을 기반으로 성장하였으며 2023년 미니 9집 <THE WORLD EP.2 : OUTLAW> 앨범이 빌보드 200 차트 2위, 영국 오피셜 앨범 차트 10위에 링크되었다.

정규 2집 <THE WORLD EP.FIN : WILL> 앨범이 영국 오

피셜 앨범 차트 2위, K팝 역사상 7번째로 빌보드 200차트 1위를 기록하였다.

  K-pop 아이돌로 세계 정상의 아티스들과 어깨를 나란히 할 정도로 인기를 얻고 있으며 K팝 두 번째로 미국 뉴욕 씨티필드에서 콘서트를 개최하였다.

  ATEEZ 뮤직비디오 Youtube 누적 조회 1위~3위는 1억뷰를 넘겼으며 1위 WONDERLAND, 2위 BOUNCY (K-HOT CHILLI PEPPERS), 3위 미친 폼 (Crazy Form)이다.

  이외 수많은 방송기록과 수상, 대한의 남아들로만 구성된 무대 매너 등이 돋보이며 수준 높은 음악으로 전담 프로듀서인 이든의 심혈을 기울인 노력 때문이 아닌가 생각이 된다.

■ 대한민국 트로트의 역사와 현재를 빛낸 사람들

- 이미자

1941년 서울에서 태어났다. 엘레지의 여왕으로 불리며 1959년 '열아홉 순정'으로 트로트 가수로 출발하였다. 1960년대 '동백 아가씨', '여자의 일생', '울어라 열풍아', '섬마을 선생님' 등 수많은 히트곡으로 대중들의 마음을 사로잡았다.

  1970년의 '아씨'는 드라마의 주제곡이며 여자의 일생을 다룬 곡으로 '옛날에 이 길은 꽃가마 타고 말탄님 따라서 시집가던 길' 슬픈 곡조의 노래와 음색은 생각만 하여도 눈물짓게 한다. 1972

년의 일일 연속극 '여로'는 어떠한가? 그 시절 여자의 운명은 지금과는 다른 너무나도 힘겨운 시절이었기에 '그 옛날 오색댕기 바람에 나부낄 때'로 시작하는 노래의 가사는 젊은 시절의 사랑과 꿈, 아쉬움이 고스란히 담겨있다.

'흐르는 세월따라 어디론가 사라졌네, 무심한 강바람에 흰머리 나부끼고 아쉬움에 돌아보는 여자의 길', 아! 눈물 없이는 볼 수 없고 부를 수 없는 노래를 지금의 심정으로 어떻게 표현해야 할까? 다행히도 지금은 여성 천국의 시대가 되었고 남성들의 힘겨운 삶을 누군가가 불려주었으면 참 좋겠다.

KBS에서는 2017년 데뷔 58주년 기념 '이미자 빅쇼'를 성공적으로 개최하였고, 2015년에는 장*익과 함께 특집 콘서트를 성공적으로 개최한 바 있다. 2009년 가수로서는 처음으로 '은관문화훈장'을 수훈하였다.

어릴 적 농담으로 심금을 울리는 호소력 짙은 이미자의 목소리는 국가가 보장하는 보험에 들어있다고 소문이 날 정도로 유명하였다.

- 나훈아
  "너 자신을 알라며 툭 내뱉고 간 말을
  내가 어찌 알겠소 모르겠소 테스형"

나훈아는 1947년 부산광역시 동구 초량에서 태어나 초량초등학교를 졸업하였다. 부산 대동중학교를 졸업하고 서울의 서라벌

예술고등학교 2학년중퇴 후 1968년 '내사랑'으로 데뷔하였다. 이후 '천리길', '사랑은 눈물의 씨앗', '님 그리워' 등을 발표하며 국민가수 반열에 올랐으며 남진과 쌍벽을 이루었다.

지금은 가황으로 불리며 삼성가의 이건희 회장이 연회에 참석하여 애창곡을 듣기를 희망하였으나 자신의 공연은 대중들과 함께하는 공연장에서만 노래를 한다며 단호히 거절하였다는 일화는 특정인을 위한 노래보다는 대중의 심금을 울리는 철학적 메시지가 있어서 좋다.

2020년 코로나19가 유행하던 시절 '대한민국 어게인 나훈아' 콘서트로 온 국민의 마음을 어루만져 주었으며 그 날의 많은 곡들 중 신곡 '테스형'은 돌아가신 아버지를 그리는 마음과 두문불출로 어두운 사회현상을 고대 철학자 소크라테스를 소환하여 노래했다. 한 소절을 소개하면 다음과 같다.

너 자신을 알라며 툭 내뱉고 간 말을
내가 어찌 알겠소 모르겠소 테스형

울 아버지 산소에 제비꽃이 피었다
들국화도 수줍어 샛노랗게 웃는다
그저 피는 꽃들이 예쁘기는 하여도
자주 오지 못하는 날 꾸짓는 것만 같다

젊은시절 노래와 영화로 나훈아 신드롬을 일으킬 정도로 젊은 이의 우상이었으나 3번의 결혼으로 결코 평탄하지 않은 인생을 살았으며 은둔자의 삶을 살아온 위대한 철학자라고 말하고 싶다.

점심을 먹고 산책길에 오르면 초량초등학교 담벼락에 동구가 낳은 인물 '나훈아', '이*규', '박*린' 등 유명인들의 사진이 게시되어 있다. 마이크를 잡고 노래하는 청년 '나훈아'의 폼은 가황의 이미지와는 다소 거리가 있어 보이지만 영원한 젊은오빠 '나훈아'의 품격이 느껴진다.

- 남진
  "나훈아와 함께 트로트 역사의 산 증인이다."

남진은 1945년 해방이 되던해에 전남 목포에서 태어났다. 1962년 목포고등학교를 졸업하고 상경하여 서라벌예대 미술학과에 입학 후 중퇴, 한양대학교 연극영화학과 학사로 영화에 대한 열정이 대단하였다. 1965년에 가수로 데뷔하여 '가슴 아프게', '님과 함께', '미워도 다시 한번' 등 많은 히트곡을 불렀으며 영화에도 출연하여 폭발적인 흥행 기록을 세웠다.

1970년대 나훈아와 좌웅을 겨루며 가요계를 주름잡았으며, 윤*희와 결혼 후 이혼하였다. 이후 가왕 조용필의 등장으로 한동안 조용히 지내다가 1993년 '내 영혼의 히로인'을 발표하면서 다시 인기를 얻기 시작하였으며 '둥지', '저리 가', '나야 나' 등 후속

앨범을 발표하여 지금까지 왕성한 활동을 이어가고 있다.

2010년 데뷔 45주년 기념 음반을 발매하고 콘서트를 개최하기도 하였으며, 내일은 미스터트롯의 트로트 심사위원과 예능 프로그램 등 꾸준한 방송활동으로 그 존재감을 보여주고 있으며, 남자에게 좋은 것 등 광고에도 출연하여 젊은이 못지않은 남성미를 자랑한다. 어디서 그 에너지가 나오는지 궁금하다.

남진은 남자로서 병역의무를 해병대 청용부대 월남전 참전으로 마무리 하였다. '마음이 고와야지', '그대여 변치마오' 등의 노래는 많은 남자들이 군입대를 앞두고 불렸던 노래로 청춘남여가 만나 사랑을 하다가도 군대만 가면 고무신 거꾸로 신는 것이 유형이 되었던 시절에 참 많이도 불렸던 애환이 스린 노래였다.

남진은 트로트의 황제로 불리울 정도로 나훈아와 함께 트로트 역사의 산 중인이다. 트로트 후배들에게 폭풍 칭찬을 아끼지 않으며 항상 좋은 말로 소통하는 선배의 모습은 그 어떤 것보다도 가치있고 위대하다.

- 설운도

'잃어버린 30년' (비가 오나 눈이 오나 바람이 부나 ~)

설운도는 1958년 부산광역시 해운대구에서 태어났다. 해운대 초등학교를 졸업하고 최종학력은 동아대학교 이과대학 체육학사이다. 2022년부터 해운대구 홍보대사로 활동 중이며 트로트 영웅 임영웅이 불러 히트한 '보라빛 엽서', '별빛같은 나의 사랑아' 등

작사작곡으로 더욱 유명해 졌으며, '잃어버린 30년', '여자 여자 여자', '다함께 차차차', '사랑의 트위스트', '쌈바의 여인', '누이' 등 수많은 히트곡을 노래하였다.

복면가왕에 판정단으로 참여하는 등 방송활동을 꾸준하게 이어오고 있으며 트로트계의 대표적인 싱어송라이터이다. 후배 사랑이 각별하여 우연이의 '우연히', 하동진의 '사랑을 한 번 해보고 싶어요'를 직접 작사 작곡하여 대중들의 사랑을 받았다.

1990년대 송대관, 태진아, 현철과 함께 트로트 4대 천왕으로 불리우며 주목을 받았으며 트로트의 전성시대를 여는데 크게 기여했다고 평가할 수 있다.

신사답게 깔끔한 이미지와 싱어송라이터로 2022년 6월에 작고한 '송해' 선생님과는 각별한 사이로 추모 방송에서 송해 선생님의 '유랑청춘'을 노래하다가 잠시 울먹이던 모습은 참 인간적인 모습을 보여주어 보는 이를 더욱 슬프게 하였다.

- 임영웅
  "좋은 결과를 만들어 내기 위해서는
  미리 연습하고 준비하고 단련해야 된다."

임영웅은 1991년 경기도 연천에서 태어났다. 2016년 '미워요'로 데뷔하였으며 경기 연천의 송우초등학교를 졸업하고 경복대학교 실용음악과 보컬을 전공하였다.

2020년 TV조선에서 방영한 미스터트롯에 출연하여 진을 차지함으로써 많은 사람들에게 각인되었다. 기라성같은 경쟁자 중에서 1위는 하루아침에 영웅으로 만들었으며 상금과 더불어 인기가 하늘을 치솟을 정도로 영웅시대를 예고하였다.

　TV조선에서 기획한 '사랑의 콜센타'에서 많은 사람들에게 위안과 위로를 주는 노래로 사랑을 받았으며 타고난 성실함과 끼로 최고의 전성기를 누렸다고 할 수 있다.

　2021년 발매한 '별빛 같은 나의 사랑아'는 임영웅의 노래로 트로트 곡 음악방송 1위를 기록하는 쾌거를 거두었다.

　KBS에서 방송한 "신사와 아가씨"의 주제가 '사랑은 늘 도망가'는 연간 노래방 차트 1위를 기록하였으며 서정적인 가사 '모래 알갱이'는 독립영화 "소풍"의 삽입곡으로 국민 애창곡이 되었다.

　동네 아주머니들이 임영웅 팬클럽에 가입하여 팬덤문화를 형성해 가는 것은 예전에는 상상도 할 수 없는 일인데 지금은 모두가 그래 그럴 수도 있어 참 좋은 세상이야 하고 이구동성으로 박수를 보낸다.

　사람의 운명을 결정하는 데는 여러 가지 요인이 있다. 여행길에서 만난 현자의 말 한마디나 부모님 선생님의 가르침과 사회 여러가지 현상들이 복합적으로 어울려 카오스(혼돈)의 상태에서 정리정돈이 되고 그 결과로 탄생하는 것이다. 좋은 결과를 만들어내기 위해서는 미리 연습하고 준비하고 단련해야 된다.

제2장 스포츠의 영웅들

- 골프영웅(박세리와 박세리키즈)
- 야구영웅(박찬호/류현진)
- 축구영웅(박지성/손흥민)
- 피겨스케이팅 퀸 김연아
- 월드컵 4강의 영웅들
- 2015 WBSC 프리미어12 우승의 주역들
- 올림픽 금메달리스트
- 아세안게임 금메달리스트
- 교토 국제교 고시엔 우승

골프영웅(박세리와 박세리키즈)

'내일은 어제보다 괜찮을 거야'
'기회가 없으면 기회를 만드는 거죠'

1998년 US 여자 오픈 골프대회에서 우승하며 전 국민의 시선을 사로잡았던 명장면은 지금도 잊혀지지 않는다. 마지막 라운드 18번홀 1타차로 뒤진 상황에서 끝까지 포기하지 않고 양말을 벗고 연못에 들어가 1위와 동점을 이끌어 낸 투혼을 잊을수가 없다. 그리하여 연장전에서 우승을 하였다. 그 당시 연장전의 파트너는 태국계 미국인 추아시리폰이며, 박세리 선수의 우승으로 IMF로 힘들어하던 대한민국의 국민에게 큰 위로가 되었다.

그녀로 인하여 골프의 대중화를 이끌었으며 박세리 키즈가 탄생하여 LPGA 전성시대를 이끈 선구자였다.

박세리 선수는 1977년 대전광역시 유성구 출신으로 초등학교 6학년때 골프를 시작하여 1995년 고등학교 3학년 때 아마추어 선수로서 KLPGA 4승을 하였고 1998년부터 LPGA투어에 참가하여 LPGA 통산 25승을 하였으며 2007년에는 세계골프 명예의 전당과 LPGA 명예의 전당, KLPGA 명예의 전당에 가입되는 영광을 안았다.

아니카 소렌스탐과 캐리웹 등 세계적 골프 선수들과 어깨를 나란히 하였으며 4대 메이저 대회 우승으로 명예의 전당에 입성하여 대한민국 골프의 역사를 바꾸었다.

박세리 선수의 영향으로 김*현선수, 양*영, 신*애, 박*비, 김*영, 유*연, 고*영, 전*지, 박*현 등의 선수들이 LPGA 선수로서 대한민국을 빛낸 인물들이다. 2016년 선수로서 은퇴 후 리우데자네이루 올림픽 골프 여성 대표팀 감독으로 선임되어 박인비가 금메달을 따면서 지도자로서도 성공적인 출발을 하게 되었다.

박세리 선수가 남긴 유명한 말들을 기억한다. '내일은 어제보다 괜찮을 거야', '누구나 처음부터 잘하진 않잖아요', 도전해 보지 않고 시작해 보지 않고 내가 무엇을 할 수 있을지 모르겠다고 하면 절대 찾을 수 없어요. '기회가 없으면 기회를 만드는 거죠' 등등 스타의 말 한마디가 우리에게 큰 힘을 준다.

야구영웅(박찬호/류현진)

- 박찬호

1973년 충남 공주 출신이다.

LA다저스(1994~2001) 투수로 각인되어 있다. 텍사스 레인저스와 샌디에이고 뉴욕메츠 등에서도 투수로 활동을 하였지만 LA다저스 만큼 길게 활동하지 않았다.

한국인 최초로 메이저리그 100승을 달성하였으며 '코리안 특급'이란 별칭을 얻을 정도로 인기가 좋았다. LA다저스 시절 투수로서 5년 연속 두 자리 승수를 기록하며 승승장구 하였으나 2012년 한국으로 들어와 한화이글스에 입단하여 한 시즌 경기후 은퇴하였다.

　1997년 외환위기 시절 골프에서는 박세리 선수, 야구에서는 박찬호 선수가 경제위기를 극복하는데 큰 힘이 되었으며, 청소년에게는 미국 진출이 꿈의 무대였고 희망이 되었다.

　무릎팍 도사, 1박2일, 야구해설 등 방송에서도 성공적인 활동을 이어가고 있으며 그의 강인하고도 부드러운 인상은 솔직 담백한 대한의 남자를 대표하는 느낌이다.

　꿈을 이루기 위한 그의 노력이 폄하되어서는 안된다는 생각이다. 치열한 생존경쟁의 메이저 리그에서 살아남으려면 강한 멘탈과 체력이 뒷받침 되어야 하는데 그의 체력은 고향 공주에서 찬호길로 명명될 정도의 훈련과 정신력이 살아있었기 때문이다.

　정신력은 마음의 문제이다. 대한민국을 대표하는 자존감이 살아있는 한 그의 제구력은 살아서 움직이는 그 어떤 것보다 강하고 날카롭다고 단언하고 싶다. 텔레비전 앞에서 박찬호의 승리를 응원하는 조국의 팬들을 위해 무쇠보다 강한 팔과 정신력은 그의 승률을 높혔고 코리안 특급이라는 별칭을 얻었다.

　아! 그도 인간이기에 컨디션이 좋지않은 날은 홈런을 맞기도 하고 의도하지 않은 볼넷을 주기도 하였다. 때로는 실망하고 절망할 때도 있었지만 탈삼진과 압도적인 강속구로 상대를 제압하는 파워는 메이저리그 최고의 투수였다고 말하고 싶다. 한국의 자랑이다.

　그가 은퇴 한지도 벌써 10여년이 지났다. 미국 문화를 이해하고 아메리칸 드림을 꿈꾸는 MZ 세대에게 꿈과 희망의 메신저로 기억되길 바라는 마음이다.

- 류현진

괴물투수 류현진!!

1987년 인천광역시 동구 출신이다.

텔레비전만 켜면 류현진이 출장하는 메이저리그는 매력적이었다. 류현진을 보기위해 많은 TV채널을 돌려가며 작은 위안을 삼았던 세월이 엊그제인것 같지만 지금은 세월이 흘려 노년이 되었다.

류현진이 LA다저스에 입단(2013~2019)하여 경기하는 동안 본의 아니게 LA다저스 팬이 되어버린 시절의 재미는 50-60세대는 모두 공감하리라는 가정하에 이 글을 쓴다.

유명 대회에서 한국인 최초 선발 등판의 기억은 팬들 모두가 TV 앞으로 모이게 하였다. MLB 포스트시즌 1차전과 올스타전, 월드 시리즈 선발 등판 등 현지에서 직접 응원은 못해도 마음속으로 승리를 기원했던 그날들의 기억은 참으로 오래 남아있다.

LA다저스는 캘리포니아 로스앤젤레스를 연고지로 하여 1884년에 창단하였으며, 2024년까지 월드시리즈 우승 8회, 내셔널리그 우승 25회, 지구대회 우승 22회 등 엄청난 기록을 보유한 팀이다.

1974년 고교 1학년때 라디오로 내셔널리그 피츠버거와 결승전에서 3승1패로 승리를 하며 우승컵을 들어올리는 중계를 영어시간에 직접 들었던 기억은 야구를 좋아하셨던 선배은사 선생님의 제자사랑과 글로벌한 마인더를 직접 체험하는 시간을 배려해

주셨던 그 시절이 참 그립다.

　LA다저스에서 뛰었던 한국선수로는 박찬호, 최희섭, 서재응, 류현진, 최근의 김혜성이며, 2024년 마이너에 장현석 투수가 스카웃 되었는데 용마고 최고의 투수로서 자존심을 살려 다저스팀의 에이스가 되길 바라고, 또 바란다.

　콜로라도 로키스 감독인 '버드 블랙'의 말을 인용하면 "류현진은 정말 좋은 투수다. 다저스가 아무 이유 없이 한국까지 가서 투수를 데려올 이유가 없지 않은가? 재능을 갖춘 투수다. 4개의 구종을 모두 잘 던지는 투수로 스트라이크를 던질 줄 알고, 주자도 잘 묶는다. 여기에 수비도 일품이다. 정말 완벽한, 끝내주는 투수다."

　류현진은 메이저리그에서 2023시즌을 마치며 통산 78승 48패, 방어율 3.27의 성적으로 메이저리그 생활을 마무리하고, 2024년 국내로 귀국하여 친정 '한화이글스팀'에 합류해 한 시즌을 보냈다.

　2006~2012년까지 한화이글스에서 뛰었으며 국가대표팀에 발탁되어 2006년 도하 아시안게임 동메달, 2008년 베이징올림픽 야구에서 금메달, 2009년 월드 베이스볼 클래식 준우승, 2010년 광저우 아시안게임에서 금메달 획득에 기여한 바 있다.

▌축구영웅(박지성/손흥민)

- 박지성

'저 선수는 믿음이 가는 선수였어.'

'저는 그걸로 제가 원했던 행복한 축구선수 생활을 했다고 생각해요'

지금은 많은 선수들이 유럽리그에 진출하여 월드스타로 성장하고 있지만 2000년대 초반만 하여도 맨유의 박지성이 최고의 월드스타였다.

EPL, 챔피언스 리그 등 유럽의 월드스타들이 벌이는 축구전쟁은 정말로 흥미로웠다. 큰아들이 축구를 좋아하기도 하여 같이 밤을 세워가며 박지성을 응원했던 추억은 참 고무적인 기억으로 남아있다.

박지성의 장점은 결정적인 찬스에서도 상대를 배려하는 마음이다. 상대에게 패스를 하여 골 결정력을 높이는데 기여를 하는 것이 감독의 눈에도 보이는 것 같았다. 그래서 그를 신뢰하고 항상 이기는 게임을 하는 것이다. 맨유의 퍼거슨 감독은 오랜 기간 맨유 감독으로서 선수들의 장단점을 잘 파악하여 적재적소에 투입하는 능력을 가져 명감독으로 우승을 여러 번 거머쥐었다.

박지성은 1981년 서울에서 태어났다. 초등학교 4학년 때 축구를 시작하여 명지대학교 축구부에 합류하면서 대한민국 U-23 대표로 발탁되어 주목을 받기 시작하였다. 2002월드컵 4강 신화의 주역이 되었으며 당시 대한민국 축구대표 감독인 네덜란드 출신의 히딩크 감독에게 인정을 받아 네덜란드 PSV 에인트호번에 입단하였고 이후 유럽의 맨유로 이적 승승장구 하였다.

대한민국 축구 대표 A매치 100경기에 출전하여 13골을 기록하였으며, 지구력이 뛰어나 3개의 심장(Three-Lungs Park)을 가졌다는 별명을 얻기도 하였다.

　박지성『마이스토리』에서 '몇 번인가 백지수표를 받았다. ~중략~ 축구를 시작한 이래로 프로 선수가 되고 또 더 큰 무대에 도전할 때마다 돈 때문에 이적을 결정하거나, 돈을 벌기 위해 무언가를 하지는 않았다. 결정의 순간마다 내가 가장 중요하게 생각한 판단 기준은 선수로서 성장할 수 있는 선택인가 였다. 나는 축구가 너무 좋았고 그래서 축구를 더 잘하고 싶었다. 어떤 팀에서 어떤 역할을 맡아 뛰더라도 좋아하는 축구를 더 잘할 수 있는 길을 찾았다. 당장 손해를 보더라도 길게 봐서 선수로서 좋은 경험이 되겠다 싶은 생각이 들면 그 길을 택했다.'고 기록하고 있다.

　『마이스토리』 표지에
　"축구를 잘했던 사람.
　우리나라 최초의 프리미어리그 이런 걸 다 떠나서
　많은 팬들이 내가 경기장에서 뛰고 있는
　모습을 보고 믿음을 느꼈다면,
　'저 선수는 믿음이 가는 선수였어.' 하고
　한 번이라도 생각했다면,
　저는 그걸로 제가 원했던
　행복한 축구 선수 생활을 했다고 생각해요."

- 손흥민

'스타는 태어나기도 하지만 그냥 태어나는 것이 아니라
수많은 시행착오를 그치며 만들어지는 것이다.'

손흥민이 광고에 나올때마다 정말 잘 생겼어 남자답고 부드럽고 멋진 선수야! 손흥민의 선한 이미지는 한국인의 가슴을 설레이게 한다. 세상을 살아오면서 누구에게 거울이 되고 영향력을 미친다는 것은 참으로 잘 살아온 증거다. 그런 의미에서 유럽파 축구로서는 차범근, 박지성, 그 뒤를 손흥민이 그 역할을 다하였다.

물론 김민재와 황인찬, 이강인 등이 있지만 손흥민 만큼은 아닌 것 같다. 국가대표로서 A매치 경기를 치를 때마다 각자의 역할을 다한 축구 선수들에게 찬사를 보내지만 빼어난 인성과 감추어진 겸손은 누구도 흉내낼 수 없는 것이기에 그 인간다움에 열광하는 것이다.

'벼가 익을수록 고개를 숙인다.'는 말은 정상에 있는 사람들에게 참 잘 어울리는 말인 것 같다. 잘 익은 벼는 그 자체로 이미 빛나는 것이며, 많은 사람들에게 선택의 대상이 된다.

벼가 잘 익으려면 적당한 물과 햇빛, 정성이 들어가야 하듯이 한 인간의 성장도 이와 다르지 않다. '맹모삼천지교'라는 말이 있듯이 어린아이로 태어나 어른이 되어가는 과정은 주어진 환경과 특기 등에 의해 결정되는 것이다. 스타는 태어나기도 하지만 그냥 태어나는 것이 아니라 수많은 시행착오를 그치며 만들어지는

제2장 스포츠의 영웅들 · 29

것이다.

　손흥민은 1992년 강원도 춘천에서 태어났다. 아버지 손웅정의 축구에 대한 열정과 운동을 즐기는 교육, 즉 열린교육으로 만들어진 스타이다. 아버지 손웅정의 축구에 대한 사랑을 인터뷰한 내용을 옮겨보면 다음과 같다. "나는 측면 공격수로 뛰는 프로선수였지만 선수 한 명 재낄 발기술이나 개인기가 전혀 없었다. 나 자신에게 굉장히 부끄럽고 후회가 됐다. 그렇기에 흥민이에게는 기본적으로 공을 다룰 수 있을 때까지 기본기만 가르쳤다"
　손흥민은 어릴 때부터 아버지로부터 축구를 잘 할수 있는 기본기를 연마한 것이다. 공을 몸과 함께 자유자재로 다룰 수 있을 때까지 패스나 다른 기술을 익히지 않았고 기본기를 충실히 한 다음에 기술을 익혀 세계적인 스타가 되었다. 토트넘의 하얀 유니폼에 등번호 7번은 손흥민의 트레이드 마크다. 아시아 최고 선수이자 월드스타 손흥민이 있어서 자랑스럽다.

◾ 피겨스케이팅 퀸 김연아

　1990년 경기도 부천 출신으로 대한민국 피겨스케이팅의 역사를 쓴 인물이다.
　한국은 빙상 스포츠 중 쇼트트랙과 스피드스케이팅에서 두각을 나타내었지만 피겨스케이팅에서는 김연아가 독보적이었다.
　2010년 밴쿠버 동계올림픽에서 금메달을 따면서 최고의 스타가 되었으며 '피겨 여왕'이라 불리우며 많은 국민적 사랑을 받았다. 유명 연예인보다도 더 유명해 지면서 국내 광고업계의 스타가 되었으며 지금도 k 금융기관의 모델로 출연하고 있어 TV의 광고를 통해서 볼 수가 있다.

기록에 의하면 밴쿠버 동계올림픽에서 김연아의 프리 스케이팅 경기를 보고 미국 NBC 방송의 해설진 톰 해먼드는 "Long live the Queen!"이라고 외치며 찬탄했다. 는 말은 전 세계에 생중계되었다. 이후 구글에서도 Yuna Queen으로 검색된다.

2013년 세계선수권 프리 스케이팅 캐나다 SRC 해설에서도 "김연아는 역대 가장 위대한 스케이터다. 완벽한 안무로 10점 만점에 10점, 20점 만점에 20점, 100점 만점에 100점을 받을 것이다. 25년간 피겨스케이팅을 해설하면서 이런 연기는 한 번도 본 적이 없다." 고 표현하였다.

노래도 잘하고 기부도 잘해서 '기부 천사'라고도 하며 방송의 게스트로는 '무한도전'과 '무릎팍 도사', '유퀴즈 온 더 블럭'에 나왔다.

2022년 포레스텔라 고우림과는 3년 열애로 결혼하였다.

여자 피겨스케이팅 역사에는 1900년대 초반 활동하며 올림픽 3연속 금메달+세계선수권 10번 연속 금메달 석권으로 역대 최고의 업적을 남겼던 소냐 헤니와 1980년대 올림픽 2연속 금메달+세계선수권 5연속 메달을 획득했던 카타리나 비트와 같은 선수가 있지만 21세기 피겨스케이팅 역사상 여자 싱글에서 올림픽 금메달과 세계선수권 메달 2개 이상을 보유한 유일한 선수가 바로 김연아다. 21세기가 된 후 열린 동계올림픽은 총 5번이었는데 2002년과 2014년의 우승자인 사라 휴즈와 아델리나 소트니코바는 세계선수권 금메달이 없다. 또한 2006년과 2018년의 우승자인 아라카와 시즈카와 알리나 자기토바는 세계선수권 금메달이 하나뿐이다. 참고로 김연아는 세계선수권 메달 6개를 보유하고 있다.

■ 월드컵 4강의 영웅들

"꿈☆은 이루어진다."

2002년 월드컵은 꿈의 무대인가? 경기가 있을 때마다 붉은 악마들은 북과 꽹과리 뿔피리와 나팔을 불며 축제를 즐겼다. 거리에서는 굉음을 울리고 고함을 쳐도 나무라지 않았다. 포효하는 젊음이 좋았고 자유를 마음껏 누리는 대한민국이 자랑스러웠다.

개최국 대한민국의 전사들은 월드컵 4강이라는 전무후무한 기록을 남기고 기억 속에 점점 멀어져 가고 있다.

희미한 기억들이 사라지기 전에 그들의 이름을 기억해 보고자 한다. 대한민국 축구대표팀 감독 히딩크, 코치 박항서, 피지컬코치 레이몬드, 선수 DF 김태영, 이민성, 최진철, 현영민, 홍명보, MF 김남일, 박지성, 송종국, 안정환, 유상철, 윤정환, 이을용, 이영표, 최성용, 최태욱, FW 설기현, 이천수, 차두리, 최용수, 황선

홍 GK 김병지, 이운재, 최은성이다.

유럽의 전유물로 여겼던 축구 문화가 아시아에서는 최초로 제17회 한일 월드컵을 개최한 것이다. 2002.5.31.~6.30. 총 32개국이 참여하여 대한민국과 일본에서 개최되었다. 우리나라는 기대 이상의 선전으로 튀르키예와 3·4위전 결과 4강의 위업을 달성하였으며, 브라질이 우승하였다.

대한민국과 스페인의 8강전 승부차기에서 5번 키커로 나선 홍명보의 골세레머니는 4강을 확정 짓는 멋진 골로 기억되고 있다. 대한민국과 포르투갈 32강 3차전에서 박지성이 피구를 제치고 골을 넣은 후 히딩크에게 안기는 장면은 감동의 순간이었다. 대한민국과 이탈리아의 16강 전에서 설기현과 안정환이 각각 1골을 넣으며 8강에 진출하는 쾌거를 이루었다.

최강 유럽을 상대로 1승도 거두기 어려운 FIFA 월드컵 대회에서 4강의 신화를 창조한 히딩크호의 성공 스토리는 현재진행행이다. 2002년 월드컵을 기점으로 많은 축구 선수들이 해외로 진출하여 기량을 펼치고 있으며 한국 축구의 수준을 레벨업 했다고 볼 수 있다.

◾ 2015 WBSC 프리미어12 우승의 주역들

국제야구연맹 상위 12개국이 참가하는 프리미어12 대회는 WBC만큼 알려진 대회는 아니지만 우리나라가 일본 도쿄돔 초대 대회에서 미국을 8:0으로 제압하며 우승하였다. 결승 이틀 전 개최되었던 일본과의 준결승에서는 일본의 에이스 투수 오타니 쇼헤이에게 헛방망이로 실망 3:0으로 지는 게임을 9회 4:3으로 역전승하며 결승에 진출 우승하였다.

일본과의 중요한 준결승에서 9회말 이대호의 적시 2타점은 짜릿한 역전승의 기쁨을 안겨주어 이대호의 이름값을 한 대회였다. 롯데 팬으로서 이대호의 한방은 정말 시원한 한방이었다.

2015 WBSC 프리미어12에 참가한 선수는 이대호, 이용규, 김현수, 박병호, 정근우, 조상우, 임창민, 양의지, 민병헌, 장원준, 김광현, 이현승, 정대현, 이대은, 황재균 등이며 그 날의 그라운드에 휘날리는 태극기는 대한민국 야구의 자긍심을 끌어올린 대회였다. (투수 : 김광현 장원준 임창민 이현승 정대현 이대은, 포수, 내야수, 외야수) 야구 맹장 김인식 감독 휘하 대회 MVP는 김현수가 차지하였다.

대한민국의 자랑스러운 선수들! 대한민국 국민으로 큰 기쁨과 잔치집 분위기로 고무되었던 그때의 기분이 아직도 상기되어 있다.

■ 올림픽 금메달리스트

- 유도 영웅 하형주

대한민국 유도 영웅 하형주는 1984년 LA 올림픽에서 금메달을 목에 걸었다. 1987년부터 동아대학교 체육학과 교수로 재직하였으며, 지금은 국민체육진흥공단 이사장으로 보임되어 행정가로서 체육의 발전을 위해 헌신하고 있다.

1962년 경상남도 진주 출신으로 1981년 아시아선수권 무제한급에서 금메달을 획득하며 대회 MVP로 선정되었다. 이후 범태평양선수권 금메달, 유니버시아드 금메달, 86아시안게임 금메달 등을 따면서 유도 스타가 되었다.

1988년 서울올림픽에 출전하여 패하면서 은퇴하였다. 발이 커서 '왕발'이라는 별칭이 있으며, LA올림픽에서 금메달을 따며 '엄마 나 금 먹었어'라는 경상도 사나이의 투박하고도 정감이 있는 말이 전 국민에게 중계되었다.

한결같은 그의 성정이 스포츠 스타로서 뿐만 아니라 교수로서도 학생들에게 존경받는 유도 영웅이다.

- 탁구 영웅 유승민

유승민은 2004년 아테네올림픽 탁구 결승에서 중국의 왕하오를 4:2로 꺾으며 금메달을 목에 걸었다. 당시에 넘사벽으로 알려진 중국을 이겼다는 것은 큰 이변이었다.

이후 2016년 IOC 선수 위원에 당선되어 스포츠 외교를 펼쳐왔으며 얼마전 치루어진 대한체육회장 선거에서 유력한 후보였던 이*홍 회장을 이겨 대한체육회장에 당선되었다. 명실상부 스포츠계의 제왕으로 등극하였으며 최연소 대한체육회장의 타이틀을 차지하는 기록을 남겼다.

그의 꿈이 어디까지인지 궁금해진다.

• 역도 영웅 장미란

　장미란은 2008년 베이징올림픽에서 여자역도 최초로 금메달을 목에 걸었다.(75kg급, 인상 140, 용상 186, 합계 326kg)
　1983년 강원도 원성군 문막면에서 태어났다. 2023.7월부터 제47대 문화체육관광부 제2차관으로 근무할 정도로 인성이 빼어나며 후배 사랑이 지극하다.
　역도 선수로서 세계선수권대회에서 4개의 금메달(2005년 도하, 2006년 산토도밍고, 2007년 치앙마이, 2009년 고양)을 획득하였으며, 2010년 광저우 아시안게임에서 금메달, 2012년 평택 아시아선수권대회에서 금메달을 획득하였다.
　2008년 베이징올림픽 금메달외 2004년 아테네 올림픽 은메달, 2012년 런던올림픽에서 동메달을 획득하였다. 개인 최고 기록으로 인상 140kg, 용상 190kg 이다. 선수 시절 체중을 유지하기 위해 스테이크 10장씩을 먹었으며, 코치와 트레이너를 포함한 한달 식비가 2천만원 정도가 들어갔다고 한다.
　2013년 현역 은퇴 이후 대한체육회 선수위원회 위원, 문화체육관광부 스포츠혁신위원회 위원, 2016년 용인대학교 체육학과 교수로 재직 등 교육자로서 인재 양성에 기여한 것으로 평가받고 있다.

• 베드민턴 영웅 김동문

　김동문은 1996년 애틀랜타올림픽 혼합복식에서 금메달, 2000년 시드니 올림픽 남자복식에서 동메달, 2004년 아테네올림픽 남자복식에서 금메달을 획득한 스타이다. 최근 제32대 대한 배드민턴 협회 회장으로 당선되어 생활체육 및 학교체육발전의 저변확대를 꾀할 계획이다.

　1975년 전라남도 곡성 출신으로 고등학교 2학년때 국가대표로 발탁되어 3회 연속 올림픽 출전 및 각종 세계선수권 대회에서 금메달을 획득하며 명실공히 베드민턴 스타로 등극하였다.

　2004년 아테네올림픽을 끝으로 은퇴하였으나 방송활동과 원광대학교 사회체육학과 교수로 재직하며 후학 양성에 심혈을 기울였다. 2024년 파리올림픽에서 절친인 하태권과 함께 베드민턴 해설위원으로 활동하였다.

　현역시절 혼합복식 파트너인 라경민 선수와 결혼하여 슬하에 1남 1녀를 두고 있으며, 절친을 속일 정도로 선수로서의 역할에 충실하였으나 이미 결혼할 마음으로 사랑을 나누는 사이였다고 한다.

- 2024년 파리올림픽의 영웅들

'함께 나누자'

Venez partager Made for Sharing

　2024.07.26.~08.11까지 프랑스 파리에서 하계올림픽이 개최되었다.

　32개 종목 206개국, 10,500명이 참가하여 좌웅을 겨루었으며 1위 미국, 2위 중국, 3위 일본, 우리나라는 8위를 차지하였다. 우리나라는 금 13개, 은 9개, 동 10개 합계 32개의 메달을 획득하였다.

양궁에서 남녀가 금메달 5개(김우진, 임시현이 2관왕, 남자단체 김우진, 김제덕, 이우석, 여자단체 임시현, 남수현, 전훈영)를 싹쓸이하는 광경을 숨죽여 보았지만 역시 코리아의 자존심을 지킨 금메달이었다. 사격의 오예진, 반효진, 양지인, 펜싱의 오상욱, 펜싱단체 오상욱, 박상원, 구본길, 도경동, 태권도의 박태준, 김유진, 배드민턴 안세영 등 그날의 금메달은 너무나 값진 것이었다.

우리나라 선수단은 21개 종목에 141명의 선수가 출전하였으며, 대한민국 하계올림픽 최다 금메달(13개) 타이를 기록하였다. 예전에는 유도와 레슬링 등에서 강세를 보였으나 양궁과 사격, 펜싱 등 스포츠의 고급화를 이루며 다양한 종목에서 메달을 획득하였다.

배드민턴에서 28년 만에 여자 단식 금메달을 딴 안세영이 협회의 부조리를 폭로하면서 일대 개혁이 일어나 스포츠계의 혁신을 이루는 단초를 제공하였다.

- 2018년 평창동계올림픽의 영웅들
'하나된 열정'
Passion. Connected.

평창 동계올림픽은 겨울스포츠의 진수와 저변확대에 마중물 역할을 하였다. 92개국 2,925명이 참가하여 메달 획득을 위한 피와 땀을 쏟아부었다. 대한민국은 금메달 5개, 은메달 8개, 동메달 4개를 획득하여 종합 7위를 기록하였으며, 1위 노르웨이, 2위 독일, 3위 캐나다, 4위 미국, 5위 네덜란드, 6위 스웨덴, 8위 스위스, 9위 프랑스, 10위 오스트리아가 차지하였다.

2018.2.9.부터 2.25.까지 '하나된 열정'이라는 슬로건으로 강원도 평창과 강릉·정선 등에서 개최하였으며, 이로써 4개 메이저 대회(하계올림픽, 동계올림픽, 세계육상선수권대회, FIFA 월드컵)를 이탈리아, 독일, 일본, 프랑스에 이어 5번째로 개최한 국가가 되었다.

우리 대한민국은 제일 먼저 남자 쇼트트랙 1,500m에서 임효준이 금메달을 획득하였으며, 이름도 생소한 스켈레톤에서 윤성빈이 금메달, 쇼트트랙 여자 1,500m에서 최민정이 금메달, 쇼트트랙 여자 3,000m계주에서 금메달(최민정, 심석희, 김아랑, 김예진, 이유빈), 스피드스케이팅에서 이승훈이 금메달을 차지하였다. 이외 모두가 스타였지만 여자 컬링에서 '영미! 영미!'라는 유행어를 만들 정도로 전 국민의 관심을 가졌던 경기에서 은메달(김영미, 김은정, 김선영, 김경애, 김초희)을 획득하여 생소했던 컬링에 많은 사랑을 쏟았다. 잊혀지지 않는 평창이 되었다.

- 1988년 서울올림픽의 영웅들

'화합과 전진'을 위해 세계는 서울로, 서울은 세계로!

1988.09.17.~10.02까지 대한민국 서울과 부산 등에서 '화합

과 전진'이라는 슬로건으로 제24회 하계올림픽이 개최되었다.

아시아에서 개최된 두 번째 하계올림픽으로 대한민국의 발전상을 세계만방에 알렸으며, 세계사의 흐름을 바꾸는 계기를 마련하였고 민주화와 더불어 한국인의 자긍심을 고취시킨 올림픽이었다.

서울올림픽 1위 소련, 2위 동독, 3위 미국, 4위는 금메달 12개, 은메달 10개, 동메달 11개를 획득한 대한민국이 차지하였다. 27개 종목 160개국, 8,391명이 참가한 가운데 동서양의 화합과 전진을 이루어 놓은 대회였다. 금메달은 양궁에서 3개, 레슬링에서 2개, 유도에서 2개, 복싱에서 2개, 탁구에서 2개, 여자 핸드볼에서 1개 등 합계 12개를 획득하였으며, 특히 여자 핸드볼은 올림픽 출전사상 처음으로 금메달을 획득하는 쾌거를 이루었으며, 그 신드롬으로 2004 아테네 올림픽을 배경으로 한 영화가 제작되어 많은 사람에게 감동을 안겨주었다.

영광스러운 금메달리스트들의 명단은 다음과 같다.

남자 양궁 단체(박성수, 이한섭, 전인수), 여자 양궁 단체(김수녕, 왕희경, 윤영숙), 여자 양궁 개인(김수녕), 레슬링 그레코로만형 74kg(김영남), 레슬링 자유형 82kg(한명우), 유도(김재엽, 이경근), 복싱(박시헌, 김광선), 남자 탁구 단식(유남규), 여자 탁구 복식(양영자, 현정화), 여자 핸드볼팀(기미숙, 김경순, 김명순, 김영숙, 김춘례, 김현미, 박현숙, 석민희, 성경화, 손미나, 송지현, 이기순, 이미영, 임미경, 한현숙으로 가나다순임)

올림픽 공식 주제가는 코리아나가 부른 '손에 손잡고(Hand in Hand)'이며, 한글 작사는 서울대학교 김문환 교수가 하였다.

'손에 손잡고 벽을 넘어서
우리 사는 세상 더욱 살기 좋도록'

이 얼마나 아름다운 가사인가?
올림픽 기간 내내 방송국에서 흘러나오는 코리아나의 노래들 들으며 올림픽의 성공을 다짐하고 또 다짐하였다.
그리고 세계 4위의 금메달 획득은 개최국의 자긍심과 자유대한민국의 국민으로서 자존감을 올려놓았으며, 세계는 따로 존재하는 것이 아니라 전세계는 하나다라는 연결된 존재의 의미를 되새겨 주었다.

'어디서나 언제나
우리의 가슴 불타게 하자
하늘 향해 팔 벌려
고요한 아침 밝혀주는 평화
누리자
서로서로 사랑하는 한마음 되자
손잡고'

올림픽 주제가와 같이 우리는 세계인이 하나 되는 모습을 스포츠를 통해 배웠다. 우리 사는 세상 더욱 살기 좋도록 한마음 되자. 참 좋은 노랫말인데 무엇이든지 실천이 중요하다.

- 2018년 평창 동계패럴림픽의 영웅

Spirit in Motion

'역동치는 영혼'

평창 동계패럴림픽은 2018.3.9.~18.까지 강원도 평창에서 '하나된 열정'이라는 슬로건으로 개최되었다.

49개국 590명이 참가하여 우리나라는 크로스컨트리 7.5㎞ 좌식에서 신의현 선수가 사상 첫 금메달을 획득하였으며, 금메달 1개와 동메달 2개를 획득하여 16위로 대회를 마쳤다.

1위는 미국, 2위는 패럴림픽 중립 선수단, 3위는 프랑스가 차지하였다.

패럴림픽 공식 응원가는 "하나된 열정 (Imagine, That's Reality)"이며, 주제가는 'Here as one'으로 세계적인 성악가조수미와 소향이 불렀다. 흑과 백이 조화를 이루며 천사가 강림하는 듯한 분위기는 우리모두 함께 세상을 열어가는 주인공의 의미를 부여하고 싶다.

한표가 좋아하는 말은 '다함께'이다.

세상에 대한 고민은 사람으로 태어나 본질적인 삶을 추구하고자 하는 욕구로 가득하다.

그러면 본질적인 삶은 무엇인가?

올바른 정신으로 표현하고 싶다. 세상에 유익한 것이 무엇인가를 고민하며 꿈을 이루어 가는 것이라고..

장애를 극복하고 세상을 밝힌 헬렌켈러 여사나 블랙홀을 규명하기 위해 헌신한 호킹박사는 이 시대의 위대한 영웅이다.

우리 다함께 꿈을 향해 꿈을 그리며 이루어 가자

◾ 아시안게임 금메달리스트

- 1986년 아시안게임의 영웅들

88올림픽을 위한 세계는 서울로, 서울은 세계로!

1986년 서울에서 개최된 아시안게임(1986.9.20.~10.5)은 1988년 하계올림픽을 앞두고 성공리에 마무리 되었다. 총 27개국의 3,350명 선수가 참가하여 270개의 금메달을 놓고 경쟁을 벌였으며, 우리나라는 93개의 금메달을 획득하여 94개의 금메달을 획득한 중국에 이어 2위를 차지하였다.

수영선수로는 최윤희 선수가 2관왕을, 달리기에는 임춘애 선수가 3관왕을, 양궁에서 양창훈 선수가 4관왕을 차지하였다.

복싱에서 전체급 금메달 12개를 획득하였으며, 축구는 사우디아라비아와 결승에서 금메달을 획득하였다.

육상에서 깡마른 임춘애 선수의 기록경신과 불굴의 정신력에 온국민이 찬사를 보냈다. 1969년생인 임춘애 선수는 아시안게임

출전 당시 고2였으며 라면 소녀로 유명했다. 실제 라면만 먹은 것이 아니라 삼계탕 등 운동선수로서 체력 관리를 위해 좋은 음식들을 먹었으나 깡마른 체구와 불굴의 정신력에서 붙여진 이름으로 육상 불모지를 개척한 달리기 여신으로 평가하고 싶다.

- 1999년 강원 동계아시안게임의 영웅들

'영원한 우정, 빛나는 아시아'

Asia, Shining brightly through Everlasting Friendship

1999년 강원 동계아시안게임(1999.1.30.~2.6)은 '영원한 우정, 빛나는 아시아'라는 슬로건으로 평창과 춘천, 강릉에서 개최되었다.

총 14개국 799명의 선수가 참가하여 자웅을 겨루었으며, 우리 대한민국은 금 11개, 은 10개, 동 14개로 2위를 차지하였다. 중국이 금 15개, 은 10개, 동 11개로 종합 우승을 하였고, 카자흐스탄이 금 10개, 은 8개, 동 7개로 3위를 하였다.

쇼트트랙에서 금메달 6개(김동성, 김윤미, 김문정 각 2관왕, 이준환, 최민경, 안상미), 알파인 스키에서 금메달 3개(허승욱 2관왕, 유혜민), 스피드스케이팅에서 최재봉이 1,000m와 1,500m에서 금메달을 차지하였다.

쇼트트랙 3,000m 계주(김윤미, 김문정, 최민경, 안상미)에서 대한민국 낭자들의 선전은 보는 이에게 즐거움을 선사하였다. TV를 보는 내내 빙상을 가로지르는 아찔한 장면들은 금메달이라는 큰 선물로 보답하였다.

김동성 선수는 1,500m와 3,000m에서 금메달을 1,000m에서 은메달, 5,000m 계주에서 동메달을 따며 쇼트트랙 강자로 등극하였다.

- 2002년 부산 아시안게임의 영웅들
'새로운 비전, 새로운 아시아'
New Vision, New Asia

2002 부산 아시안게임(2002.9.29.~10.14)은 부산광역시를 중심으로 울산 경남 등 3개 지역에서 개최하였다. 2002년은 월드컵 대회에 이어 세계적인 대회가 치루어진 역사적인 해였다.

총 44개국이 참가하였으며 남북공동으로 입장하여 뜻있는 행사가 되었다. 중국이 금 150개, 은 84개, 동 74개로 종합 1위를 차지하였고, 우리나라가 금 96개, 은 80개, 동 84개로 종합 2위를, 일본이 금 44개, 은 73개, 동 72개로 종합 3위를 차지하였다.

2002년 FIFA월드컵 4강 신화로 고무되었던 한국 축구가 동메달로 밀려나자 박항서 감독이 경질되는 아픔이 있었으며 축구 스타 이동국이 동메달로 병역의무를 면제받지 못하는 안타까움이 있었다.

부산 다대항에 정박 중이던 북한의 미녀응원단을 보기 위해 많은 사람들이 그곳을 찾아가는 헤프닝이 있었으며, 대연동 부경대학교에 개최된 네팔의 경기를 응원하기 위해 갔다가 북한의 미녀

제2장 스포츠의 영웅들 • 45

응원단과 마주치며 동포의 애정을 느꼈던 기억이 있다.

네팔의 서포터즈로 네팔의 경기에 참여하였는데 다음 날 네팔의 선수가 선수촌을 무단으로 이탈하는 불미스러운 일이 언론에 보도되었는데 어떻게 되었는지 궁금하다. 가난한 나라의 선수가 가난을 극복하기 위해 선수를 포기하고 무단이탈하였다는 소식은 참으로 참담하였다.

- 2014년 인천 아시안게임의 영웅들
'평화의 숨결, 아시아의 미래'
Diversity Shines Here

평화의 숨결, 아시아의 미래라는 슬로건으로 대한민국 인천에서 열린 제17회 아시안게임(2014.9.19.~10.4)은 45개국이 참가하여 중국이 금 151개, 은 108개, 동 85개로 종합 1위, 대한민국이 금 79개, 은 70개, 동 79개로 종합 2위, 일본이 금 47개, 은 77개, 동 78개로 3위를 차지하였다.

강화 고인돌 체육관과 강화 BMX경기장에서 개최된 우슈와 태권도, 사이클의 BMX 경기는 비인기 종목이었지만 인천이 아닌 북한과 가장 가까운 역사의 도시 강화도에서 열렸다는 것이 관심을 가지게 하였다. 그리고 강화 고인돌 체육관의 명칭도 유네스코 세계유산으로 지정된 강화 고인돌 유적지에서 그 이름을 차용하였다고 하였다.

인천은 대한민국이 자랑하는 서울, 부산, 다음의 광역시이다.

인천은 6.25전쟁 당시 풍전등화의 대한민국을 멕아드 장군이 인천상륙작전을 성공함으로서 오늘의 대한민국을 있게 한 도시이며, 대한민국의 관문 인천국제공항이 있다.

- 2025년 하얼빈 동계아시안 게임의 영웅들
Dream of Winter, Love among Asia
'겨울의 꿈, 아시아의 사랑'

　겨울의 꿈, 아시아의 사랑이라는 슬로건으로 중국 하얼빈에서 열린 제9회 동계 아세안게임(2025.2.7.~14)에서 우리나라가 금 16개, 은 15개, 동 14개를 획득하며 종합 2위를 기록하였다. 종합 우승을 차지한 중국은 금 32개, 은 27개, 동 26개로 개최국으로서 면모를 보여주었다. 3위를 차지한 일본은 금 10개, 은 12개, 동 15개였다.
　아시아 총 34개국이 참가한 가운데 64개의 금메달을 놓고 경기한 결과 대한민국은 금메달 획득 역대 아세안게임 타이기록으로 2위를 차지한 것은 놀라운 결과이다. KBS와 MBC, SPOTV에서 방송을 하였지만 동계 아세안게임이 개최되는지도 모를 정도로 국민적 관심은 없었던 대회로 평가할 수 있다.
　온 나라가 탄핵정국으로 시끄러운 가운데 선전한 대한민국 선수단에 감사를 드린다.
　쇼트트랙에서 최민정 선수가 3관왕을 차지하며 총 6개의 금메달(박지원, 장성우, 김길리 각각 2관왕, 심석희, 노도희, 김태성,

김건우)을 획득하였으며, 스피드스케이팅에서 3개(김민선, 이나현이 각각 2관왕, 김민지), 피겨스케이팅에서 차준환과 김채연이 각각 금메달을 목에 걸었다.

설상 종목에서 스노보드 슬로프스타일 이채운, 스노보드 하프파이프 김건희, 프리스타일 스키 이승훈이 금메달을 획득하여 동계스포츠의 매력을 뽐내었다.

예카테리나 아바쿠모바가 2016년 러시아에서 귀화하여 한국 선수로 바이애슬론 스프린터 7.5㎞에서 금메달을 획득하였다.

마지막 날 중국과의 결승에서 대한민국 여자 컬링 대표팀(김민지, 김수지, 김은지, 설예은, 설예지)의 금메달은 대한의 자존심을 키운 더욱 값진 메달이었다.

일제강점기 하얼빈은 안중근 의사가 대한독립을 외치며 이토 히로부미를 저격하였던 곳으로 역사적 의미가 담겨있는 성스러운 곳이다. 그곳에서 아세안게임 2위의 기록은 세계로 나아가는 대한민국의 미래이며, 더욱 발전하는 대한민국 청년의 모습이다. 아! 감개무량하다.

교토국제고 고시엔 우승

2024.8.23. 재일교포들이 민족 교육을 위해 설립한 교토국제고가 일본 고교야구인 고시엔 대회에서 도쿄 간투다이이치고와 결승전에서 2-1로 승리하며 우승을 차지하였다. 일본 전역에 생중계한 고시엔 결승전에서 『동해바다 건너서』로 시작하는 한국

어 교가가 일본 전역에 울려 퍼졌다.

참으로 감동적인 드라마와 같은 짜릿한 우승은 1947년 교토조선중학교가 전신이며 2003년 일본 정부가 인가하며 교토국제고로 변경되었다. 1999년 창단한 야구부는 대부분 일본인 학생이며, 전체 재학생 160명 중 30% 정도가 한국계 학생으로 야구부는 61명이다.

아픈 역사를 딛고 일어선 교토국제고 고시엔 우승은 많은 한국인에게 감동을 주었고, 세계 곳곳에 한국인의 저력을 알리는 좋은 기회가 되었으면 좋겠다.

제3장 언론인과 미디어의 영웅들

- 넷플릭스 오징어 게임
- 황정민 배우
- 송강호 배우
- 언론인 편

넷플릭스 오징어 게임

'무궁화 꽃이 피었습니다.'
'가져, 자네 거야. 우리는 깐부잖아. 기억 안 나? 우리 손가락 걸고 깐부 맺은 거. 깐부끼리는 네 거 내 거 없는 거야.'

술래가 하나에서 열까지를 세기보다는 '무궁화꽃이 피었습니다.'로 시작하는 옛날 술래잡기할 때의 추억을 되살리는 우리 고유의 민속놀이다.

황동혁 감독이 연출한 '오징어 게임'은 생소하면서도 재미를 유발하며 추억을 소환하는 놀이로 가장 한국적인 것이 세계적인 것으로 이름을 떨친 작품이다.

넷플릭스가 제공하는 서비스가 무엇인지도 모르는 상황에서 '오징어 게임'은 전 세계인이 열광하며 흥행에 성공한 한국 드라마이기에 더욱 자랑스럽다.

황동혁 감독도 이렇게 전세계인의 사랑을 받을 줄은 꿈에도 몰랐다고 너스레를 떨었다. 한마디로 졸지에 스타가 된 케이스다. 출연진을 보면 스타 배우 이정재가 주연을 맡았고, 이병헌, 오영수, 박해수, 정호연, 위하준, 허성태, 김주령, 공유, 이유미 등이 나온다.

미국 방송계의 가장 권위 있는 상인 에미상에 14개 부문 노미네이트가 되었고 연출상과 남우주연상 등 6개 부문 수상으로 선정되는 놀라운 결과를 만들었다.

빚에 쫓기는 수백 명의 사람들이 456억의 상금을 걸고 벌이는 서바이벌 게임으로 최종적으로 살아남기 위한 적자생존의 게임룰에서 중앙관제실에서 '탈락'이라는 신호를 보내면 다시는 세상과 마주할 수 없는 참혹한 게임이다.

'위너즈 테이커 올'의 노래말처럼 승자독식의 게임으로 비상식적이면서도 사람들에게 재미와 공감을 주는 것은 보통사람들이 할 수 없는 강한 의지와 욕구, 목표에 도달하면 가질 수 있는 이익들이 어둠의 세상을 밝히는 한줄기 빛 때문이라는 사회적 현상들을 반영한 작품이기 때문이다.

오징어게임의 참가자들이 입었던 의상으로 초록색 런닝복이 굿즈로 유행을 하였으며, 제2편은 2024년 하반기에 출시되었고 제3편은 준비중에 있다고 한다.

황정민 배우

'가족을 위해 굳세게 살아온 그때 그 시절,
가장 평범한 아버지의 가장 위대한 이야기'
'인생은 타이밍이야! 타이밍!!' - 국제시장 -

1970년 경상남도 마산 출신으로 서울예술대학교 연극과를 졸업하고 뮤지컬 '지하철 1호선'으로 데뷔하였다.

2014년 1천만 관객을 동원한 '국제시장'에서 윤덕수 역으로 실감나게 연기를 하여 자세히 알게 되었다. 이후 '베테랑', '히말라야', '검사외전', '군함도', '헌트', '서울의 봄' 등에서 주연을 맡으며 시대상을 잘 반영한 배우로 기억한다.

큰 키와 다정한 아저씨 같은 털털한 외모에 호감을 가지는 사람들이 많다.

'서울의 봄'에서 전두광역을 맡으며 제45회 청룡영화상 시상식에서 남우주연상을 수상하였다. 수상 소감에서 남우주연상을 받을 수 있도록 용기를 준 아내에게 영광을 바친다고 멘트를 하였는데 이 세상의 모든 사람들이 행복한 가정을 꾸미며 알콩달콩 사랑을 나누었으면 참 좋겠다.

최근 방송프로그램 '굿데이'에서 지드래곤과 대화를 나누며 후배 배우들과 친근해지는 방법으로 극 중 역할에 대한 이야기와 밥 같이 먹기 등을 통해 서먹한 감정을 떨어내는 비법을 말하며 본인의 고민도 해결한다고 하였다.

카리스마 넘치는 연기와 액션 등 대배우로서 베테랑이 되길 바란다.

■ 송강호 배우

'대한민국 헌법 제1조 2항, 대한민국의 주권은 국민에게 있고 모든 권력은 국민으로부터 나온다! 국가란 국민입니다!!' -변호인-

1967년 경상남도 김해 출신으로 1991년 연극 '동승'으로 데뷔하였다. 영화 '괴물', '변호인'과 '기생충'에서 명연기를 보여주었다.

이 외에도 '택시 운전사', '밀정', '관상', '살인의 추억', 'YMCA야구단', '설국열차', '거미집' 등 많은 작품에서 좋은 연기를 보여주어 호평을 받고 있는 대배우이다.

2020년 제92회 아카데미 시상식에서 봉준호 감독의 '기생충'이 4개 부문(각본상, 국제장편영화상, 감독상, 작품상)을 수상함으로써 대한민국 영화의 품격을 높였다.

송강호 배우는 칸영화제와 인연이 많아 '칸의 남자'라고 불린다. 2021년 제74회 칸영화제에서는 심사위원으로 선정되기도 하였으며, 이듬해 영화 '브로커'로 제75회 칸영화제에서 남우주연상을 수상하였다.

이러한 쾌거는 최고의 연기력과 정교함, 표정으로 연출력을 돋보이게 하는 표현력 등 말로 다 못할 수식어들이 영화 속으로 끌어들이는 매력이다.

언론인 편

'진실을, 모든 진실을, 오직 진실만을 말해라' - 위베르 뵈르메리 -

AI에게 물었다. 언론인이란?

언론인은 대중에게 정보, 뉴스, 의견, 엔터테인먼트 등을 전달하는 전문가입니다. 이들은 신문, 잡지, 방송, 온라인 매체 등 다양한 플랫폼을 통해 대중에게 정보를 제공하고, 사회적인 이슈에 대한 토론과 분석을 주도합니다.

언론인은 신뢰성, 공정성, 객관성을 유지하며 보도를 해야 합니다. 또한 대중에게 정확한 정보를 제공하고 다양한 관점을 제시하여 사회적 토론을 촉진하는 역할을 수행합니다.

언론인은 정보원과의 관계구축, 현장취재, 인터뷰 진행 등의 활동을 통해 정보를 수집하고, 이를 기사나 보도 자료로 작성하여 대중에게 전달합니다.

언론인은 사회에 대한 감시자 역할을 수행하며, 권력기관이나 기업의 부정행위 등을 폭로하고, 대중의 알 권리를 충족시키는 역할을 합니다. 이는 민주주의와 자유로운 사회에 대한 중요한 역할을 합니다.

- 방송

KBS와 MBC, SBS, 채널 A, TV조선, JTBC, MBN, YTN, 연합뉴스 TV 등이 대중적인 방송 채널이 아닐까?

이러한 방송 채널이 특정한 정치 성향을 나타내거나 중립적이지 못할 때 사회적 비난을 받거나 외면 받는 방송이 된다.

많은 방송 채널이 국민들로부터 멀어진지 오래다. 왜일까? 특정 집단의 쏠림현상 때문이 아닐까?

사실 우리 사회는 오래전부터 언론이 사회의 현상들을 만들어 내고 사회적 여론을 주도적으로 형성해 왔다.

아무리 잘한 정책도 홍보 부족으로 국민적 지지를 받지 못했을 때 그 정책은 실패한 정책으로 묻히는 경우가 많다. 우리가 선물을 받았을 때 예쁜 포장지로 포장해서 받는 사람의 기분을 좋게 하는 것도 기술이다.

독일의 나찌 정부가 들어섰을 때 히틀러는 아무것도 아니었다. 그러나 그 선전부장 괴벨스는 히틀러를 위해 죽음도 불사하며 나찌당의 성공을 이끌어 냈으며, 그로 인해 얼마나 많은 인명이 희생되었는지를 상상해 보면 악의적 선전 선동이 얼마나 나쁜 결과를 초래하는지 알아야 한다.

그래서 한표는 EBS의 교양프로그램을 보거나 복면가왕, 열린음악회, 불우의 명곡 등 음악프로그램으로 시간을 보낸다.

- 신문

조선일보와 중앙일보, 동아일보를 3대 메이저 언론이라고 부른다.

이외 한겨레, 한국일보, 경향신문, 서울신문, 매일경제, 한국경제 등 수많은 신문과 지방을 대표하는 신문, 잡지 등의 매체가 있다.

방송과 인터넷 등의 다양한 정보전달 수단이 생기며 신문의 기능은 점차 감소 추세에 있다.

1980~2000년대 초반까지는 신문기업이 성장하여 왔으나 스마트폰의 기능이 강화되고 확대되면서 신문 구독자가 감소하였다고 보여진다.

우리나라의 산업화와 민주화 과정에서 과도기적 신문의 역할은 사람의 눈과 귀가 되었다. 대표적인 언론인으로 동아일보를 창간한 인촌 김성수(1891~1955)와 조선일보 주필 선우휘(1922~1986) 등이 있다.

● 인터넷

인터넷의 보급으로 기존의 방송과 신문이 인터넷 상에서 제공되고 있다. 네이버나 다음 등 포털 사이트에서 또는 구걸이나 유튜브, 카카오 등 SNS를 통한 정보의 제공은 종이보다도 훨씬 빠르고 정확하게 전달되고 있다.

인터넷의 보급과 스마트폰의 확산으로 정보에 대한 수요가 기존의 TV나 종이 신문에서 옮겨 왔기 때문이다. 스마트폰에서 검색만 하면 무엇이든지 답을 얻을 수 있으며, AI와 대화를 하며 찾고자 하는 정보를 얻을 수도 있다.

참 신기한 세상에 살고 있다.

건강에 대한 정보, 길 찾기, 교육, 복지, 국방, 국가, 법률서비스 등 찾고자 하는 모든 정보가 인터넷이나 스마트폰의 검색을 통해 원하는 답을 찾을 수가 있다.

우리는 정보가 넘쳐나는 세상에 살고 있으며, 그 진위는 본인의 판단에 따라야 한다. 종교, 철학, 예술, 예능, 문화, 정치 등 본인의 관심과 열정에 따라 무엇이든 할 수 있고 될 수 있다.

● 라디오

다음 국어사전에서 라디오란 '전파를 이용하여 수신기(受信機)를 가진 청취자(聽取者)에게 뉴스와 오락 및 교양 프로그램 등을 방송하는 통신 활동'으로 정의하고 있다.

텔레비전이 보급되기 전 광석 라디오, 진공관, 트랜지스터 등으로 발전하여 대중매체로서 쉽게 송출되었고, 출퇴근 시 차를 타면 나오는 라디오 프로그램과 주말에 CBS의 레인보우에서 흘러나오는 '박성하의 가요속으로' 등을 많이 듣고 있다.

텔레비전은 화면을 눈으로 보며 눈의 피로를 감수해야 하지만 라디오는 귀로 듣기만 하여도 되기 때문에 눈을 감고 음악을 감상할 수 있어서 참 좋다는 생각이다.

또한, 때와 장소를 가리지 않고 명상을 하며 음악도 듣는 기분은 그 어떤 보약보다도 우수하며, 가슴과 영혼을 채울 수 있는 행복과 기쁨을 선사한다.

제4장 대통령

- 대통령의 리더쉽
- 이승만
- 윤보선
- 박정희
- 최규하
- 전두환
- 노태우
- 김영삼
- 김대중
- 노무현
- 이명박
- 박근혜
- 문재인
- 윤석열

대통령의 리더쉽

국민이 선출한 대통령의 애국심을 논하는 것이 다소 조심스럽고 압박감을 느끼지만 나라와 국민을 대표하는 기관으로 애국심이 없으면 수행하기 힘든 자리이며, 누구보다도 국위선양을 위해 고군분투한 흔적들이 곳곳에 배어있다.

어릴적 네 꿈이 무엇이냐고 물으면 대통령이 되겠다. 장군이 되겠다. 선생님이 되겠다. 며 철없이 대답했던 기억들이 나라를 사랑하는 마음이 있었기에 가능한 그런 대답을 했었다.

대통령의 취임사에 담긴 개인적 생각이나 국정철학들이 다 실현되지는 못하여도 국민과 나라를 위한 다짐의 성격을 지녔기에 취임사를 들으며 결기에 찬 표정과 내용들이 애국심으로 요약할 수 있었다.

'대한민국은 민주공화국이다. 대한민국의 주권은 국민에게 있고, 모든 권력은 국민으로부터 나온다.' 대한민국 헌법 제1조에 규정한 헌법정신은 누구도 국민위에 군림할 수 없다.

역사적으로 보면 고구려 신라 백제의 삼국시대를 거쳐 통일신라와 고려, 조선, 그리고 대한민국의 건국이념까지 외침의 연속이었고 백성들이 편안한 시기는 그리 많지 않았다.

노론 소론 등 당파싸움의 정치적 이념 투쟁으로 발전은 없고 국론이 분열되어 외침의 빌미를 제공하였고 백성들은 그 피해자들이었다.

대한민국 건국 이후에도 6.25 전쟁과 가난으로 백성들이 헐벗고 힘들었으나 UN과 미국 등 우방의 도움으로 국운이 번성하여 지금에 이르고 있다.

초대 이승만 대통령을 비롯한 역대 대통령들의 헌신적인 노력으로 대한민국은 발전해 왔으며, 깨어있는 백성들이 국민이되고 시민이 되어 민주화와 산업화에 성공한 유일한 나라가 되었다.

대통령의 취임사에 담긴 국정철학과 미래 비젼은 잘 사는 대한민국을 표방하고 있으며 국민의 자존감을 고취시키는 내용들이다. '개인의 자유와 단합', '4.19정신', '반공정신과 우방외교, 빈곤퇴치와 경제근대화', '국론분열 방지와 정치안정', '정의사회 구현', '보통사람으로 지역감정 해소와 지도층의 솔선수범', '번영과 개혁', '경제위기 극복', '부정부패 척결과 특권 청산', '경제발전과 사회통합', '경제부흥과 국민행복, 문화융성', '통합과 공존', '자유민주주의와 시장경제를 중심으로 한 국민이 주인인 나라' 등 취임사의 키워드는 '국민의 단합과 경제발전, 자유'를 강조하였다.

BTS의 열기가 UN과 미국 등 온 세계에 코리아 열풍을 불게 만들었고, 오징어 게임이 세계를 제패하였다. 가장 한국적인 것이 세계적인 것이라고 광고카피 정도로 생각해 왔는데 그것이 현실이 되고 우리의 자존감은 최고조에 달했다.

대통령의 리더쉽과 그 취임사에서 대한민국의 발전을 생각해 본다.

이승만 대통령

"공산주의는 콜레라와 같다. 인간은 콜레라와 같이 살 수 없다."

대한민국 건국 대통령이다.

1875년 황해도 봉천에서 출생하여 1965년 90세의 나이로 미국 호눌룰루에서 서거하였다. 1948년 7월 24일부터 1960년 4월 27일까지 초대에서 3대까지 대한민국 대통령을 지냈다.

대통령 재임중 농지개혁과 초등학교 의무교육, 한미상호방위조약 체결 등 오늘의 대한민국이 있기까지 대한민국 초대 대통령으로서 자유와 박애정신을 바탕으로 민족혼을 일으킨 선구자였다.

이승만 대통령의 어록 중 "공산주의는 콜레라와 같다. 인간은 콜레라와 같이 살 수 없다."는 말씀은 105세 철학자 김형석 연세대 명예교수의 공산주의에 대한 인식과 같은 것으로 '공산 치하에서 할 수 있는 것은 아무것도 없었다.' '주변인들의 죽음밖에 목격할 수 없었다.'는 증언은 자유대한민국에 살아가는 국민들이 반드시 기억해야할 명제이다.

1945년 해방 이후 어수선한 대한민국 정부수립을 위해 펼친 외교적 노력과 6.25 전쟁 등 김덕영 감독의 이승만 대통령에 대한 다큐는 실로 엄청난 충격을 주었다. 대한민국의 왜곡된 역사를 바로 알고 바로 세우는 중요한 바로미터였다.

행정안전부 대통령기록관에서 공개한 이승만 대통령의 초대~3대 대통령 취임사를 통해 그의 애국심을 살펴보고자 한다.

- 초대 대통령 취임사(1948.7.24.)

여러 번 죽었던 이 몸이 하나님의 은혜와 동포의 애호로 지금까지 살아오다가 오늘에 이와 같이 영광스러운 추대를 받은 나로서는 일변 감격한 마음과 일변 심당(心當)키 어려운 책임을 지고 두려운 생각을 금하기 어렵습니다. 기쁨이 극(極)하면 웃음으로 변하여 눈물이 된다는 것을 글에서 보고 말을 들었던 것입니다. 요사이 나의 치하(致賀)하는 남녀 동포가 모두 눈물을 씻으며 고개를 돌립니다.

각처에서 축전 오는 것을 보면 모두 눈물을 금하기 어렵다합니다. 나는 본래 나의 감상으로 남에게 촉감(觸感)될 말을 하지 않기로 매양 힘쓰는 사람입니다. 그러나 목석간담(木石肝膽)이 아닌만치 뼈에 맺히는 눈물을 금하기 어렵습니다. 이것은 다름이 아니라 40년 전에 잃었던 나라를 다시 찾는 것이요 죽었던 민족이 다시 사는 것이 오늘 이에서 표면(表面)되는 까닭입니다.

대통령 선서하는 이 자리에서 하나님과 동포 앞에서 나의 직무를 다하기로 일층(一層) 더 결심하며 맹세합니다. 따라서 여러 동포들도 오늘 한층 더 분발해서 각각 자기의 몸을 잊어버리고 민족 전체의 행복을 위하여 대한민국의 국민된 영광스럽고 신성한 직책을 다 하도록 마음으로 맹서하기를 바랍니다. 여러분이 나에게 맡기는 직책은 누구나 한 사람의 힘으로 성공할 수는 없는 것입니다.

이 중대한 책임을 내가 용감히 부담할 때에 내 기능이나 지혜를 믿고 나서는 것이 결코 아니며 전혀 애국 남녀의 합의 합력함 으로만 진행할 수 있는 것을 믿는 바입니다. 이번 우리 총선거의 대성공을 모든 우방들이 칭찬하기에 이른 것은 우리 애국 남녀가 단순한 애국정신으로 각각 직책을 다한 연고입니다. 그 결과로 국회 성립이 또한 완전무결한 민주주의제로 조직되어 2, 3 정당 이 그 안에 대표가 되었고 무소속과 좌익색태(左翼色態)로 주목 받은 대의원이 또한 여럿이 있게 된 것입니다.

기왕 경험으로 추측하면 이 많은 국회의원 중에서 사상 충돌 로 분쟁 분열을 염려한 사람들이 없지 않았던 것입니다. 그러나 중대 문제에 대하여 종종 극열한 쟁론이 있다가도 필경 표결될 때에는 다 공정한 자유 의견을 표시하여 순리적으로 진행하게 되므로 헌법 제정과 정부조직법을 다 민의대로 종다수 통과된 후에 아무 이의 없이 다 복종하게 되므로 이 중대한 일을 조속한 한도 내에 원만히 채결하여 오늘 이 자리에 이렇게 된 것이니 국회 의원 일동과 전문위원 여러분의 애국 성심으로 우리가 다 감복하지 않을 수 없는 일입니다.

나는 국회의장의 책임을 사면하고 국회에서 다시 의장을 선거 할 것인데 만일 국회의원 중에서 정부 처장으로 임명될 분이 있 게 되면 그 후임자는 각기 소관투표구(所管投票區)에서 갱선(更 選)하게 될 것이니 원만히 표결된 후에 의장은 선거할듯하며 그 동안은 국회부의장 부의장 두 분이 업무를 대임할 것입니다. 따라 서 이 부의장 두 분이 그동안 의장을 보좌해서 각 방면으로 도와 협의 진행케 하신 것을 또한 감사히 생각하는 바입니다.

국무총리와 국무위원 조직에 대해서 그간 여러가지로 낭설이 유포되었으나 이는 다 추측적 언론에 불과하여 며칠 안으로 결정 공포될 때에는 여론상 추측과는 크게 같지 않을 것이니 부언낭설(浮言浪說)을 많이 주의하지 않기를 바랍니다. 우리가 정부를 조직하는데 제일 중대히 주의할 바는 두 가지 입니다.

첫째는 일 할 수 있는 기관을 만들 것입니다.

둘째로는 이 기관이 견고해져서 흔들리지 않게 해야 될 것입니다. 그러므로 사람이 사회 명예나 정당 단체의 세력이나 또 개인 사정상 관계로 나를 다 초월하고 오직 기능 있는 일꾼들과 함께 모여 앉아서 국회에서 정한 법률을 민의대로 진행해나갈 그 사람끼리 모여서 한 기관이 되어야 할 것이니 우리는 그 분들을 물색하는 중입니다. 여러분들은 인격이 너무 커서 적은 자리에 채울 수 없는 이도 있고 큰 자리를 채울 수 없는 이도 있으나 참으로 큰 사람은 능히 큰 자리에도 채울 수 있고 적은 자리에도 채울 수 있을 뿐 아니라 적은 자리 차지하기를 부끄러이 하지 않습니다.

기왕에도 누가 말한바와 같이 우리는 공산당을 반대하는 것은 아닙니다. 공산당의 매국주의를 반대하는 것이므로 이북의 공산주의자들은 절실히 깨닫고 일제히 회심개과(悔心改過)해서 우리와 같은 보조를 취하여 하루바삐 평화적으로 남북을 통일해서 정치와 경제상 모든 복리를 다같이 누리게 하기를 바라며 부탁합니다. 만일 종시(終始) 깨닫지 못하고 분열을 주장해서 남의 괴뢰가 되기를 감심(甘心)할진대 인심이 결코 방임치 않을 것입니다.

대외적으로 말하면 우리는 세계 모든 나라와 친선해서 평화를 증진하며 외교 통상에 균등한 이익을 같이 누리기를 절대 도모할 것입니다. 교제상 만일 친선에 구별이 있으면 이 구별은 우리가 시작하는 것이 아니요 타동적으로 되는 것입니다. 다시 말하자면 어느 나라든지 우리에게 친선히 한 나라는 우리가 친선히 대우할 것이요 친선치 않게 우리를 대우하는 나라는 우리도 친선히 대우할 수 없을 것입니다.

과거 40년간에 우리가 국제상 정당한 대우를 받지 못한 것은 세계 모든 나라가 우리와 접촉할 기회가 없었던 까닭입니다. 일인들의 선전만을 듣고 우리를 판단해 왔었지만 지금부터는 우리 우방들의 도움으로 우리가 우리나라를 찾게 되었은즉 우리가 우리 일도 할 수 있으니 세계 모든 나라들은 남의 말을 들어 우리를 판단하지 말고 우리 하는 일을 보아서 우리의 가치를 우리의 중량대로 판정해주는 것을 우리가 요청하는 바이니 우리 정부와 민중은 외국의 선전을 중요히 여기어서 평화와 자유를 사랑하는 각국 남녀로 하여금 우리의 실정을 알려주어서 피차에 양해를 얻어야 정의가 상통하여 교제가 친밀할 것이니 우리의 복리만 구함이 아니요 세계 평화를 보장하는 것입니다.

새 나라를 건설하는데 새로운 정부가 절대 필요하지만은 새 정신이 아니고는 결코 될 수 없는 일입니다. 부패한 정신으로 신성한 국가를 이룩하지 못하나니 이런 민족이 날로 새로운 정신과 새로운 행동으로 구습을 버리고 새 길을 찾아서 날로 분발 전진하여야 지나간 40년 동안 잃어버린 세월을 다시 회복해서 세계 문명국에 경쟁할 것이니 나의 사랑하는 삼천만 남녀는 이날부터 더욱 분투용진(奮鬪勇進)해서 날로 새로운 백성을 이룸으로서 새로운 국가를 만년반석(萬年盤石) 위에 세우기로 결심합니다.
1948년 7월 24일 대한민국 대통령 이승만

- 제2대 대통령 취임사(1952.8.15.)

오늘 취임식에서 내가 다시 지게 되는 책임은 내가 할 수만 있었으면 지지 않았을 것입니다. 지나간 4년 동안에 행한 정부 일은 쉬운 일이 아니었던 것입니다. 이 앞으로 오는 일을 좀 쉽게 되리라고 바랄 수는 없는 것입니다. 우리 사랑하는 민국이 이 위험한 때를 당해서 정부 관료나 일반 평민이나 너 나를 물론하고 누구나 각각 나라의 직책과 민족의 사명 외에는 다른 것을 감히 복종할 생각도 못할 것입니다.

우리 생명도 우리의 것이 아닙니다. 우리 앞에 당한 노력과 고초를 다 피하고 우리 몸의 평안과 마음의 원하는 것은 감히 생각도 할 수 없는 것입니다. 노소를 막론하고 할 수 있는 대로는 우리의 최선을 다해서 할 것입니다. 밭에서는 노력해서 이남 이북의 우리 국민을 먹여 살릴 일을 하든지 전장에 나가서 악독한 원수를 쳐 물리치게 노력하든지 정부 안에서 무슨 직책을 맡아 진행하도록 하든지 각각 실수하거나 실패하고는 아니 될 것입니다.
　이때는 우리가 다 희생적으로 공헌할 때입니다. 모든 한인 남녀는 다같이 사명을 맡아서 고상하고 영웅스러운 공헌이 되어야 할 것입니다. 백만명의 반 수 되는 우리 청년들이 희생적 제단에서 저희 목숨을 바쳐서 냉정한 담량과 백절불굴한 결심으로 무도한 공산당의 침략에서 우리를 구해내려고 해 싸우는 중입니다. 2천만 우리 동포는 가산을 잃어버리고 도로에 방황하니 무염지옥을 가진 적군들이 우리를 정복하자는 희망으로 파괴 소탕한 중에서 우리는 살 길을 구하는 중입니다.

　이북의 칠백만 우리 형제자매들은 적색 학정 아래서 피를 흘리고 애통하고 있는 것을 우리가 다 구해내지 못하고는 잠시라도 편안히 할 수 없는 것입니다. 이 불의한 전쟁을 참혹한 전제로 우리나라는 거의 다 적색 적지가 되어있으며 이백만 우리 동포가 잔혹한 사상을 당하고 보게된 것입니다. 우리 반도에 한 가족도 비참한 지경을 당하지 않은 사람이 드물 것입니다.
　각각 우리의 포악한 원수들의 죄를 징벌하고 우리 파괴된 나라에서 몰아내라는 요청을 하기에 정당한 이유를 아니 가진 사람이 없는 것입니다. 이 환란에 대해서 우리는 한 가지 경력을 배운게 있는 것이니 이것은 곧 동족상애와 호상원조의 뜻을 깊이 배운 것입니다. 이번에 처음으로 우리가 나라를 먼저 생각하고 우리 몸을 둘째 생각하든지 아주 잊어버린 데까지 이르게 된 것입니다.
　이런 애국심과 통일 정신으로 우리나라는 오늘날에 이르러서 모든 파괴 중에서도 전보다 몇 갑절 강하게 된 것입니다. 우리가 처음으로 충분히 훈련받은 무장한 국방군이 준비되어서 육지와 해면과 공중에서 모든 방면으로 전투력이 증가되며 무기 무장이 날로 구비해지는 것이니 이 용감한 군인들은 모든 연합군의 사랑과 칭찬을 받으며 우리 원수의 부요함과 두려움을 받고 우리 민중의 영원한 감격을 가지고 있는 것입니다.

이 사람들은 우리 국민의 방패가 된 것이지만치 우리는 어디까지든지 이 사람들의 뒤를 바치도록 맹세해야 할 것입니다. 우리 앞으로 당하는 몇 해 동안은 우리의 해결할 문제가 중대하고 또 어려운 것입니다. 우리가 한 가지 위로되는 것은 이 문제를 우리가 혼자 당한 것이 아니고 세계 53개 자유국들이 우리 옆에 서서 나가기를 보증한 것입니다. 또 16개국의 군인들이 우리 땅에서 같이 서서 원수들을 쳐 물리치고 있는 것입니다.

우리 반도에서 일어난 어려운 문제는 세계에서 공동의 투쟁과 충돌에서 자라난 것입니다. 그러므로 이 어려운 문제를 정복하기에는 우리의 도움과 노력이 있어야 할 것입니다. 그러나 이 전쟁을 우리 도시와 우리 집에서 싸우느니만치 우리나라를 재건하기에도 또한 다수의 우리의 희생과 우리의 쉬지 않는 노력을 시작하셔야 성취할 것입니다. 우방들이 우리를 도와주는 중이나 그러나 우리가 우리의 직책을 더욱 행할수록 우리 친구들이 더욱 감격되어서 우리를 위하여 자기들이 더 희생할 것입니다.

이 두 해 때 두 해까지 난리를 겪은 뒤에는 우리의 첫째 직책은 전쟁 전선에서 행할 일입니다. 우리가 승전해서 원수들을 다 항복 받을 때까지는 우리에게는 쉴 수도 없고 끝도 없는 것입니다. 마크 클라크 장군과 제임스 밴 플리트 장군은 우리에게 선언하기를 우리 땅에서 토굴을 파고 있는 공산군이 어떠한 강력으로 우리를 쳐들어오던지 우리는 능히 정복시킬 결심과 능력이 상당하다는 것입니다.

이 전쟁 때와 그 후에도 우리의 행할 보편적 우리의 목적은 악독한 원수들이 우리에게 피를 흘리게 한 상처를 합창시키는데 있다는 것입니다. 국제연합 제국과 우리의 가장 친절한 우방인 북미합중국이 여러번 선언하기를 자기들의 목적은 우리와 같다고 한 것입니다. 그러니 그거는 즉 대한이 통일 독립 민주국가로 완전히 회복할 것입니다.

어떻게 해서 이 통일의 목적을 완수해야 되겠다는 구체적 방책은 우리가 확실히 말하기 어려우나 얼마쯤은 우리 원수들의 정략과 계획에 달린 것이요 또 얼마쯤은 우리의 마음속에 맺힌 결심과 담양과 목적이 얼마나 공고한가에 달린 것입니다. 우리가 한가지 단언하는 것은 우리 한국은 분열되거나 얼마라도 남의 점령을 당하고는 살 수 없다는 것입니다. 또 살지 않겠다는 것입니다.

따라서 자유세계도 공산 제국주의를 허락해서 공산자들이 승리한 것을 길러주게 되고는 자유세계도 부지하기 어려울 것이라는 겁니다. 공산 제국주의는 모든 연합국을 대립해서 전 세계의 민주주의를 타도시킬 목적으로 할 것임으로 기본적으로 말하자면 우리의 자유를 위해서 싸우는 것은 세계의 자유를 위해서 싸우는 것입니다. 우리의 승전은 모든 나라들의 승전입니다. 만일 우리가 실패한다면 세계 모든 자유국민에게 비극적인 실패일 것입니다.

 자유세계에 단결심은 누구나 깨뜨리지 못할 것입니다. 우리를 치는 힘을 힘이 클수록 모든 반공국들의 공동 안전을 위해서 단결심이 더 단단해질 것입니다. 이 과정은 크레믈린에 있는 모든 불의한 사람들이 먼저 배워야 할 것입니다. 이 사람들이 이 과정을 잘만 배우게 되면 집단 안전의 길이 우리 앞에 널리 열려서 모든 자유를 원하는 세계 민족들의 한량없는 물산과 번성이 평화의 새 시기를 인도할 것입니다.

 우리 국내에서도 모든 내정과 지방의 관계되는 문제들은 앞으로 몇 해 동안에는 국제상의 영향이 없을 수는 없을 것입니다. 살 수 없는 물가고등으로 민중의 혈맥을 모두 말려주는 이 문제도 전답에서와 공장과 광산에서 생산력이 충분히 회복되어야 이 문제가 충분히 해결될 것입니다. 우리 도시와 촌락과 우리 가정과 생산 근원을 우리를 도와주어서 집단 안전을 위하여 싸우는 모든 나라들이 각각 자기들의 부담으로 도와줄 수량을 충분히 내어주어야 해결될 것이라는 것입니다.
 이 태평양 전체에 대한 문제와 전 세계에 대한 문제는 지금 한국 내에서의 되어가는 문제와 결연되고 있는 것이니 이는 처음으로 세계 모든 사람들이 담대히 일어나서 근대의 제일 악독한 전쟁을 싸워나가며 공산당 제국주의의 오래 내려오는 것을 끝 맺기로 결심한 까닭입니다. 이 끝은 한국에서 막기로 시작된 것입니다. 지금은 나의 개인의 메세지로 우리 국민과 또 친근한 우리 우방들에게 대해서 한마디 말을 드립니다.

　내 평생은 우리나라 운명과 같아도 계속적 투쟁과 인내력으로 진행한 것입니다. 어떤 때는 앞에 장애가 어떻게 또 커서 크든지 희망이 보이지 않을 때도 여러번 있었으나 계속해 나온 것입니다. 1882년 한미조약 이후로 우리가 밖으로는 각국의 제국주의와 안으로는 타락하여 가는 군주 정부의 학정을 대항할 적에 희망도 보이지 않을 것을 싸워 온 것입니다.

　지금와서는 이 싸움 시작하던 모든 선열들이 다 없어지기 전에 우리 민주정부를 세워서 민의의 굳건한 토대위에 세워놓고 세계 모든 결심한 친구들이 우리를 보호하고 있기에 이른 것입니다. 일본의 무력과 무력의 폭력과 궤휼로 우리의 독립문을 닫혀놓은 뒤에는 세계 모든 나라들이 우리를 포기하고 잊어버렸던 것입니다. 그러나 우리 민중은 조금도 굴복치 않은 것입니다.

　우리 국가의 자유를 1907년부터 1912년까지 우리 의병들이 싸우며 보호하려한 것입니다. 1919년에 만세 운동으로 우리가 우리 독립을 세계에 선언하였던 것입니다. 중국과 만주에서는 우리 국군의 잔병이 1945년까지 싸워오다가 마지막으로는 공화 민주국의 결실이 되어 지나간 4년 동안에 처음으로 민국 정부를 건설케 된 것입니다. 우리는 공산당에게 정치상 굴복을 거절해서 싸움하게 된 것입니다.

　미국 군정시대 소련과 교섭해서 여러 어려운 문제를 평화적 담판으로 나라를 해결하고 우리나라를 통일시키자는 주의를 가졌던 것입니다. 지금에 와서는 우리나라뿐만 아니라 모든 세계 자유국가와 합해서 전쟁으로 결말내기로 시작되고 있은 것이니 이 전쟁도 우리 사람들이 이전에 싸워오던 것 같이 전쟁의 결국을 승전으로 돌아갈 것입니다. 우리 목적이 우리 이웃의 자유를 없이하자는 것이 아니고 오직 우리의 자유를 회복하여 보유하자는 것이니만치 우리는 실패할 수 없을 것입니다.
　내 간담에 깊이 갈망하며 원하는 바는 내가 60년 동안을 공헌해서 분투노력한 이 나라를 내 생명이 끊어지기 전에 굳건히 안전과 자유와 통일을 민주국가 안에서 성립되는 것을 눈으로 보자는 것입니다. 이번에 소위 정치상 파동이 일대 위기라고 세계에 전파된 것이 실상은 솥 안의 풍파였던 것입니다. 사실을 말하자면 몇몇 외국 친우들과 외국 신문 기자들이 나의 정치적 원수들의 말을 듣고 내가 병력을 이용해서 국회를 해산하고 민국 정체를 없이하려는 쾌가 괴이한 언론을 곧이도록 들었던 것입니다.

　그러나 나의 평생 역사와 나의 주장하는 목적을 아는 친우들은 이런 낭설을 듣고 웃었으며 혹은 분개했던 것입니다. 다행히 우리 동포가 나를 전적으로 지지한 힘으로 우리가 반대자들과 대립해서 그 끝을 완전히 맺게 될 적에 오래 싸워오던 개헌안을 통과 시켜서 대통령 선거권을 국회에 맡겨두지 않고 민중의 직접 투표로 행하기에 이른 것이므로 우리의 민주정체와 주의가 절대로 굳건해진 것입니다.

우리의 자유와 우리의 통일과 우리의 민주정체를 위해서 나는 앞으로도 나의 생명과 나의 공헌을 다 하기를 다시 선언하는 바입니다. 나는 나의 사랑하는 전 민족에게 대하야 각 개인에게 일일이 말하노니 이 공동 목적을 완전히 달성할 때까지 각인의 모든 생각이나 주장을 다 버리고 일심 협력하라는 것입니다.

4천년의 역사를 계속하여 우리의 신성한 조상들이 계계승승하여 내려오며 이 금수강산에서 살며 일하다가 필요할 때에는 다 일어나서 싸워서 우리의 거룩한 유업을 우리에게 물려주고 주었고 또 앞으로 이 신성한 유업을 보유할 직책을 우리의 손에 맡겨준 것이니 우리의 오랜 역사상의 어떤 시대를 물론하고 오늘 우리가 당한 형편같이 어려운 적은 없었던 것입니다.

우리 국민들이 이 난리를 대담하게 치러 갔고 직책을 다 힘껏 행한 것임을 우리가 다 감복하는 바입니다. 앞으로 우리가 다 합해서 연속 진행할 것입니다. 우리가 같이 일하며 같이 희생하며 우리가 같이 싸워서 마침내 승전 할 것입니다. 승전이 우리 마음과 우리 간담에 있을 동안에는 우리가 실패하는 일은 없을 것입니다. 제일 위험한 것은 다 지나갔으며 우리 앞에 놓인 것은 오직 승전과 성공일 것입니다.

이것으로 마칩니다.
1952년 8월 15일 대한민국 대통령 이승만

- 제3대 대통령 취임사(1956.8.15.)

나의 사랑하는 동포 여러분.

내가 오늘 또 한번 우리 민중 앞에 서서 대통령 취임 선언식을 제3차로 행하게 된 것입니다.

우리 동포들이 나의 지도에 신념을 표시한 것에 대해서 내가 겸손한 마음과 영광스러운 뜻으로 평화할 때에나 전쟁 중에서나 또 국내 국외의 관계를 막론하고 우리 민족의 복리를 위해서 내 성심과 능력을 다하기를 맹서하는 바입니다.

이 다음 4년은 우리 역사에 제일 긴절한 시대입니다. 우리가 앞에 당한 여러 가지 큰 문제를 위해서 많은 희생을 당하며 여기까지 나온 역사를 대강 생각해 보는 것이 필요한 것입니다.

우리의 제일 긴급하고 절박한 문제는 통일입니다. 한국이 분열된 것을 잠시라도 그저 두는 것은 우리나라 국민에게 불공평한 것이며 세계평화를 위협하는 것입니다. 그 반면으로 한국을 통일시키는 것은 유엔의 큰 영예가 될 것이며 또 국제상 관계에 이유와 공의를 믿는 모든 나라에 큰 성공일 것입니다.

우리 국제상의 둘째로 큰 문제는 일본이 공산당과 점점 친밀하여 가는 것입니다. 일본이 사절단을 중공과 한국 이북에 연속 보내서 공산당들과 결속을 만들고 있는 것입니다.

우리 경찰이 날마다 우리나라에 잠입하여 들어오는 공산당들을 잡아드려서 저의들의 행동을 밝히 드려다 보고 있는 것입니다. 이 사람들은 군기와 재정을 상당히 준비해 가지고 들어와서 우리나라에 난동과 혁명운동을 선동하는 것이 목적인 것입니다. 만일 일본이 북경과 모스코의 공산당들의 뒤를 계속 따라간다면 어떠한 결과가 생길 것입니까. 자유세계가 이 위태한 것을 제때에 각오하고 일어설 것입니다.

다음으로 우리나라의 내정을 말하자면 내 생각에는 지나간 첫 8년 동안에 민주정체의 진보를 성취한 것은 실로 역사상 드문 성공입니다. 일본의 선전에 빠진 사람들은 한인들이 능히 자주 국가를 진행할 준비가 되었을가를 의심했던 것입니다.

오늘 와서 보면 우리 정부는 삼권분립으로 행정부 입법부 사법부가 병행해서 발전되고 있는 것이며 우리가 전국적으로 또 지방적으로 여러 번 선거를 집행했었는데 매번에 각오가 깊이 박히는 것은 우리나라의 주권이 민중에게 있다는 것이며 또 우리 유권자들의 권리가 점점 늘어가서 굳건한 토대가 선 것입니다.

사회상이나 교육상의 발전은 막대한 성공입니다. 모든 어려운 문제가 많은 중에서도 우리나라는 벌써 교육의 나라가 되어서 우리 청년들이 전에 없던 기회를 가지고 무엇이든지 다 배울 수 있을 만치 교육제도가 되어있는 것입니다.

기한과 질병을 다 이겨냈으며 우리의 농지들을 농민들에게 다 넘겨주어서 농민들이 농토의 주인이 되게 한 것입니다. 부녀들도 날마다 정치 사회 경제상으로 진전해 나가고 있으며 우리 청년들도 새 세계의 안광을 가지고 앞으로 발전해 나가고 있는 것입니다.

우리의 경제상 전도도 크게 진전되고 있는 것이니 1953년 하반기까지는 미국의 원조금액을 대부분 임시 구급책에 쓰고 우리나라의 생산력을 회복하는 데는 쓰지 못했던 것이나 우리가 감사하는 것은 그 정책이 고쳐저서 지금은 전쟁에 파괴된 경제를 다시 회복하는데 놀라운 진보가 되고 있는 것입니다. 원주나 춘천같이 전쟁에 전수히 파괴되였던 도시들이 날로 재건축이 되어가는 중이며 지나간 수 년 동안에 새 공장들이 건축되어서 우리 민족이 여러 대를 내려가며 누릴 복리를 양출하고 있는 중입니다.

내가 간단하게 이 몇 마디로 그 동안에 성취한 것을 말하는 것은 우리가 더욱 낙관적으로 결심해서 이 앞에 모든 어려운 문제를 이겨나가자는 뜻으로 말하는 것입니다. 우리 정부에서는 이 어려운 문제를 다 인정하며 또 우리 민중의 복리를 진전시키기 위해서 앞으로 장기계획이 필요한 것을 또한 인정하는 것입니다. 이 장기계획의 순서를 우리가 만들어서 진전시키는 계획은 대략 5개년을 앞두고 해나갈 것인데 그 동안에 우리가 노력해서 성공하려는 조건은 대강 다음과 같은 것입니다.

첫째는 우리가 중소공업을 많이 발전시키는 것이니 이 공업들을 다 민간에서 자유로 해가도록 만들어서 전국적으로 생산력을 증가해 가지고 국내에서 쓸 것과 해외에 수출할 것을 만들며 동시에 직업을 마련해서 실업자가 없도록 만들자는 것입니다.

우리 사람들은 발명하는 재능과 용진력이 충분함으로 지금 우리가 가장 필요한 것이 양편으로 있으니, 이것은 우리가 은행의 필요를 알아서 그리로 달하여 모든 영업을 진전시킬 것이요 중소공업에 대해서는 융자를 해주는 제도를 펴놓게 하며 남은 귀속재산을 속히 다 팔아서 민간 사유물을 만들 것이니 나는 대통령의 책임으로 이 방면으로 할 수 있는 데까지 힘을 쓸 것이고 또 국회에 요청해서 애국성심으로 협조하며 이 여러 가지 긴요한 사업을 속히 또 정밀하게 도달하여 나가기를 바라는 것입니다.

우리는 쌀과 다른 곡식의 생산 수량이 늘도록 만들기를 힘쓸 것이니 이것은 수리사업과 개간사업을 개량해서 나가야 할 것이며 보통 물건값 수준에는 곡식 값이 표준이 되는 것이니 생산을 증가하는 것이 경제의 안전을 성취하고 또 유지하게 만드는 근본이 되는 것이며 이렇게 해서 정부의 공무원과 봉급 생활하는 사람들로 하여금 자기들이 버는 것을 가지고 자기와 자기 가족들이 살도록 해주어야 될 것이며 또 여기에 대해서 특히 내가 한 가지 말하려는 것은 우리 국군의 식량 부식물을 좀 더 늘여서 주리는 사람이 없도록 전력하려는 것입니다.

또 둘째로는 우리나라 농민들을 위해서 재정 순환하는 데와 물건 사고파는데 새 제도와 개량된 방식을 실시하는 것이 필요한 것입니다. 지금 농림부에서 전국농민회 조직을 완성하기에 힘쓰고 있는 중이니 이것이 성공되면 이전 농회에 속했던 재산을 다 그리로 넘겨줄 것입니다. 그전 농회는 전쟁 전에 해산을 시켜서 그 재산이 농림부에 보관되어 있는 것인데 새 농민화가 조직된 후에는 그 재산도 농민회에 넘길 것입니다. 이 새 농민회는 단순히 농업관계 뿐이고 정치상에는 아무 관계가 없게 만들 것이며 이 회의 권한은 농업은행을 주식회사로 차지하고 또 주장할 것이며 이 회에서 비료 발매권과 미곡 매매권리를 가지게 되며 또 농민에게 융자를 주어 농민들이 적은 변리로 돈을 얻어 쓰도록 만들어야 될 것입니다. 이 순서 하에서는 농민들이 고리대금을 쓸 필요가 없게 되며 또 우리가 해마다 봄과 여름을 당해서 쌀값이 올라가는 것을 방지할 수 있게 될 것입니다.

셋째는 경제안전을 시키는 것입니다. 이 문제는 벌써 많이 교정된 것인데 작년에 미국과 협의해서 달라 환산률을 500 대 1로 정한 것이 큰 도움이 된 것입니다. 쌀과 다른 곡식의 생산을 늘이고 공장에서는 생산력을 증가시키며 또 농산물을 매매하는 제도와 물산수출을 전적으로 장려하자는 것입니다. 지금부터는 해외에서 곡식을 수입할 적에는 그 물건이 제때에 들어오게 만들어야 될 것이니 이것이 제때에 들어오지 못하면 쌀값이 졸지에 올라가는 것을 막을 수가 없게 되는 것입니다. 환산률을 절대로 지켜서 전국이 경제상으로 이익을 보게 되는 것을 국민들이 다 도와야 될 것이니 이것은 국민된 자의 직책이며 우리 국민이 다 지켜야만 되는 것입니다.

우리가 앞으로 해갈 정책이 광대한 것이나 성공할 능력이 자재한 것이며 미국이 우리의 재건축하는 계획을 양해하고 동정해서 돕는 힘으로 우리의 목적을 도달할 수 있게 될 것입니다.

우리 민중의 복리를 위해서 성심으로 일을 하는 것이 우리의 정책인 것이니 우리는 희생적 정신으로 합동해서 전력을 다하여 진행할 것이며 우리의 모든 행동과 생각에는 나라를 제일 먼저 도와야 될 것입니다. 이것이 우리 행정상의 정신이며 또 국회와 모든 국민에게 요청하는 것입니다.

결론으로 내가 우리 사랑하는 동포들에게 이르고저 하는 말은 지금 세계가 다 공존주의의 함정에 들어가는 것 같으나 이것은 오래지 않을 것입니다.

우리는 한번 다시 새로 맹서하노니 우리들은 오직 독립으로 또 통일민주국으로 세운 한국을 위해서 우리들은 우리의 생명과 모든 것을 공헌하기에 주저하지 않을 것입니다. 우리는 나라의 독립이 없으면 우리 개인의 자유가 없는 것이며 우리들은 자유가 없는 생명보다 죽음을 택할 것입니다. 우리가 이 선서 밑에서 다 합동으로 나아가면 전지전능하신 하느님이 우리를 도와 주실 것을 나는 아는 바입니다.

1956년 8월 15일 대한민국 대통령 이승만

윤보선 대통령

'바닷가 갈대는 아무리 바람에 휘날려도 꺾이지 않는다'

1897년 충청남도 천안 태생이다. 1990년 서울 종로구 안국동 자택에서 사망하였다.

어릴 때부터 대농 출신이며, 중국 상하이 독립운동과 영국 에던버러대학에서 고고학 석사 과정을 마치고 귀국하여 4선 국회의원을 지냈다.

이승만 정부시절 서울시장에 임명되어 초등학교 신설 및 국문보급반 등 문맹퇴치와 관혼상제의 허례허식 타파를 위한 신생활운동을 중점사업으로 선정하여 실행하였다.

제2대 대통령(1960.8.13.~1962.3.22.)에 당선되어 국정의 안정을 기하고자 하였으나 1961년 5.16군사 혁명으로 실권이 없는 대통령으로 기억하고 있다.

그 당시는 내각책임제였기 때문에 대통령의 실권이 없었고 총리가 국정에 관한 권한을 가지고 있었기 때문에 각 부처의 장관의 임명이나 행정수반의 역할을 하였는데 장면 총리가 그 권한을 행사함으로써 상호 이견이 생겨도 간섭을 하지 못하는 답답함을 토로하였다고 한다.

그런 가운데 5.16군사 혁명으로 제대로 임기를 채우지도 못하고 제3 공화국으로 정권이 이양되었다.

대통령 퇴임 후 월남파병을 반대하거나 한일회담을 반대하는 등 박정희 정권과 많은 충돌을 겪으며 그 존재감을 키우려 하였으나 성공하지 못했다.

그의 호 해위는 독립운동가 신규식(1880~1922)이 지어준 것으로 '바닷가 갈대는 아무리 바람에 휘날려도 꺾이지 않는다.'는 뜻이다.

박정희 대통령

'내 일생 조국과 민족을 위하여'

"소박하고, 근면하고, 정직하고, 성실한 서민사회가 바탕이 된, '자주독립된 한국의 창건' 그것이 본인의 소망의 전부다."

'우리가 진실로 두려워해야 할 것은 목전의 경제적 시련과 고난이 아니며, 이 시련과 고난 앞에 굴복하려는 실의와 체념인 것입니다.'

'자유는 그것을 위해 투쟁하는 자의 것이며, 평화는 그것을 지킬 수 있는 자의 것입니다.'

박정희 같은 위대한 대통령이 없었더라면 이 나라는 어떻게 되었을까? 작고 다부진 체구에 빛나는 눈동자와 통찰력을 지닌 대한민국 대통령으로 기억한다.

1917년 경북 구미에서 출생하여 1979년 서울 국군서울병원에서 서거 하였다. 1979년 10.26사태로 온 나라가 시끌벅적 했던 그 날의 기억은 녹음테이프 등으로 공개되기도 하였는데 대한민국 국민 모두가 애도하였다.

나라사랑하는 마음과 진정한 애국자였기에 국민의 존경을 한 몸에 받아왔던 분이셨다. 그 분이 이루어 놓은 근대화와 경제성장은 오늘날 대한민국의 초석이 되었으며, 새마을운동으로 '우리도 잘 살아보세' 는 동남아에 수출되고 벤치마킹되어 세계인의 가슴에 남아있다.

독일 파독광부와 간호사들의 만남에서 함께 보듬고 울었다는 얘기는 눈물 없이는 표현할 수 없으며, 이 가난했던 대한민국의 설움을 대변하는 것이다. 대통령의 전용기도 없었던 가난했던 코리아의 대통령이 할 수 있는 일이라곤 이국만리 떠나 고생하던 그들의 가슴을 어루만져 주고 슬픔을 함께 나누는 일이 최선의 선택이었던 것일까? 그들이 보내온 외화로 국가재건사업과 수출의 기반을 만들었다.

박정희 대통령은 대한민국 5대~9대 대통령을 지냈다.
1963.12.17. 제5대 대통령으로 취임하여 1979.10.26.까지 재임하였으며, 제8대 중앙정보부장 김재규(1926~1980)의 권총에 저격되어 사망에 이르게 되었다.
포항제철과 현대중공업 등 국내 굴지의 기업들을 설립하도록 하고 성장시켜 고용과 기술을, 배고픔을 해결하였으며, 국가기간산업인 경부고속도로건설, 구마고속도로건설, 서울지하철건설 등 무에서 유를 만든 애국애민 대통령이었다.
경부고속도로건설과 관련하여 김영삼(1929~2015)과 김대중(1924~2009) 등 당시의 정치 거물들은 모두 반대를 하였으나 고속도로 건설의 타당성을 설명하며 뚝심으로 밀어부친 결과 오늘날과 같은 물류전성시대를 만들었다.
구마고속도로건설 개통으로 시찰을 나선 대통령은 낙동강을 가로지르는 8각정에 잠시 내려 지역 유지들과 환담을 나누며 고속도로 건설에 참여했던 **건설 관계자들을 격려하며 용기를 주는 광경을 가장 가까이서 목도 하였다.

젊은 나이에 가슴 떨리며 대한민국의 대통령을 가까이서 본다는 것은 큰 행운이었으며, 나도 대통령처럼 훌륭한 사람이 되어야지 하는 다짐으로 세상을 살아왔다.

유신헌법, 장기집권 등 일부 부정적인 여론이 있었으나 다른 나라의 장기 집권자처럼 사리사욕을 취하지 않고 오직 나라와 국민의 부강만을 생각하며 살아온 개인적 삶은 칭송해야 마땅하다.

전두환 대통령 집권전 보안사령관 시절 청와대를 수색하면서 발견된 돈 중 일부를 장녀 박근혜에게 주면서 그래 어떤 돈인지는 모르지만 근혜양도 먹고 살아야지 하면서 그야말로 일국의 대통령이 남길만한 돈은 아니었다는 얘기는 듣는 이의 가슴을 슬프게 하였다.

얼마 전 故 박정희 대통령 탄생 107주년을 경북 구미시에서 거행하였다. 거기에 박근혜 전 대통령이 참석하여 축사에서 '아버지는 큰 딸인 제겐 늘 나라 위한 무거운 짐을 등에 지고 생각에 잠기신 모습으로 기억된다. 제가 나이가 들다보니 아버지에 대한 존경심과 애잔함이 더욱 커진다. 강하셨지만 따뜻하셨고, 무엇보다 나라를 사랑하고 국민을 잘 살게 하겠다는 생각으로 일생을 살아가셨다'고 하였다.

경북 구미는 박정희 전 대통령이 태어난 1917년부터 대구사범학교를 졸업한 1937년까지 살았던 집으로 안태 고향이다. 1993.2.25. 경북 기념물 제86호로 지정되어 관광지로도 잘 알려져 있다.

갑자기 박정희 전 대통령이 그리워 구미시를 찾았다.

배산임수의 생가와 탄생 100주년 기념으로 세워진 승모동산의 박정희 대통령 역사사료관은 방문객들뿐만 아니라 지역주민에게도 커다란 자랑거리였다.

- 제5대 박정희 대통령 취임사 (63.12.17)

 단군성조가 천혜의 이 강토 위에 국기를 닦으신지 반만년, 연면히 이어온 역사와 전통위에, 이제 새 공화국을 바로 새우면서, 나는 국헌을 준수하고 나의 신명을 조국과 민족 앞에 바칠 것을 맹서하면서, 겨레가 쌓은 이 성단에 서게 되었습니다.

 나의 사랑하는 삼천만동포들이여!
 나는 오늘 영예로운 제3공화국의 대통령에 취임하면서 이 중대한 시기에 나를 대통령으로 선출해 주신 국민 여러분에게 감사드리며, 보람 있는 이 날의 조국을 보전하기에 생명을 바치신 순국선열과 공산침략에서 나라를 지켜온 충용스러운 전몰장병, 그리고 독재에 항거하여 민주주의를 수호한 영웅적인 4월혁명의 영령 앞에 나의 이 모든 영광을 돌리고자 합니다.
 한편 나는 국내외로 매우 중요한 이 시기에 대통령의 중책을 맡게 됨에, 그 사명과 책무가 한이 무거움을 깊이 통감하고, 자주와 자립과 번영의 내일로 향하는 민족의 우렁찬 전진의 대오 앞에 겨레의 충성스러운 공복이 될 것을 굳게 다짐하는 바입니다.

 아세아의 동녘에 금수강산이라 불리우는 한반도에, 선조의 거룩한 창국의 뜻을 받아, 찬란한 문화로 자라난 배달의 겨레가 오천년의 역사를 지켜온 이 땅이 우리들의 조국입니다.

한 핏줄기 이 민족의 가슴속에 붉은 피 용솟음치는 분발의 고동과 약진의 맥박은 결코 멈추지는 않았던 것입니다. 반세기의 고된 역정은 밟았으나, 일본제국주의에 항쟁한 3·1독립정신은 조국의 광복을 쟁취하였고, 투철한 반공의식은 6·25 동란에서 공산침략을 분쇄하여 강토를 보위하였으며, 열화같은 민주적 신념은 4월혁명에서 독재를 물리쳐, 민주주의를 수호하였고, 이어 5월혁명으로 부패와 부정을 배격함으로써 민족정기를 되찾아, 오늘 여기에 우람한 새 공화국을 건설하기에 이른 것입니다.

그러나 오늘 우리가 당면한 현실은, 결코 목적지 도달의 안도가 아니며, 준험한 노정에의 새 출발인 것입니다.

4월혁명으로부터 비롯되어 5월혁명을 거쳐 발전된 1960년대 우리 세대의 한국이 겪어야만 할 역사적 필연의 과제는 정치·경제·사회·문화 모든 분야에 걸쳐 조국의 근대화를 촉성하는 것이며, 이를 위하여 우리는 조성된 계기를 일실함이 없이 성공적으로 이 과업을 성취시키는 데 범국민적인 노력이 있어야 할 것입니다.

이제 여기에 3·1정신을 받들어 4·19와 5·16의 혁명이념을 계승하고 당위적으로 제기된 바 민족적인 과제를 수행할 것을 목표로 나는 오늘 이 뜻깊은 자리를 빌어, 일대혁신운동을 제창하는 바이며, 아울러 이에 범국민적 혁명대열에의 적극적 호응과 열성적인 참여있기를 호소하는 바입니다.

인간사회에는 피땀 어린 노력의 지불 없는 진보와 번영이란 존재하지 않는 것입니다.

격동하는 시대, 전환의 시점에 서서, 치욕과 후진의 굴레를 벗어나기 위해 오늘의 세대에 생존하는 우리들의, 생명을 건 희생적 노력을 다하지 않는 한, 내 조국, 내 민족의 역사를 뒤덮은 퇴영의 먹구름은 영원히 걷히지 않을 것입니다.

정치적 자주와 경제적 자립, 사회적 융화안정을 목표로 대혁신운동을 추진함에 있어서 우리는 먼저 개개인 정신적 혁명을 전개하여야 하겠습니다.

국민은 한 개인으로부터 자주적 주체의식을 함양하며, 자신의 운명을 스스로 개척한다는 자립, 자조의 정신을 확고히 하고, 이 땅에 민주와 번영, 복지사회를 건설하기에 민족적 주체성과 국민의 자발적 적극참여의 의식, 그리고 강인한 노력의 정신적 자세를 바로잡아야 하겠습니다.

불의와의 타협을 배격하며, 부정부패의 소인을 국민 스스로가 절개청산해야 하겠습니다.

탁월한 지도자의 정치적 역량이나, 그의 유능한 정부라 할지라도 국민대중의 전진적 의욕과 건설적 협조 없이는 국가사회의 안정도 진보도 기대할 수 없는 것입니다.

오늘의 시점에서 우리들의 최대의 적은 선거과정에서의 상대정적이나 대립정당도 아니며, 바로 비협조와 파쟁으로 인한 정치적 사회적 불안정 그 자체인 것입니다.

  나는 여기에 대혁신운동의 정치적 목표의 일환으로 정치적 정화운동을 통한 새로운 차원의 정치활동양상을 시현하고 국가공동목적을 위한 협조의 전통을 세워 나가고자 합니다.

  우리는 오늘 여기서 중단도 후퇴도 지체의 여유도 없습니다. 방관과 안일, 요행과 기적을 바라며, 공론과 파쟁으로 끝끝내 국가를 쇠잔케 한 곤욕의 과거를 되풀이 할 수는 없는 것 입니다.
  민주주의 정치제도 운용의 역사가 얕다거나, 시행착오라고 하기에는 너무나 막중한 부담과 희생을 지불한 우리들이기에, 여기에 또다시 강력정치를 빙자한 독재의 등장도, 민주주의 를 도용한 무능, 부패의 재현도 단연 용납될 수 없는 것입니다.

  여하한 이유로서도 성서를 읽는다는 명목아래 촛불을 훔치는 행위가 정당화될 수는 없는 것입니다.
  새 공화국의 대통령으로서 나는 국민 앞에 군림하여, 지배하려 함이 아니요, 겨레의 충복으로 봉사하려는 것입니다.
  시달리고 피곤에 지쳐가는 동포를 일깨워 용기를 돋우며, 정의 깊은 대중의 벗으로 격려와 의논과 설득으로 분열과 낙오없는 대오의 향도가 되려는 것입니다. 그리하여 국민이 지워준 멍에를 성실히 메고 이끌어, 고난의 가시밭을 헤쳐 새 공화국의 진로를 개척해 나갈 것입니다.

오늘날의 민주주의는 선거에서 패배한 소수자의 의견을 존중하고 또 그를 보호하는데 더욱 의의가 있는 것입니다.

선거에서 승리한 집권당이 평면적 종다수의결방식을 근거로 만능, 우월의식에서 독선과 횡포를 자행하며, 소수의 의사를 유린할 때, 이 나라 민주주의 전도에는 또 다른 비극의 씨가 배태될 것입니다. 또 일방진부한 관록이나 허망한 권위의식에서, 대국을 망각한 소아병적 도발로 정쟁을 벌리고, 정국을 어지럽히며, 사회를 혼란시킨다면, 이 나라는 또 다시 역사의 뒤로 후퇴하는 슬픈 결말을 초래할 수밖에 없을 것입니다.

자제와 책임을 수반하는 민주적 정치질서를 확립해 가면서, 대중의 이익에 벗어나는 시책이나, 투명치 못한 정치적 처사에 대하여는 정당한 비판과 당당히 반대할 수 있는 자유가 최대한 보장되어야 할 것입니다.

그리하여 본인과 새 정부는 정치적 행동양식에 있어서, 보다 높은 윤리규범을 정립하여, 극렬한 증악감과 극단적 대립의식을 불식하고, 여야의 협조를 통해 의정의 질서와 헌정의 상궤를 바로잡을 것이며, 유혈보복으로 점철된 역사적 악유산을 청산하고, 평화적 정권교체를 위한 복수정당의 발자한 경쟁과 신사적 정책대결의 정치풍토조성에 선도적 역할을 다할 것입니다.

이 세기의 초로부터 시작된 험난한 역정과 살벌한 시류, 일제에의 병탄과 40년의 식민지통치, 종전과 더불어 밀려온 퇴폐한 외래풍조의 급격한 침윤, 6, 25전란과 혼돈, 궁핍속에 두 차례의 혁명, 이 오욕된 반세기는 이 나라 사회의 전통적 미풍과 양속을 짓밟아 도의는 타락되고, 사상분열과 정치적 대립 그리고 사치와 낭비, 허영과 안일, 반목과 질시 속에 사회는 만성적으로 불안하며 민심은 각박해지기만 했습니다. 이에 대혁신운동은 대중사회의 저변으로부터 사회적 청조운동의 새 물결을 이끌어 들여, 이 모든 오염과 악풍을 세척하고, 선대가 평화속에 이루었던 전원적 향토를 되찾아 선린과 융화의 새 사회건설을 촉진시킬 것입니다. 그리하여 신의와 「건전한 상식」이 지배하며, 노력과 대가가 상등하는 형평의 사회, 성실한 근로만이 영예롭게 살 수 있는 사회를 이룩할 것입니다.

민주정치는 몇 사람의 지도자나, 특수계층의 교양에 의해 가능한 것이 아니라, 개인의 자각과 책임, 그리고 상호의 타협과 관용을 통한 사회적 안정 속에서 이루어지는 것입니다.

국민은 질서 속에 살며, 정부로부터의 시혜를 기대하기에 앞서, 스스로의 의무를 다하며, 때늦은 후회이전에 현명하고 용감하게 권리의 자위를 도모하기에 힘써야 하겠습니다. 또한 대국적 안목과 이성적 통찰로서 「초가삼간의 소실」을 초래하는 우를 범하는 일이 없어야 하겠습니다.

질서와 번영 있는 사회에 영광된 새 공화국 건설의 기치를 높이 들고, 다시는 퇴영과 빈곤이 없는 내일의 조국을 기약하면서,

나는 오늘 사랑하는 동포 앞에 다시 한번「민족의 단합」을 호소하는 바입니다. 지금 우리는 조국의 근대화라는 막중한 과업을 앞에 두고, 불화와 정쟁과 분열로 정체와 쇠잔을 되풀이 할 것인가, 아니면 친화와 협조와 단합으로 민족적인 공동의 광장에서 새로 대오를 정비할 것인가의 기로에 선 것입니다. 또한 한 핏줄기의 겨레, 우리는 이미 운명을 함께 한 「같은 배」에 탄 것입니다. 파쟁과 혼란으로 표류와 난파를 초래하는 것도, 협조와 용기로써 희망의 피안에 닻을 내리는 것도 오로지 우리들 스스로의 결의에 달려있는 것입니다.

동포 여러분의 현명한 결단과 용맹을 촉구하는 바입니다.

친애하는 애국동포 여러분!

오늘 역사적인 새 공화국 탄생의 성전에 임해, 이날의 환희를 함께 하지 못하며, 자칫 우리의 뇌리에서 소원해 가기 쉬운 북한 일천만동포의 노예상태에 대해, 이 땅에서 자유를 향유하는 우리들의 경각을 높이고자 합니다.

본인과 새 정부는, 안으로는 조속히 견실한 경제·사회적 토대를 이룩하고, 현군사력의 유지와 발전을 포함한 단합된 민족의 힘을 결속할 것이며, 밖으로는 유·엔과 자유우방, 그리고 전세계 자유애호 인민들과의 유대를 공고히 하여 여하한 상황과 조건하에서도 공산주의에 대항, 승리할 수 있는 민주적 역량과 민족진영의 내실을 기하여 우리의 숙원인 민족통일의 길로 매진할 것입니다.

나는 이 자리에서 우리가 당면한 현실적인 제문제를 일일이 논급하지는 않겠습니다.

그러나 경제문제를 비롯한 난국타개의 숙제는, 이미 공약을 통해 자청한 바 있으며, 신정부 는 이를 위하여 능률적 태세로서 문제해결에 임할 것입니다.

시급한 민생문제의 해결, 그리고 민족자립의 지표가 될 경제개발5개년계획의 합리적 추진은 중대한 국가적 과제로서 여야협조와 정부, 국민간의 일치 단합된 노력으로서 그 성과를 기대할 수 있을 것입니다.

우리는 우리가 세운 목표를 향하여 인내와 자중으로 성실하고 근면하게 살아 나가는 근로정신의 소박한 생활인으로 돌아가, 항상 성급한 기대의 후면에는 허무한 낙망이 상접함을 명심하고, 착실한 성장을 꾀하는 경제국민이 되어야 하겠습니다.

이제 여기에 우람한 새 공화국의 아침은 밝았습니다. 침체와 우울, 혼돈과 방황에서 우리 모든 국민은 결연히 벗어나, 「생각하는 국민」「일하는 국민」「협조하는 국민」으로 재기합시다.

새로운 정신, 새로운 자세로서 희망에 찬 우리의 새 역사를 창조해 나갑시다.

끝으로 하나님의 가호 속에 탄생되는 새 공화국의 전도에 영광있기를 빌며, 이 식전에 참석 하신 우방친우들에게 감사의 뜻을 표함과 아울러 동포 여러분의 건투와 행운있기를 축원하는 바입니다.

감사합니다.

1963년 12월 17일 대통령 박정희

- 제6대 박정희 대통령 취임사(1967.7.1.)

'단군성조가 천혜의 이 강토에 국기를 닦으신 지 반만년, 연면히 이어온 역사와 전통위에, 이제 대한민국 제6대 대통령으로 취임하면서

나는 국헌을 준수하고, 나의 신명을 조국과 민족 앞에 바칠 것을 맹세하며 겨레가 쌓은 이 성단에 서게 되었습니다.

나는 나의 이번 임기에 속하는 앞으로의 4년간이, 이 나라의 자주와 자립과 번영이 안착하는 대망의 70년대를 향한 중대한 시기임을 깊이 명심하고 책임이 한없이 무거움을 통감하며 '일하는 대통령'으로서 조국근대화작업에 앞장서서, 충성스럽게 나라와 겨레를 위해 봉사할 것을 굳게 다짐하는 바입니다.

친애하는 국내외 동포여러분!

우리 대한민국은 탄생한 지 얼마 안되는 신흥국가입니다.

그러나 우리의 역사는 수 없이 많았던 외세의 침략을 전국적인 항쟁으로 격퇴한 억센 민족이며, 인내와 끈기로 고난을 이겨낸 생명력과 창조력을 지닌 민족임을 말해주고 있습니다.

백년의 쇄국과 고립이 백년의 고난과 정체를 가져오기는 하였

습니다만, 이제 한국은 그 새로운 민족사를 개척하고, 아세아에서 뿐만 아니라 세계에 있어서, 중요한 공헌을 할 시기가 다가왔다고 생각합니다.

오늘날 우리는 아세아에 있어서, '새물결'을 일으키고 있습니다.
그것은 신생국이 예속과 정체를 박차고, 정치적 독립과 경제적 자립을 성공적으로 달성하는 본보기를 보이는 일이며, 민주주의가 공산주의보다 더욱 능률적인 경제발전을 이룩할 수 있다는 사실을 보이는 일이며, 동서와 남북의 대립 속에서, 그 중압과 견제를 지양하고, 자유·평화·번영·통일을 이룩하는 일이며,
한마디로, 자립에 눈뜬 한 민족의 각성은 진실로 큰 힘을 발휘하는 것이라는 '위대한 실증'을 성공시키는 일입니다.

우리는 이 '위대한 실증'을 70년대의 세계에 증언하기 위하여 모든 준비를 다하고 있습니다.
하루속히 조국의 근대화를 완수하고, 자주·자립의 통일조국을 창건하는 역사적 대업을 착실하게 진행시키고 있습니다.
나는 우리의 대도시에서부터 벽촌·낙도에 이르기까지, 민족중흥의 양광이 정체와 의타의 검은 안개를 무찌르고 서서히 퍼져 나가, 자력전진에 의한 번영, 이른바 창조적인 자조의식이 움텄음을 응시하는 바입니다.

친애하는 동포 여러분!

오늘로 시작되는 국정의 새 출발을 위해서 우리는 먼저 냉철한 이성과 슬기로운 자각으로 돌아가 과열된 6.8선거로 빚어진 정쟁 분위기를 냉각시키고, 사리와 당리를 초월한 국가의 대의와 국리민복의 증진을 생각해야 하겠습니다.

우리는 민족사상 참으로 획기적인 역사적 과업에 이미 착수했습니다.

'균형 있는 경제성장'으로 아세아에 빛나는 공업국가를 만들기 위하여 우리는 위대한 전진을 하고 있는 것입니다.

이 좋은 기회를 놓치는 일이 있어서는 안되겠습니다.

우리는 현재 진행중인 제2차5개년계획을 추진하는데, 온 국민의 공동의 노력을 집중해야 하겠습니다.

정국의 안정은 경제발전의 대전제입니다.

6.8 총선거가 유감스럽게도 입후보자들의 과열된 경합으로 그 분위기가 혼탁하게 되었고, 또 일부 지역에서 일어난 선거의 부정은 급기야 6.8 총선전체를 불명예스러운 것으로 인상주고 말았으니, 이것은 실로 민주시민의 큰 실망이라 아니할 수 없습니다.

6.8선거가 주고간 오늘의 실망의 여건 속에서 우리가 찾아나가야 할 길은 자폭과 자기와 자학의 길이 아니라, 새로운 자신의 가능성을 찾아내는 냉정과 지혜와 금도의 길인 것입니다.

법을 어긴 자에게는 법으로 다스리고, 민주주의 과정에서 일어난 과오는 민주주의 방식에 의하여 시정함이 민주주의 사회에 있어서 최선의 방책임을 우리는 명심해야 하겠습니다.

국민 여러분!

참신한 정치풍토의 조성과 평화적 정권교체는, 민주주의를 하겠다는 우리 온 국민의 한결같은 염원이 아니겠습니까?

이것은 또한 나의 변함없는 정치적 소신인 것입니다.

우리는 우리의 민주주의 과정에 다소의 오점이 찍혔다고 해서 민주주의를 하겠다는 우리의 노력과 신념에 변동을 가져와서는 안될 것입니다.

우리가 성급한 나머지 과오의 시정을 변칙적 수단에 호소한다면, 그것은 오히려 평화적 정권교체라는 우리의 염원 달성을 더욱 멀리하고야 마는 결과가 될 것입니다.

우리는 시련에 부딪칠수록 더욱 확고히 민주주의에 대한 신념을 가지고 냉철한 이성과 지혜로서 민주주의 원칙을 신봉해 나가는 인내와 용기가 있어야 할 것입니다.

친애하는 국민 여러분!

나의 소원은 이 땅에서 가난을 몰아내고 통일 조국을 건설하는 것입니다.

우리가 바라는 사회는 '소박하고, 근면하고, 정직하고, 성실한 서민사회가 바탕이 된 자주독립의 민주사회'입니다.

우리의 적은 빈곤과 부정.부패와 공산주의입니다.

나는 이것을 우리의 3대 공적으로 생각합니다.

빈곤은 생존을 부정할 뿐 아니라, 인간의 천부적인 개성을 억압하고, 정직과 성실과 창조력을 말살하는 것이며, 부정과 부패는 인간의 양심과 친화력을 마비.저해하는 것이며, 공산주의는 우리의 자유와 인권과 양심을 파괴하는 것입니다.

정녕 이 3대 공적이야말로 우리 민족의 중흥을 위한 투쟁에 있어서, 근본적으로 배격해야 할 공적이라고 아니할 수 없습니다.

정직하고 근면하고 소박하고 성실한 국민대중이 국가의 중추가 되고, 빈곤과 부패를 추방한 복지사회의 건설이라는 우리의 목표달성을 위해서, 나는 우리들이 보다 더 근로와 실무에 밝고 충실하며, 우리 주변의 사소한 구석구석을 눈여겨 개선하고, 사회생활의 윤리와 질서를 존중할 것을 희구합니다.

남을 헐뜯기 전에 자신을 돌아보고, 자기의 주장만을 옳다기 전에 주위를 두루 살피는 여유와 긍지를 가지기를 희구합니다.

그리하여 법과 질서와 슬기와 이치가 지배하는 사회가 되기를 희구합니다.

친애하는 동포 여러분!

나는 이러한 정의의 복지사회가 지금 우리가 추진하고 있는 공업입국의 대도를 통하여 이루어질 수 있고, 또 공업입국은 이러한 사회를 건설하는데 그 주안이 있음을 확신하는 바입니다.

경제건설 없이는 빈곤의 추방이란 없을 뿐 아니라, 경제건설 없이는 부정 부패의 온상이 되는 실업과 무직을 추방할 수 없기 때문이며, 또 그 것 없이는 공산주의에 대한 승리, 즉 자유의 힘이 넘쳐 흘러 북한의 동포를 해방하고 통일을 이룩할 수 없는 것입니다.

공업입국에 관해서는, 제2차5개년계획을 골간으르 농공병진정책과 대국토건설계획을 국민 앞에 공약으로 제시하고, 이미 진행 과정에 있습니다만, 여기서 한가지 분명히 해 둘 것은, 경제개발의 지렛대가 되는 것은 진정 농업생산력의 증대에 있다는 나의 신념인 것입니다.

우리가 추진하는 조국의 근대화나 공업입국은 소위 비체계적인 공업편중방식이 아니라는 것입니다.

우리의 근대화는 합리적이고 균형있는 산업구조, 국토구조, 소득구조의 형식을 목표로 전근대적인 제반구조를 개혁해 나가자는 것이요, 공업화와 중소기업을 농업생산의 터전 위에서 발전시키는 삼위일체의 근대화작업을 하자는 것입니다.

친애하는 국민 여러분!

지금 우리나라에는 시급히 불식해야 할 전근대적 요소가 많으며, 극복해야 할 장애물도 허다합니다.

정치로부터 경제. 문화. 사회 전반에 걸쳐, 말끔히 씻어야 할 비합리적 요소가 허다할 뿐 아니라, 또 계속해서 새로운 과제가 그 해결을 촉구하고 있습니다.

그러나 난관극복의 길은 난관자체에 있는 것이 아니라, 바로 우리 자신들의 의지 속에 있는 것입니다.

불굴의 의지와 용기로써 조국의 근대화를 향해 '위대한 전진'의 발걸음을 재촉해야 하겠습니다.

그리하여 통일의 대업을 완수해야 하겠습니다.

우리는 기왕에도 몇차례 분단의 비극을 극복하고 통일하고야 말았던 영용한 민족의 피를 이어받고 있습니다.

그러한 조상을 가진 우리가 어찌 통일을 이룩하지 못하겠습니까?

협력하고 단합합시다!

통일을 향한 전진의 대열에는 '너'와 '내'가 있을 수 없고, 다만 '우리'가 있을 뿐입니다.

끝으로 사랑하는 동포 여러분의 영광과 행운을 빌고, 오늘 우리와 자리를 같이하지 못하는 북한 동포들에게 하나님의 은총 있기를 빌며, 멀리 우리를 찾아 이 식전에 참석하신 우방의 친우들께 감사드리는 바입니다.'

1967년 7월 1일 대통령 박정희

- 제7대 박정희 대통령 취임사(1971.7.1.)

"사랑하는 5천만 국내외 동포 여러분! 그리고 내외 귀빈 여러분!"

제2차 세계 대전의 포화가 멎은 지 어느덧 사반세기, 오늘 우리는 인류의 이상인 평화와 번영을 다짐하는 새 시대의 문턱에 섰습니다.

나는 이 시기야말로, 인류가 대화와 협조의 윤리를 존중하여 공존 공영하는 세계 평화의 새 질서 확립의 기회요, 아시아인에게는 아시아 고유의 전통을 바탕으로 다양 속의 조화를 이룩해야 할 교류와 협력의 시기이며, 우리 한국 국민에게는 조국 근대화의 굳건한 터전 위에서 국토 분단의 비극을 종식시켜야 할 통일의 연대가 되어야 하겠다고 생각합니다.

이 역사적인 새 시대의 출발점에서 조국과 인류 사회를 위해 이바지해야 할 사명이 참으로 크고 또한 무거움을 통감하면서, 나는 겨레의 공복으로서 주저보다는 용기를 앞세우고, 편안보다는 보람을 일깨워 맡은 바 대임완수에 심혈을 바칠 것을 역사와 민족 앞에 서약합니다.

친애하는 국민 여러분! 세계의 모든 나라들이 발전을 위하여 몸부림쳤던 60년대에, 우리들은 5·16 혁명을 기폭으로 하여 오랜 의타와 침체의 묵은 껍질에서 벗어나 자립과 중흥의 반석 위에 새 한국의 기초를 다져 놓았고, 경제 건설의 토양 위에서만 민주주의의 꽃이 길이 피어날 수 있음을 체험을 통해 실증하였으며, 개발과 성장에 있어서도 민주체제가 공산체제보다 훨씬 능률적이라는 자유 이념의 승리를 기록하였습니다.

확실히 지난 60년대는 우리에게는 내부 성장에 치중한 내실기였다고 자부해도 좋을 것입니다.

이제 우리는 이를 토대로 하여 평화 지향의 새로운 국제 조류에 능동적으로 뛰어 들어, 그 속에서 국가 목표 달성의 길을 모색하는 외향적 참여도 강화해야 할 시기에 들어섰다고 봅니다.

이른바 동서간의 해빙 기운이 점차 높아가는 가운데 미국과 중공의 화해 움직임이 싹트는 등, 최근 우리 주변에는 커다란 변화의 물결이 일어나고 있습니다.

　나는 이 같은 변화가 우리 아시아에 감도는 침략의 먹구름을 몰아내고 평화의 열풍으로 발전되어 나가는 커다란 계기가 되어지기를 기원하면서, 분단된 조국을 평화로운 방법으로 하루속히 통일해야 하겠다는 굳은 결의를 다시 한 번 중외에 선언하는 바입니다.

　그러나 국민 여러분! 나는 우리의 이와 같은 기원과 아량과 결의가 다만 일방적일 따름이며, 한반도를 뒤덮고 있는 긴장의 짙은 안개는 좀처럼 가실 줄 모르는 이 냉혹한 현실을 안타깝게 여기지 않을 수 없습니다.
　북괴는 우리의 평화 통일 제의를 묵살하고 있을 뿐 아니라, 심지어는 세계 도처에서 [인민 전쟁] 수출의 파괴적 역할까지 떠맡고 있으며, 바로 이 때문에 우리도 평화를 지향하는 희망적 판단과 행동을 부득이 유보하지 않을 수 없는 딱한 처지에 있는 것입니다.
　따라서, 우리는 밖으로는 평화를 추구하고, 안으로는 자유 민주의 이념과 제도를 더욱 더 다져 나가는 기본입장을 견지하면서, 안보와 통일을 위한 노력을 과감하면서도 신중하게, 그리고 진취적이면서도 유연성 있게 한 걸음 한 걸음 착실하게 기울여 나가야 한다고 믿습니다.

　친애하는 국민 여러분!

우리 조상들이 일찍이 역사적 전환기를 맞아 이에 대처할 국력을 기르지 못한 탓으로, 뼈아픈 망국의 비애를 겪은 지 어언 한 세기가 되려 하고 있는 이 때, 우리는 또다시 세계사의 일대 변환기에 처하고 있습니다.

이 마당에서 우리는 우리의 운명이 오직 우리들 자신의 자주 역량여하에 따라 판가름될 것이라는 엄연한 역사의 법칙을 새로이 인식해야 하겠습니다.

만일, 이 시점에서 우리가 또다시 우리의 국력을 기르는 데 실패하고 만다면, 우리 세대와 우리 후손들은 영영 낙오자가 되고 만다는 것을 나는 단언합니다.

우리는 민족의 시련을 극복해야 합니다. 한 시각도 조국의 자유와 겨레의 번영을 위한 걸음을 멈출 수는 없습니다.

나는 통일과 중흥이 반드시 우리 시대에 이루어질 수 있다고 자신하며, 이를 성취하는 열쇠는 오로지 우리 자신의 힘, 즉 국력을 기르는데 있다는 것을 강조합니다.

따라서, 70년대 중엽을 통일 국력 확보의 시기로 내다보고 모든 분야에서 우리의 수준을 높이고 국력을 기르는데 나의 모든 것을 아낌없이 바칠 것입니다.

제3차 경제개발 5개년 계획은 민주 발전의 자양소요, 민주사회의 성장은 통일 기지의 확보인 것입니다.

나는 앞으로 중화학 공업 시대의 막을 올리고, 한강변의 기적을 4대 강에 재현시킬 것이며, 수출 입국의 물결을 5대양에 일으키고, 농어촌을 근대화하여 우리나라를 곧 중진국 상위권에 올려

놓고야 말 것입니다.

 도시와 농촌의 발전을 균형화하고, 소득의 사대적 격차를 서서히, 그러나 착실하게 해소해 나갈 것이며, 특히 건설과 생산에 피땀어린 노고를 한 우리 농어민과 근로 역군들에게 충분한 보상이 돌아가도록 할 것입니다.
 또한, 슬기로운 민족의 자질이 새로이 개발될 것을 확신하면서, 나는 선대의 빛나는 전통과 문화를 계승 발전시키고, 문예와 학술의 적극적인 창발로 문화 한국 중흥에 각별한 관심과 지원을 다할 것입니다.
 그리하여 해를 거듭하면서 국민 생활이 보다 품위 있고 더욱 윤택해질 때, 민주주의의 토양은 더욱 기름지고, 자율과 협동에 뿌리내린 개방 사회의 건실한 기풍은 우리에게 복지문화사회를 구현시킬 것으로 확신합니다.
 한편, 나는 산업화와 민주화 초기 과정에 따르는 사회 일부의 부조리 현상을 새로운 결의로 시정해 나갈 것을 명백히 밝힙니다.
 그 방법은 결코 일시적이며 전시적 편법이 아니라, 예방과 치유의 기본 방향에서, 제도적인 개선과 보완을 포함한 광범위한 개혁이 될 것입니다.
 우리들은 남을 탓하는 그 시간에 나 자신의 허물을 고치는 자기 정화를 생각하고, 거짓과 부정을 배격하는 그 의분으로 사치와 낭비를 몰아내고, 근면과 검소, 정직과 성실의 기풍을 일으키는 사회혁신을 위하여 지도적 지위에 있는 사람들부터 말보다 실천을 앞세우는 조용한 정신혁명을 전개해 나가야 하겠습니다.

　가정과 직장과 사회를 연결하는 넓은 생활 영역에 걸쳐, 이러한 근대 시민의 생활이념을 일상화하는데 나 스스로 앞장설 것을 다짐하면서, 국민 여러분의 호응과 실천 있기를 호소합니다.

　사랑하는 국민 여러분! 이제 우리는 경제 개발의 토대 위에서 국가 발전의 다음 단계에 대한 구상을 가다듬고, 그 전진 방향에 대한 국민적 합의를 서로 다짐할 때가 왔습니다.

　나라 살림을 앉아서 구경하는 방관자가 되지 말고, 여기에 발 벗고 뛰어들어 함께 걱정하고 서로 힘써 나가는 참여자의 긍지를 가지고, 주인의 책임과 사명을 다하는 데서 보람을 찾는 국민이 될 것을 당부합니다.

　국민들의 절대적인 지지와 신임을 바탕으로 어려운 국정 운영에 나의 모든 것을 바쳐왔던 지난날을 돌이켜 보고 조국의 먼 앞날을 내다보면서, 나는 지금 이 순간 벅찬 감회 속에 조국을 향한 나의 간절한 소망을 다시 되새겨 봅니다.

　가난한 농촌의 아들로 태어나 동족 상잔의 비극적인 시대에 살면서, 나는 자나깨나 이 땅에서 가난을 몰아내고 남북의 부모 형제가 얼싸안고 재회의 기쁨을 누릴 통일조국의 실현을 희구해 왔습니다.

　5천만 우리 민족이 삼천리 금수강산 이 땅 위에서 자유와 번영과 평화의 기쁨을 누려보자는 나의 이 열망은 더욱 진하고 뜨거워짐을 절감합니다. 어찌 이것이 나 혼자만의 소망이겠습니까? 남녘에 살거나 북쪽에 살거나, 수륙 만리 이방에 살거나, 내 조국 내 민족을 사랑하는 우리 국민 누구나의 가슴속에 타오르고 있는 민족의 염원이 아니겠습니까? 우리 함께 단결하여 전진해 나갑시다.

이 소망, 이 염원이 우리들의 피땀어린 자주적 노력으로 활짝 피어나는 날, 그 날은 바로 위대한 한국의 햇불을 온 누리에 밝히는 민족 성전의 축제일이 될 것을 나는 확신합니다.

1971년 7월 1일
대통령 박 정 희
- 제8대 박정희 대통령 취임사 (72.12.27)

"친애하는 5천만 동포 여러분! 그리고 내외 귀빈 여러분!"

우리는 오늘 고난과 시련의 역사에 종지부를 찍고, 안정과 번영의 보람찬 새 역사를 기록해 나가야 할 엄숙하고도 뜻깊은 전환점에 섰습니다. 이 자리에 모인 우리들은 이 순간을 지켜보는 역사의 증인들입니다. 나는 지금부터 우리가 기록해야 할 역사는 활기찬 창조의 새 역사이어야 하며, 민족의 자주성에 입각한 영광의 역사이어야 한다고 굳게 믿는 바입니다.

이러한 민족사의 새로운 출발점에서 나는 국민 여러분의 절대적 지지 속에 민족통일과 번영의 대임을 맡은 제8대 대통령으로서 헌법이 부여한 책임과 의무를 성실히 이행할 것을 조국과 민족의 양심 앞에 엄숙히 맹세하였습니다.

　나는 우리 조국의 안정과 평화, 통일과 번영에 대한 온 겨레의 염원 속에서 마련된 이 식전이, 나에게는 막중한 책임과 숭고한 사명의 십자가를 지게 하는 헌신의 제단이며, 우리 모두에게는 조국의 밝고 희망찬 내일을 위해 온 겨레의 뜻과 힘을 하나로 묶는 구국 유신의 대광장이라고 믿습니다.

　친애하는 동포 여러분!
　지난날 우리의 오천년 역사는 영예와 오욕으로 점철된 것이었으며, 특히 우리의 현대사는 수난과 비운의 연속 바로 그것이었습니다. 그러나 5.16혁명을 기점으로 우리는 민족의 위대한 자아를 되찾기 위한 보람찬 노력을 기울이기 시작했습니다. 그리고 온갖 시련과 도전을 이겨내면서, 국력배양에 일로 매진해왔습니다.
　우리는 1,2차 경제개발 5개년 계획을 통해서 공업 입국의 터전을 튼튼히 닦아 놓았으며, 이제 바야흐로 중화학 공업시대의 막을 열었습니다. 지금 이 시간에도 4대강 유역의 크고 작은 마을에선, 번영의 꿈을 이룩하려는 우렁찬 개발의 고동이 메아리치고 있습니다.
　새마을 운동은 근면, 자조, 협동의 정신을 일깨우면서, 도시와 농촌간의 격차를 착실히 좁혀 나가고 있습니다. 그리고 새마을 정신은 새로운 정신혁명이 원동력이 되어, 전국에 요원의 불길처럼 타오르고 있으며, 우리의 정신문화와 정치제도는 이제 떳떳하게 그 국적을 되찾게 되었습니다.

또한, 우리는 이십년 동안 단절되었던 남북간의 대화의 문을 열어, 조국의 평화적 통일을 달성할 수 있는 전망을 갖게 하였습니다. 이제 우리는 분단의 논리가 지배하던 냉전의 대결구조에서 벗어나, 서로 번영을 추구하는 평화와 조화의 구조로 전환하고 있습니다.

나는 지난 10년간의 우리 역사가 비단 고난과 역경만의 연속은 아니었으며, 오히려 시련을 극복하는 용기와 잘 살 수 있다는 자신을 안겨 준 보람찬 긍지의 기록이라고 자부하고자 합니다.

다시 말해서, 우리는 남들이 수 백년 걸려서 이룩한 정신적 자아의 발전을 불과 10년이란 짧은 기간에 이룩했다고 할 수 있습니다. 이것은 바로 우리 민족의 위대한 저력을 실증한 것이며, 불굴 용기로 새 역사를 창조해 나가는 무한의 가능성을 보여 준 것이라고 나는 확신합니다.

친애하는 국민 여러분!

우리는 지금 우리가 되찾은 민족의 위대한 자아와 민주, 자립의 역량을 한 차원 더 높이 승화시켜, 이를 세계사의 진운 속에 드높이 발양해야 할 새 역사의 관문에 이르렀습니다. 나는 이 같은 일대 전환점에서 우리 민족이 나가야 할 길은 오직 하나, 그것은 국력배양의 가속화를 통해 번영된 통일 조국을 구현하는 것뿐이라는 것을 강조하고자 합니다.

전쟁 없는 평화 속에 5천만 동포가 다 함께 행복과 번영을 누리며, 세계평화와 인류공영에 이바지하여, 민족의 영광을 드높이는 것이야말로, 오늘을 사는 우리 세대가 반드시 이룩해야 할 엄숙한 민족의 소명인 것입니다.

  그러나, 앞으로 우리가 나아가야 할 길은 결코 평탄한 대로만은 아닙니다. 우리 눈앞에는 국제권력정치의 거센 파도가 휘몰아치고 있으며, 그 속을 헤치며 나가야 할 통일과 번영의 길은 아직도 시련과 도전의 연속이라고 해야 할 것입니다.

  우리는 용감하게 이 시련을 극복해야 합니다.

  우리는 슬기롭게 이 도전을 이겨내야 합니다.

  그러기 위해, 나는 또다시 국민 여러분에게 촉구합니다.

  우리는 앞으로 더 많은 땀과 더 많은 정열을 우리 조국에 바쳐야 하겠습니다.

  그리하여 조국의 번영과 통일을 위해 불철주야 노력하는 총화전진의 시대를 열어야 하겠습니다.

  국민 여러분!!

  동서를 막론하고 모든 국가가 시대와 환경에 따라 그들 나름대로 생존을 유지하고 번영을 누리기 위한 이념과 제도를 가져야만 했던 것은 역사발전의 엄연한 법칙입니다. 우리도 오늘의 현실에 대처하고 시대적 사명을 완수할 수 있는, 우리 자신의 생산적인 이념과 제도를 마땅히 가져야만 합니다.

  그 이념이 바로 10월 유신의 기본정신이며, 그 제도가 지금 유신적 대개혁을 통해 정립되고 있는 것입니다. 10월 유신은 되찾은 우리 민족의 위대한 자아를 바탕으로 하여 안정과 번영, 그리고 통일의 새 역사를 창조해 나가기 위한 민족의지의 창조적 발전입니다. 이 유신은 우리의 운명을 우리 스스로의 힘으로 개척해 나아가기 위한 한국인의 사상과 철학의 확립이며, 그 실천인 것입니다.

따라서 나는 이 숭고한 유신이념을 구현하기 위해, 전 국민의 절대적인 지지 속에 국정전반에 걸친 일대 개혁을 단행해 나갈 것입니다. 이 개혁을 통해 이루어지는 유신질서는 번영과 통일을 위한 새 질서이며, 도의와 협동과 능률과 생산을 위한 새 질서일 것입니다.

나는 앞으로 한반도에서 다시는 전쟁이 발생하지 않도록 이를 미연에 방지하고, 남북이 서로 하나의 민족으로서 평화와 번영을 추구해 나갈 수 있도록 하기 위하여, 북한공산주의자들과 대화를 계속하고, 이를 더욱 넓혀 나갈 것입니다.

또한, 우리의 역사와 전통 그리고, 현실에 가장 알맞는 정치제도를 육성 발전시켜, 생산적인 민주주의의 기틀을 마련하고, 정치의 진실과 능률을 극대화해 나갈 것입니다. 농공병진에 의해 균형 있게 배양되는 국력이 국민 개개인의 행복과 직결될 수 있도록, 모든 국민에게 일터가 보장되는 탄력성 있는 정책을 집중적으로 펴 나갈 것입니다.

그리고 땀흘려 일하는 근로와 창의, 생산과 능률의 미덕을 사회윤리의 기본으로 삼고, 일하는 국민에게 안정 속에 보람있는 생활을 누리게 할 수 있도록 사회보장제도를 더욱 확충해 나갈 것입니다. 또한 기업의 공개와 근로자의 지주제를 실시함으로써, 근로자의 이익과 복지를 증진시키는 복지체제를 갖추어 나갈 것입니다.

사회지도층에게는 검약과 봉사로써 스스로 사회복지의 균점에 이바지하도록 하는 사회기풍을 크게 진작시킬 것입니다. 그리고 우리의 고유한 전통문화를 더욱 창의적으로 계발하여, 민족문화의 꽃이 활짝 피어나도록 문예중흥의 시책을 펴 나갈 것입니다.

친애하는 동포 여러분!

나는 이러한 혁신적인 유신작업을 추진함에 있어서, 정부와 국민이 그 어느 때보다 혼연일체가 되어, 서로 신뢰의 유대를 더욱 강화하고, 이를 뒷받침해야 한다는 것을 강조합니다. 그래야만 유신의 열매도 더욱 알차게 맺을 수 있다고 믿기 때문입니다.

특히, 나는 민족의 사활과도 직결된 이번 유신과업은 일차적으로 공직을 맡은 사람들의 자세와 태도에 그 성패가 달렸다고 보고 이제부터 나 자신을 포함한 모든 공직자는 막중한 책임과 숭고한 사명을 더욱 절감하고, 공인으로서의 마음가짐을 다시 한번 가다듬고 유신대열에 앞장서서, 솔선수범할 것을 다짐하는 바입니다.

이 길만이 국민의 절대적 지지에 보답하며, 겨레의 소망에 부응하는 길이라 믿습니다. 공직자들이 맡은 바 책무를 성실히 수행하고, 모든 국민들이 유신과업에 자발적으로 적극 참여할 때, 국가발전을 위한 위대한 전진은 힘차게 계속될 것이며, 유신의 보람찬 열매는 반드시 맺어질 것입니다.

나는 조국에 대한 사랑, 국가에 대한 충성심이 없는 사람은, 자기의 가정에서도 진정한 화목과 우애를 이룰 수 없다고 믿는 것입니다. 따라서, 이 애국심, 이 조국애가 곧 우리들이 정립해나가야 할 국민기강의 근본이라고 강조해 두고자 합니다.

나는 국민 한사람 한사람이 나와 국가를 하나로 알고, 국력배양을 위해 총력을 기울일 때, 비로소 그 국력은 국민 각각의 안정과 번영에 직결될 수 있으며, 행복하고 명랑한, 그리고 도의가 지배하는 사회를 건설할 수 있게 된다고 믿는 것입니다.

우리는 안으로 근면과 검소, 정직과 성실의 기품을 크게 일으키고, 조국을 위한 사랑, 국가에 대한 충성을 굳게 다짐하면서, 국력증강을 위해 더욱 힘차게 매진해야 하겠습니다. 밖으로는, 민족의 진취적인 기상과 슬기로운 자주성을 더욱 드높여, 우방과의 친선. 협력관계를 증진하여, 세계평화와 인류공영에 이바지하도록 해야 할 것입니다.

이것이 곧, 민족의 대웅비를 기약하는 발판이 되며, 민족사의 진운을 영예롭게 개척해 나가는 새 이정표가 될 것으로 확신합니다.

친애하는 국민 여러분!

우리는 서로 이 강토 위에서 영원토록 사랑을 가꾸어 나가야 할 한 핏줄의 아들. 딸들입니다. 서로 힘을 합쳐서 비능률과 부조리, 퇴폐와 낭비가 스스로 자취를 감추고, 합리와 능률, 성실과 근면이 뿌리를 박은 아름다운 생활풍토를 이룩해 나갑시다.

그리고, 다시는 전쟁의 포성이 울리지 않게 하고, 그 대신 번영과 정의의 꽃이 만발하는 희망과 행복의 통일조국, 위대한 한국을 건설합시다.

그 날의 영광을 앞당기기 위해, 다같이 이 보람찬 유신의 대행진에 참여합시다.

그리고 힘차게 끈기있게 전진합시다.

그리하여, 이 위대한 유신의 횃불을 무궁한 조국의 영광과 더불어 길이 우리 후손들에게 물려줍시다.

우리는 오늘 고난과 시련의 역사에 종지부를 찍고, 안정과 번영의 보람찬 새 역사를 기록해 나가야 할 엄숙하고도 뜻깊은 전환점에 섰습니다. 이 자리에 모인 우리들은 이 순간을 지켜보는 역사의 증인들입니다. 나는 지금부터 우리가 기록해야 할 역사는 활기찬 창조의 새 역사이어야 하며, 민족의 자주성에 입각한 영광의 역사이어야 한다고 굳게 믿는 바입니다.

이러한 민족사의 새로운 출발점에서 나는 국민 여러분의 절대적 지지 속에 민족통일과 번영의 대임을 맡은 제8대 대통령으로서 헌법이 부여한 책임과 의무를 성실히 이행할 것을 조국과 민족의 양심 앞에 엄숙히 맹세하였습니다.

나는 우리 조국의 안정과 평화, 통일과 번영에 대한 온 겨레의 염원 속에서 마련된 이 식전이, 나에게는 막중한 책임과 숭고한 사명의 십자가를 지게 하는 헌신의 제단이며, 우리 모두에게는 조국의 밝고 희망찬 내일을 위해 온 겨레의 뜻과 힘을 하나로 묶는 구국 유신의 대광장이라고 믿습니다.

1972년 12월 27일
대통령 박 정 희

- 제9대 박정희 대통령 취임사 (78.12.27)

친애하는 5천만 동포 여러분! 그리고 내외 귀빈 여러분!
　대망의 80년대를 눈앞에 바라보면서 역사의 새 장이 펼쳐지는 이 순간에 우리는 민족 웅비의 부푼 꿈과 새로운 결의를 다짐하며 오늘 이 자리에 모였습니다.
　온 국민의 집념과 땀이 어린 이 보람찬 중흥의 창업 도정에서, 개발의 60년대와 약진의 70년대에 쌓아올린 빛나는 금자탑이 있기에 내일의 우리에게는 부강한 선진 한국의 웅장하고도 자랑스러운 모습이 뚜렷이 떠오르고 있습니다.
　그러므로, 지금부터 우리가 도전하는 80년대는 새 역사 창조를 향한 자신과 긍지에 가득찬 웅비의 시대가 될 것입니다. 다가오는 연대야말로 기필코 고도 산업 국가를 이룩하여 당당히 선진국 대열에 참여하고, 번영과 풍요 속에서도 인정과 의리가 넘치는 복지사회를 이룩해야 할 시기입니다.
　이제까지 축적된 민족의 힘과 슬기를 유감없이 발휘하여 우리 역사상 다시 한 번 민족문화의 개화기를 맞이하는 위대한 연대가 되어야 하겠습니다.
　그리하여, 우리의 숙원인 조국의 평화적 통일에 획기적인 진전을 성취함으로써 유구한 역사 속에 연면히 이어온 민족사의 정통성을 드높이고 평화와 안정과 번영을 향한 인류 역사의 진운에 적극 기여해야 하겠습니다.

이처럼 장엄한 민족사의 분수령에서 제9대 대통령의 무거운 책무를 맡게 된 나는, 이 시대를 함께 사는 온 국민과 더불어 항상 고락을 같이 하면서, 우리 세대에게 주어진 엄숙한 소명을 받들어 헌신할 것을 조국과 민족 앞에 굳게 맹세하는 바입니다.

국민 여러분!
어느 국가든, 그 국가가 지향하는 목표가 뚜렷하고 이상이 원대하며, 이를 성취하겠다는 국민의 강인한 의지와 단합된 힘이 있어야만 융성할 수 있습니다. 이것은 엄연한 역사의 진리입니다.
돌이켜보면 6.25 동란 후 빈곤과 침체, 체념과 무기력 속에서 헤어나지 못하고 있던 우리는 60년대 초 용약 기사회생의 전기를 잡고 일어났습니다.
국정의 모든 면에서 차츰 활기와 질서를 되찾으면서 자력 갱생의 뚜렷한 목표를 세워 힘찬 발걸음을 재촉해 왔습니다. 우리도 남부럽지 않게 떳떳이 잘 살아 보겠다는 불굴의 집념과 의지, 그리고 사랑하는 후손들에게 길이 보람된 유산을 물려주어야겠다는 투철한 사명감으로 우리는 땀흘려 일하고 또 일해왔습니다.
지난 10여 년 동안에 우리 사회에는 엄청난 변혁을 가져왔습니다. 상전벽해의 기적이 일어났습니다.
조국 근대화를 위한 민족의 대행진은 지금 이 순간에도 힘차게 계속되고 있습니다. 60년대 초까지만 하더라도 전통적인 농경 사회였던 우리나라가 이제 중화학 공업국가로부터 다시 고도 산업 사회로 이행해 가고 있습니다.

일상 생활용품까지 우방의 원조에만 의존하던 우리 경제가 이제 거의 자립 단계로 도달했고, 소총 한 자루 우리 손으로 만들지 못하던 우리나라 방위 산업이 이제 국산장거리 유도탄 시대의 막을 열게 되었습니다.

70년대 초부터 우리나라 농촌에서 바람이 불기 시작한 새마을 운동은, 그 동안 온 국민이 근면·자조·협동의 정신 혁명을 수행하고, 유신적 국정 개혁으로 국민 총화와 능률의 극대화를 이룩하여 국력 배양을 가속화할 수 있는 확고한 기틀을 마련하였습니다.

우리 대한민국은 한민족의 엄청난 저력을 바탕으로 세계에서 그 유래를 찾아보기 어려운 고도성장을 거듭하여 자립 경제와 자주국방의 터전을 굳게 다지면서 바야흐로 세계 속의 한국으로 등장하게 된 것입니다.

이제 우리의 국력은 북한을 제압하게 되었습니다. 조용히, 오늘이 있기까지 우리들이 걸어온 고난과 시련의 도정을 뒤돌아 볼 때에 참으로 만강의 감회를 누를 수가 없습니다. 이 위대한 한국민의 발자취에 대하여 나는 무한한 긍지를 느끼면서 국민 여러분에게 뜨거운 치하와 감사를 드리고자 합니다.

국민 여러분!

지금부터 우리가 가야 할 앞길도 결코 순탄한 것만은 아닐 것입니다. 열강의 움직임은 더욱 다양하고 복잡한 국제 권력 정치의 유동성을 드러내고 있습니다. 세계 여러 곳에서는 새로운 분규와 충돌의 불씨가 가시지 않고 있으며, 한반도의 주변 정세에도 미묘한 변화와 더불어 새로운 시련을 예감케 하는 바 있습니다.

우리의 국제적 지위가 높아지고 국력이 세계로 뻗어감에 따라 무역, 자원 문제 등 국제 경쟁면에서 새로운 장벽과 도전이 우리 앞에 나타날 것입니다. 뿐만 아니라, 국민 생활이 향상될수록 국민들의 기대 수준은 이에 비례하여 급격히 상승할 것입니다.

그러나, 우리는 스스로 이를 조절할 줄 알아야 하고 우리 마음 속에 싹트기 쉬운 자만과 안일과 사치와 낭비 등 우리 내부의 도전에도 과감하게 싸워서 이길 수 있는 슬기와 용기가 있어야 하겠습니다.

우리에게는 잠시의 방심도 허용될 수 없으며, 하물며 주변 정세에 대한 아전인수격인 안이한 관측은 금물입니다. 그 어떤 변화의 소용돌이 속에서도 필경 우리의 운명을 결정할 주인은 바로 우리들 자신이란 것, 이것을 잊지 맙시다.

의젓한 한국민의 자주성과 국력을 바탕으로 내외 정세의 어떠한 변화와 도전에도 능동적으로 적응하고 여유있게 대처해 나가면서, 세계 모든 나라들과 평화와 번영을 추구하는 데 그들과 더불어 협력해 나갈 것입니다.

돌이켜보면, 우리 선조들은 거듭된 국난에도 굴하지 않고 도리어 이를 분발과 약진의 발판으로 삼아 불사조처럼 떨치고 일어났습니다. 통일 신라나 세종대왕 때와 같이 국운이 융성하고 민족의 기상이 드높았던 시대를 자랑스러이 회상할 수 있습니다.

우리에게는 역사와 전통과 문화의 뿌리가 있습니다. 지금 우리는 민족중흥을 구현하기 위하여 이 시대를 살고 있는 것입니다. 그러므로, 나는 우리의 중요 정책 지표를 앞으로도 계속 완전 자립 경제의 달성, 자주 국방 태세의 확립, 사회 개발의 확충, 정신 문화의 계발에 두고 온 국민과 더불어 총력을 기울여 나가고자 합니다.

또한, 나는 분단된 국토를 평화적으로 통일하여 민족중흥의 새 역사를 창조하는데 신명을 바칠 것입니다.

국민 여러분!

이제 우리는 그동안 이룩한 발전의 여세를 몰아 하루빨리 부국강병의 기틀을 반석같이 다져야 하겠습니다. 자립 경제와 자주국방은 자주성 확립의 기초인 동시에 평화와 번영의 기반입니다.

우리는 중화학 공업을 바탕으로 한 고도 산업 사회를 건설하고 과학 기술을 세계 수준으로 끌어올리기 위하여 고급 두뇌 배출을 위한 교육에 가일층 힘을 쓰는 한편, 도시와 농촌이 균형있게 발전할 수 있도록 박차를 가해 나갈 것입니다.

또한, 온 국민의 투철한 호국 정신과 적극적인 협조로 철통같은 총력안보 태세를 확립하고, 날로 발전하는 방위 산업으로 명실공히 자주국방을 실현할 것입니다. 전래의 미풍인 근면·협동을 바탕으로 부지런하고 성실하게 사는 사람이 우대를 받고 보람을 누릴 수 있게 하며, 저마다 자질과 능력을 살릴 수 있도록 사회 개발 정책을 계속 확충해 나갈 것입니다.

그리하여, 모든 국민이 밝고 보람찬 생활 환경에서 고루 잘 살 수 있게 만드는 것이야말로 우리가 추구하고 있는 국민 생활의 미래상입니다. 건전한 국가와 건전한 사회의 기본이 되는 것은 역시 건전한 국민정신과 사회 기강의 확립입니다.

조상이 물려준 문화 전통과 정신 유산을 알뜰히 보전하고 창조적으로 계발하여 격조 높은 민족문화를 꽃피우는 데도 역시 건전한 사회가 바탕이 되어야 하겠습니다. 수려한 금수강산의 보금자리에서 우리 모두가 풍요하고 품위 있는 사회를 건설하는 것은 후손 대대에 물려 줄 자랑스러운 유산일뿐 아니라 인류 공영에도 이바지하는 길이 되는 것입니다.

이 벅찬 과업들을 성공적으로 추진해 나가기 위해서는 질서있는 자유의 바탕 위에 우리 문제 해결에 효율적인 정치제도를 착실하게 다지면서 발전시켜 나가야 합니다. 각계각층의 국민들이 저마다 창의와 헌신으로 국가 발전에 적극 참여하는 깨끗하고 생산적인 민간정치가 국민 생활 속에 뿌리내리도록 더욱 힘써야 하겠습니다.

내외 동포 여러분!

우리의 국력이 모든 분야에서 이만큼 신장했고, 또한 앞으로 중단없이 전진할 방향과 목표가 뚜렷한 이상 민족적 숙원인 조국의 통일 문제도 필연코 새로운 국면을 맞이하게 될 것을 나는 믿어 의심치 않습니다.

결국은 북한측이 우리의 제의를 받아들여 대화의 자리에 나오지 않을 수 없을 것입니다. 도도히 흐르는 민족사의 주류에서 볼 때, 한때의 외래적 이단에 불과한 북한 공산주의자들이 언제까지나 5천만 겨레의 한결같은 소망을 거역하고 방해할 수는 없을 것입니다.

우리가 그동안 참기 어려운 일들을 수없이 견뎌내면서 와신상담 힘을 길러 온 것도 벌써 30여 년을 남북으로 분단된 채 살아온 겨레의 한을 하루라도 앞당겨 풀어보자는 일념에서입니다.

나는 북한측에 대화의 문을 언제나 열어놓고 기다리면서, 한편으로는 우리의 막강한 국력 배양만이 평화 통일의 지름길임을 확신하고, 이를 위해 앞으로도 온갖 노력을 꾸준히 기울여 나갈 것을 거듭 다짐하는 바입니다.

그리하여, 우리는 기필코 이 땅에서 전쟁의 그림자를 몰아내고 평화를 굳건히 정착시켜 통일 조국 구현을 위한 획기적인 연대를 맞이해야 하겠습니다.

친애하는 국민 여러분!

나는 유구한 민족사에서 오늘이 차지하는 위치를 지켜보면서, 영광된 민족의 대행진을 이끌어 나갈 엄숙하고도 막중한 책임을 절감하며, 다시금 온 국민의 아낌없는 협조와 분발을 당부하고자 합니다.

불과 수년 전 우리가 체제를 정비하여 세계적인 유류 파동과 인도지나반도가 적화된 직후의 위기를 슬기롭게 극복했던 굳센 단결의 교훈을 결코 잊어서는 안됩니다.

우리 모두 방방곡곡에 세차게 메아리치는 개혁과 창조와 전진의 우렁찬 발걸음을 더욱 재촉하면서, 격동과 시련을 겪고 있는 오늘의 세계 속에서 한민족의 찬연한 횃불을 밝힙시다."

1978년 12월 27일
대통령 박정희

◼ 최규하 대통령

'정부는 국민의 이해와 협조를 얻어 국법 질서의 유지와 공공의 안녕 확보 등 사회 안정 기반을 다지는 데 최선의 노력을 기울일 것입니다.'

1919년 강원도 원주 출생이다. 2006년 서울대학교병원에서 서거하였다. 1979년 10.26으로 국정이 마비되고 혼란한 시기에 대한민국헌법에 규정된 통일주최국민회의에서 선출한 제10대 대통령이다.

재임기간(1979.12.6.~1980.8.16.) 8개월로 역대 최고 짧은 기간의 대통령이었다. 외교관 출신 엘리트 공직자로 박정희 대통령 시절 국무총리로 발탁되어 대통령 궐위로 권한대행을 거쳐 대통령이 되었다.

대통령으로서 막강한 권한을 행사하기 보다는 신군부의 등장에 조용히 전임 대통령의 남은 임기를 채우면서 정권을 이양할 수 밖에 없었던 그 당시의 상황은 가슴에 묻어둔 본인만의 비밀이라고 본다.

풍채가 크고 부드러운 이미지의 선비 스타일로 더 이상의 국정 혼란을 막기 위한 불가피한 선택이었다고 볼 수 있으며, 전두환의 월권에 대하여 '당신은 정치인이 아니라 군인'이라고 비판을 했다거나 하나회 등 군부의 부조리를 질책했다는 얘기는 강단있는 지도자였음을 증명하는 것이 아닐까?

메모지도 달력을 잘라 사용했을 정도로 근검절약하는 모범적인 대통령이었으며 끼니도 국수나 콩자반 등 서민적인 음식을 즐겨 먹었다고 한다.

서거 후 국립대전현충원의 국가원수묘역에 안장되었다.

- 제10대 최규하 대통령 취임사(1979.12.6.)

친애하는 국민 여러분.
이 자리에 참석하신 내외 귀빈 여러분!

오늘 본인은 대한민국 제10대 대통령으로 취임함에 즈음하여, 먼저 본인을 대통령으로 선출하여 주신 통일주체국민회의 대의원 여러분과 국민 여러분에게 깊은 사의를 표하고자 합니다.

방금 본인은 헌법이 규정한 바에 따라 선서를 하면서, 숙연한 마음으로 대통령으로서의 막중한 책임을 다시 한번 통감하였습니다.

돌이켜 보면 지난 10월 26일 고 박정희 대통령 각하의 돌연한 서거 후, 우리 정부와 국민은 경악과 충격과 애도 속에서도 국장을 엄수하고, 그 뒤의 사태들에 냉철하게 대처하여 안정과 질서를 유지하여 왔습니다.

우리 군은 철통같은 전후방 방위 태세를 유지하였으며, 미 국방부는 신속한 외교적, 군사적 조치를 취하여 대한 방위 공약의 확고함을 명백히 하였습니다.

그리하여 안정을 바라는 대다수 국민의 염원을 바탕으로 사실상의 국민적 합의가 이루어지고, 지난 12월 6일 합헌적 절차에 의거하여 대통령을 선출하였던 것입니다.

그러나 작금의 국내 정세의 추이와 더불어 우리나라를 둘러싼 주변 정세와 국제 환경의 험난한 현실에는 완화나 호전의 징후는 보이지 않고, 오히려 갖가지의 어려움이 더하고 있습니다.

이것이 10.26 사태 후 계속되고 있는 대내의 문제들과 상관 작용을 하게 됨으로써 당면한 국가적 난국의 심각성을 조성하고 있습니다.

세계 도처에서 대립과 분쟁이 거듭되는 가운데 국제 정치 전반에 걸쳐 격동이 야기되고 있으며, 군사적 충돌의 위험성마저 엿보이고 있습니다.

그렇지 않아도 침체를 면하지 못하고 있는 세계 경제는 각국마다 자국의 권익 옹호를 위한 치열한 경쟁 속에서 국제 정치 면의 불안을 반영하여 앞으로의 전망을 더욱 불투명하게 하고 있습니다.

근자의 중동 사태에 연유한 석유 파동은 잇단 원유 가격의 앙등뿐만 아니라, 공급 사정의 악화를 수반함으로써 세계 경제 전반에 중대한 영향을 끼치는 가운데, 특히 한국과 같은 비산유 개발 도상국들에게 극심한 타격을 가하고 있습니다.

한반도의 주변 정세도 여전히 복잡하고 유동적인 양상을 띠고 있으며, 이에 편승하여 군사력 증강을 계속해 온 북한 공산 집단은, 특히 10.26 사태 후 우리의 국론을 분열시키고 사회 혼란을 야기하고자 모략과 선동을 격화하고 있으며, 경우에 따라서는 무모한 군사적 도발마저 저지를 가능성도 배제할 수 없습니다.

따라서 본인은 국민 여러분에게 우리나라는 비상시국에 처해 있다는 점을 분명히 말씀드리지 않을 수 없습니다.

이 같은 우리의 내외 현실을 직시할 때, 국기를 튼튼히 다지면서 국가의 안전과 국민의 생존권을 수호해야 할 현 정부의 소임은 과거 어느 때보다도 막중하다 하겠습니다. 그러므로 본인이 이끄는 현 정부는 국난 타개를 위한 [위기관리 정부]라 하지 않을 수 없습니다.

이 같은 배경과 인식에 입각하여 본인은 앞으로 국정의 기본 목표를 국가 안전 보장을 공고히 하고, 사회 안정과 공공의 안녕 질서를 유지하며, 국민 생활의 안정과 경제의 안정적 성장을 도모하는 동시에 착실한 정치적 발전을 추진하여 지속적인 국가 발전을 이룩해 나가는 데 두고자 합니다.

먼저 국가의 안전 보장을 더욱 굳건히 하기 위하여 국군 전력 증강 계획을 계속 추진하면서 전국 군 장병의 사기를 진작하여 자주 국방 태세를 더욱 강화하는 데 주력하겠습니다. 우리 국군은 그 본연의 자세를 견지하고, 정연한 통솔 지휘 체제에서 국토방위의 초석이 될 결의를 다짐하고 있습니다. 이와 함께 안보·경제·문화사회 등 각 분야에 걸친 한·미 간의 우호 협력 관계를 더욱 증진하고 양국 간의 상호 방위 협력 체제를 공고히 하며 한미연합군사령부의 효율적인 운영 등에 힘쓸 것입니다.

대일 관계에 있어서는 한·일 간의 우호 협력 관계가 동북아시아의 평화와 안정에 긴요하다는 공동의 인식하에 양국 간의 선린 협력관계를 증진시키고자 합니다. 또한 정부는 기타 우방들과도 기존 우호 협력관계를 강화해 나가는 한편, 평화적 통일의 기반을 확대하기 위하여 우리와 이념과 체제를 달리하는 나라들에 대한 문호 개방 정책을 촉진해 나갈 것입니다.

비동맹 제국과의 실질적인 협력관계도 증진하여 국제 사회에서 우리의 지지 기반을 확대해 나갈 것입니다.

한편 한반도의 긴장 완화와 평화 정착을 위한 우리 측의 정책 기조에는 아무런 변화가 없으며, 앞으로도 이를 위한 노력을 계속할 것입니다.

따라서 본인은 7·4 남북 공동 성명에 의한 남북조절위원회의 재개와 남북 적십자 회담의 재개, 남북한의 경제 및 기술 교류를 위한 관계 각료 회담의 개최, 남북한의 책임 있는 당국 간 회담,

그리고 남북한 및 미국의 3당국 회의의 개최 등 우리 측의 일련의 대화 제의는 지금도 유효하다는 것을 명백히 하면서, 북한 측이 이상의 어느 방식의 대화이든 간에 조속히 응해 올 것을 거듭 촉구하는 바입니다.

국민 여러분!

국가의 안전 보장을 굳건히 하기 위한 대내외적인 노력이 아무리 강화된다 하더라도 우리 내부에 대립과 분열이 파생되어 무질서와 혼란이 조성된다면 국가 방위 능력을 저상시키게 될 뿐만 아니라, 북한 공산 집단의 오판을 낳게 하여 그들의 대남 도발을 자초하는 결과가 될지도 모른다는 것을 한시도 잊어서는 안 될 것입니다.

정부는 국민의 이해와 협조를 얻어 국법 질서의 유지와 공공의 안녕 확보 등 사회 안정 기반을 다지는 데 최선의 노력을 기울일 것입니다.

국민 여러분!

지금 우리가 당면한 어려움 중에서도 세계적인 경제난이야말로 가장 심각한 시련이라고 하지 않을 수 없습니다.

이미 언급한바 국제 경제의 혼미와 침체는 앞으로 각국의 경제에 대하여 공통적으로 물가고와 저성장, 교역의 부진과 실업 증대 등의 현상을 심화할 것이 예측되며, 개방 체제인 우리나라의 경제도 이에 예외일 수는 없습니다.

이 같은 국제 경제의 여건은 내년도 우리나라의 경제에 큰 어려움을 주게 될 것이며, 예컨대 원자재 가격의 앙등 등으로 인한 수출 신장력 둔화, 성장률의 저하, 그리고 고용 면의 문제 등을 가져오게 될 것입니다.

특히 우리 경제는 거듭되는 석유 가격 앙등으로 추가적 부담이 가중되어 국제 수지의 불균형이 더욱 확대될 것이 우려됩니다.

최근의 원유 가격의 동향으로 보아 내년도 원유 확보에 따른 추가적인 부담이 30억 불에 달할 경우마저 상정되고 있습니다. 단언하면 이는 우리 국민의 소득이 그만큼 삭감당함을 뜻하며, 국민 생활에 큰 어려움을 안겨 주는 것이라 하겠습니다.

이에 대처하여 정부는 외부의 충격을 가능한 한 완화 흡수 하여 우리 경제의 안정화를 도모하고 국민 생활의 안정을 이룩하는 데 최대의 노력을 경주할 것입니다.

또한 에너지를 비롯한 각종 자원의 효율적인 사용을 위하여 기술 및 과학의 진흥에 힘쓰면서 범국민적인 에너지 절약 운동을 전개해야 하겠습니다.

그러나 솔직히 말하여 정부의 힘만으로는 이 같은 난국을 타개하고 우리 경제의 안정적 성장을 이룩하기 어려운 실정입니다.

정부와 국민 전체, 그리고 노동자와 기업인이 각기 참고 견디며, 근검절약하는 가운데 혼연일체가 되어 이 어려운 과제를 해결해 나가야만 하겠습니다.

친애하는 국민 여러분!

우리는 이처럼 우리 나라의 안전과 국민의 생존권에 대한 위협을 방지하는 한편, 시대적 변천에 대응하여 점진적인 변화와 향상을 추구해 가야 할 정치적 발전의 과제도 안고 있습니다.

본인은 지난 11월 10일 '시국에 관한 특별 담화'에서 '헌법 개정을 포함한 정치적 발전 문제에 관하여 새로 선출되는 대통령은 현행 헌법에 규정된 잔여 임기를 채우지 않고 현실적으로 가능한 빠른 기간 내에 각계각층의 의견을 광범하게 들어서 헌법을 개정하고 그 헌법에 따라 선거를 실시해야 한다'는 의견을 표명한 바 있습니다.

또한 본인은 이 문제가 신중하고도 진지한 연구와 검토를 거쳐 한시라도 헌정이 중단됨이 없이 합헌적 절차에 따라 질서정연하게 다루어져야 한다고 강조한 바 있습니다. 이 같은 본인의 소신에는 현재도 아무런 변화가 없다는 것을 우선 이 기회에 명백히 하고자 합니다.

정치적 발전 문제에 있어서 중요한 전제는, 지금의 국가적 현실을 우리 역사의 흐름 속에서 옳게 파악하고, 이러한 인식에 입각하여 연속성을 지닌 우리의 미래를 용의주도하게 설계해야 되겠다는 것입니다.

거듭 말씀드리면 정치적 발전을 기함에 있어서는 당면한 위기의 실상을 바로 보고, 안정과 질서를 바라는 국민의 기대에 부응하는 한편, 국가의 장래를 길게 내다보면서 신중하고 착실하게 추진해 가야 한다는 것입니다.

8·15 해방 이후 우리의 헌정사를 잠깐 회고해 보건대, 국민 여러분이 잘 아시는 바와 같이 여러 차례에 걸쳐 여러 가지 형태의

헌법을 제정 또는 개정하여 시행하여 왔습니다.

1952년 7월에는 1948년에 제정된 헌법에 따른 대통령 간선제를 직선제로 바꾸었으며, 4·19 후 1960년 6월에는 내각 책임제 헌법이 채택된 바 있었습니다.

이때 개정된 헌법은 당시의 정치적·사회적 불안도 있었고 우리의 적응 능력도 미흡하여 이 제도의 기능이 충분히 발휘되지 못함으로써 정국의 불안정과 혼란이 거듭되고, 1년도 못 가서 결국 헌정의 중단을 초래하고 말았던 것입니다.

5·16 군사 혁명 후, 1962년 12월에는 민정 이양을 위한 헌법 개정이 있었고, 1972년 12월에 현행 헌법이 채택되었습니다.

이 일련의 개헌을 거치는 동안 우리는 한번도 정부의 평화적인 이양을 실현하지 못하였으며, 또 경제적·사회적 성장과 정치적 성장 간에는 균형을 이루지 못하여 양자 간에 항상 괴리가 있었던 것입니다.

따라서 금후의 헌법 개정에 있어서는 이 같은 우리 헌정사의 과오를 깊이 자성하고, 값비싼 대가를 치른 경험을 교훈으로 삼아 국가적인 견지에서 장래에 후회를 남기지 않을, 또 지속성 있는 민주 발전의 기틀이 되는 그러한 내용이 되어야 할 것입니다.

이 같은 전제에서 헌법 개정 문제에 대한 본인의 소견을 피력하고자 합니다.

첫째는 조국의 분단으로 말미암은 남북한의 대치라는 냉엄한 상황하에서 국가의 계속성을 수호하고 국가 안위를 확고히 할 수 있는 헌법이라야 하겠다는 것입니다.

둘째로는 정치권력의 남용과 부패의 발생을 사전에 방지할 수 있는 장치를 마련해야 되겠다는 것입니다.

셋째는 극단적인 국론의 분열과 사회 혼란을 초래하는 소지가 있는 헌법이어서는 안 되겠다는 것입니다.

넷째는 사회 정의와 형평의 구현은 우리 모두가 추구해야 할 가치라 하겠으나, 이것이 우리의 자유 경제 체제 자체에 도전하는 결과를 빚어서는 안 되겠다는 것입니다. 기회 균등의 원칙하에 개인의 창의와 노력을 존중하여 사회적 활력을 고무하는 것이 우리가 지향하는 바 자유롭고 번영된 사회이기 때문입니다.

한편 본인은 헌법 개정 절차에 관하여도 이것이 어떤 정당이나 단체 등의 범주 안에서만 처리될 수 있다고는 생각하지 않으며, 또 어떤 이해관계자들 간의 편의적인 타협의 산물이 되어서도 바람직하지 못하다고 믿습니다.

현재 국회를 위시하여 각계각층에서 헌법 문제에 관한 논의와 연구가 진행되고 있는 것으로 알고 있습니다만, 훌륭한 구상과 방안이 나오기를 기대하여 마지않습니다. 국가의 최고 기본법을 제정함에 있어서 본인은 중대한 책임을 지고 있기 때문에, 이미 천명한 바와 같이 정부로서의 앞으로 전국의 각계각층의 의견을 광범위하게 들어가면서 적절한 시기에 구체적인 연구와 검토를 시작할 것입니다.

당면한 난국의 수습과 헌법 문제의 중요성 등 제반 사정을 고려할 때, 본인으로서는 앞으로 특별한 사정이 없는 한, 1년 정도면 국민의 대다수가 찬동할 수 있는 내용이 담긴 헌법을 마련할 수 있을 것으로 생각하며, 이어서 이에 수반되는 필요한 제반 조치를 착실하게 취해서 가급적 빠른 시일 안에 공명정대한 선거를 실시할 수 있게 되기를 바라고 있습니다. 여기서 한 가지 부언하고 싶은 것은 현행 헌법의 시행에 있어 시대적 변천과 국민적 요망에 부응하는 운용의 필요성이 있다고 믿고 있으며, 적어도 본인은 앞으로 이러한 자세로 임할 방침임을 밝혀 두고자 합니다.

여하간 헌법 논의에 있어서는 국가적 차원에서 여론의 최대 공약수를 귀납하는 데 상호 협력해야 할 것이며, 국민 모두가 국법 질서를 확립하여 사회 안정을 이룩하는 가운데 시국난과 정치적 입장에 관한 소이에 집착하지 말고 자제와 호양과 신뢰로 화합함으로써 국민적 합의 기반을 형성해 가야 할 것입니다.

국민 여러분께서는 우리 사회의 튼튼한 안정 기반이 곧 앞으로 닥쳐올 경제 난국을 타개하면서, 정치적 발전을 추진하는 데 필수적인 조건이 된다는 점을 명심하고, 이해와 인내와 협조로 정부와 국민이 다 같이 최선을 다해야 하겠습니다. 또한 이런 때일수록 사회 각 분야에서 국민 각자가 자기 직분에 최선을 다하는 것이 안정과 발전의 요체임을 잊지 말아야 할 것입니다.

국민 여러분!
지금 우리는 1970년대를 마무리하고 1980년대를 맞이하는 역사의 큰 전환기에 있습니다. 우리는 지난날 3차에 걸친 경제 개발 5개년 계획의 성공적인 추진으로 이미 산업화의 기반을 마련하고 신생 공업 국가로 국제 무대에 등장하였습니다.

그러나 급속한 산업화의 진전에 따라 경제적·사회적 변동이 일어나고, 이로 인하여 자치 체제의 불안정이 초래됨으로써 부분적으로 마찰과 갈등, 그리고 새로운 문제가 파생되기도 하였습니다.

이러한 문제들과 우리가 희구하는 자유 민주주의의 원칙하의 발전 과제와는 서로 연관성이 있다고 생각됩니다.

그것은 민주주의란 단순히 외형적인 제도의 모방만으로는 정착되기 어렵고, 먼저 국가적인 현실에 입각하여 우리의 사고와 행동 양식을 합리화함으로써 구현될 수 있기 때문입니다. 다시 말하면 자유에 대한 책임, 권리에 대한 의무 등이 서로 균형을 이루도록 국민 모두가 노력해야 한다는 것입니다.

또한 우리는 문명 국가의 불가결의 요건은 법치 국가의 국민이라는 자각과 긍지를 지녀야 할 것입니다.

이렇게 함으로써 우리는 경제적·사회적 변화에 대응하는 적응 능력을 기르면서, 제반 문제 등을 슬기롭게 해결해 나가고, 또 우리의 기약하는 바 국가 발전을 순조롭게 추진해 나갈 수 있을 것입니다.

이를 위하여 본인은 평화와 안정과 발전을 위한 국민적인 참여의 영역을 확대하고, 우리가 가진 모든 지혜와 경험을 시국 타개와 국정 운영에 동원하도록 노력할 생각입니다. 또한 본인이 거듭 말한 대로 국민 각계각층의 광범위한 의견을 듣기 위하여 그들과의 대화를 폭

넓게 갖고자 하며, 또 국정의 기본에 관한 자문을 받기 위하여 정계 원로, 중진, 그리고 인격과 덕망이 겸비된 분들로 구성되는 기구를 만들 용의가 있습니다.

국민 여러분!

우리 민족은 장구한 역사를 통하여 무수한 국난과 파경을 겪어 왔으나, 그때마다 이를 슬기롭게 극복하고 스스로의 생존과 문화 전통을 수호하여 왔습니다.

이제 우리는 또 한 번의 국가적 시련기에 직면하고 있습니다. 지금이야말로 우리 국민 모두에게 애국심과 단합이 절실히 요구되는 때입니다.

또한 지금이야말로 우리 모두 인내와 자제로 대동단결하여 보다 차원 높은 국가 건설에의 준비를 갖추어 나가야 할 시기입니다. 한 방울의 물이 모여 도도한 대하를 형성하듯 우리 국민 모두가 영광된 조국의 새 역사를 창조하기 위하여 다 같이 전진해 나갑시다.

1979년 12월 6일 대한민국 대통령 최규하

제10대 대통령직 사임 특별 성명(1980.8.16.)

우리나라에 있어서의 책임정치의 구현으로 불신 풍조를 없애고, 불행했던 우리 헌정사에 평화적인 정권 이양의 선례를 남기며 또한 국민 모두가 심기일전하여 화합과 단결을 다짐으로써 시대적 요청에 따른 안정과 도의와 번영의 밝고 새로운 사회를 건설하는

역사적 전기를 마련하기 위하야 애국충정과 대국적인 견지에서
나 자신의 거취에 관한 중대한 결심을 하기에 이르렀습니다.
즉, 나는 오늘 대통령의 직에서 물러나
헌법의 규정에 의거한 대통령 권한대행권자에게
정부를 이양하기로 결정한 것입니다.
민주국가의 평화적인 정권 이양에 있어서는
국정의 최고 책임자가 국익 우선의 국가적인 견지에서
임기 전에라도 스스로의 판단과 결심으로
합헌적인 절차에 따라 정부를 승계권자에게 이양하는 것도
확실히 정치 발전의 하나라고 생각합니다.
오늘, 대통령직을 떠나면서 나는 다시 한번 국민 여러분에게
대립과 분열이 아닌 이해와 화합으로 대동단결하고
불퇴전의 의지와 용기로 부강한 민주국가를 건설하여
대한민국의 민족사적 정통성의 입각한 평화통일의 기반을
착실히 구축해 나가도록 간곡히 당부드리고자 합니다.

1980.8.16. 제10대 최규하 대통령

전두환 대통령

'북녘 땅이 보이는 전방 고지에 백골로 남고 싶다.'
　1983년 발생한 아웅산 테러 사건으로 우리나라의 정부 관료 엘리트들이 많은 희생을 당하였다. 북한 소행으로 밝혀졌으며 다

행히도 시차에 의해 대통령의 희생은 피했지만 그 슬픔은 아직도 남아있다.

대한민국의 대통령으로 1980.8.27.~1988.2.24.까지 재임하였다. 1931년 경남 합천에서 태어나 희도소학교, 대구공업고등학교, 육군사관학교를 졸업하고 국가보안사령관으로 재임 중 10.26 사건으로 합동수사본부장직을 맡게 되었다.

합수부 시절 우리 민족의 큰 아픔으로 남아있는 5.18에 대한 역사적 트라우마는 강경 진압과 시민의 희생, 북한 개입설 등으로 치유되지 않은 사건이다.

대통령에 취임 후 한국프로야구 창설, 야간통금 해제, 학생들의 두발 및 복장 자율화 등 민주적이고 자발적인 시민들의 복지 정책으로 많은 지지를 받았으나, 5.18에 대한 책임과 다소 권위적이고 삼청교육대 등 반 인권적인 정책, 형제들의 비리 등으로 비난을 받았다.

문민정부가 출범하면서 대통령의 재임 중 문제들에 대하여 구속 기소되면서 반란 및 살인 혐의로 수감 생활을 하였고 1997년 사면되었다.

2021년 혈액암인 다발성 골수종이 악화 되어 향년 90세로 서거하였다. '북녘 땅이 보이는 전방 고지에 백골로 남고 싶다.'고 유언하였으나 여러 가지 사정으로 아직 자택에 안치되어 있다.

민주화 이후 대한민국의 대통령으로 퇴임한 자유 우파의 대통령은 살아서는 감옥에 가거나 죽어서는 국립묘지에도 가지 못하는 최후를 맞고 있다. 멸공의 깃발 아래 목숨을 건다는 군가가 무색하다.

- 제12대 대통령 취임사(1981.3.3.)

우리는 오늘 시련으로 얼룩졌던 구시대를 청산하고 창조와 개혁과 발전의 기치아래 새 시대를 꽃피우는 제5공화국의 영광스러운 관문 앞에 모였습니다.

본인은 민족의 역사에서 참으로 중대하고 획기적인 이 전환의 시기에 본인에게 대통령이라는 막중한 소임을 맡겨준 국민여러분에게 깊은 감사와 경의를 드리는 바입니다.

이번 제12대 대통령선거를 통하여 국민여러분이 본인에게 압도적인 성원을 보내주신 것은 본인에게 있어 무한한 영광일 뿐 아니라 본인의 책임을 더욱 무겁게 하는 채찍질이 되고 있습니다.

본인은 나에게 맡겨진 역사적 대임을 성실히 수행하기 위해 나의 모든 것을 나라와 겨레에 바침으로써 여러분의 기대에 보답할 것을 5천만 동포에게 엄숙하게 서약하는 바입니다.

조국은 현재를 사는 우리 세대의 것만이 아니며, 우리의 조상들이 피땀 흘려 우리에게 물려준 최고의 가치일 뿐 아니라 우리와 우리의 후손들이 영원히 살아갈 역사의 보금자리입니다.

역사를 돌이켜 볼 때 우리 민족은 이 땅위에 반만년 면면히 역사를 영위하면서 외침 등 숱한 도전과 시련을 극복하고 독창적 문화를 꽃피워 왔습니다. 생각해보면「아시아」대륙의 숱한 강대한 민족이 흥망성쇠를 거듭하였으며, 수많은 민족이 이미 그 역사와 문화를 소실하고 말았으나 우리 민족은 빛나는 문화전통과 동질성을 지키고 발전시켜 찬란한 동「아시아」문화의 창조에 크게 공헌하여 왔습니다.

그러나 본인은 우리 민족의 역사가 얼마나 약소의 비의와 망국의 한을 간직하고 있는가를 또한 잘 알고 있습니다. 본인은 나라를 잃은 시대에 이 땅에 태어났습니다. 본인은 나와 같은 세대의 우리 국민들이 겪었던 것처럼 혹독한 식민통치의 경험 속에 성장하였습니다. 우리의 말과 글을 빼앗기고 우리의 이름마저 빼앗겼습니다. 그것을 순전히 우리의 숙명으로만 돌려야 하겠습니까.

우리는 지난날의 치욕을 잊어서는 안됩니다. 우리가 우리 조국의 진정한 주인이 되기 위해서는 마음이 살아 있어야 하며 국민의 마음이 흔들릴 때마다 치욕의 역사로 우리 자신을 채찍질해야 합니다. 우리는 또 다시 조국이 침몰되는 것을 허용할 수 없습니다. 그러므로 우리는 일절의 만심과 안일에서 깨어나야 하겠습니다.

본인은 지난번 국정지표로 민주주의의 토착화, 복지사회의 건설, 정의사회의 구현, 교육혁신과 문화창달을 제시하였습니다. 이 같은 4대 지표가 앞으로 본인의 재임기간 동안에 기초를 더욱 굳게 다져 튼튼한 뿌리를 확실히 내릴 수 있도록 본인은 있는 힘을 다할 것입니다.

그러나 본인은 이 자리에서 한가지의 중요한 사실을 말해두고자 합니다. 그것은 우리의 지표가 아무리 훌륭하다 하더라도 굳건한 국가안보가 토대로 되어있지 않는 한 무의미하다는 것입니다.

특히 한반도를 둘러싼 오늘의 주변정세와 80년대의 예측하기 어려운 국제기류, 그리고 지정학적인 여건을 고려할 때 우리는 정신을 더욱 똑바로 차리고 있지 않으면 안되겠습니다.

국가안보는 다른 무엇과도 대체할 수 없는 생존의 필수조건이며 따라서 우리는 국가안보 최우선의 태세를 우리의 체질로 삼아야 할 것입니다.

일본의 식민통치 36년에서 광복된 지 또다시 36년 만에 우리는 오늘 제5공화국을 출범시키고 있습니다. 이것은 전환기를 사는 오늘 우리의 결의를 한층 더 새롭게 해주는 의미를 가지고 있습니다.

일본 통치하의 고난과 역경이 36년만에 종지부가 찍혔듯이 광복 이후 독립국가를 유지하기 위해서 스스로 겪었던 방황과 혼돈, 그리고 시행착오도 36년만인 이 시점에서 종지부를 찍어야 하겠다는 것입니다.

우리의 근대사는 한마디로 자주민족국가를 이룩하기 위한 소망으로 일관되어 왔습니다. 우리민족과 국토가 아직도 양단되어 있고, 부강하고 온 국민이 골고루 잘 사는 복지산업국가를 아직도 이룩하지 못한 단계에서 우리 민족사의 이 과업은 우리의 손길을 기다리고 있습니다.

우리는 80년대에 또 한번의 일대 도약을 통하여 풍요한 복지국가의 굳건한 바탕을 이룩하여야 하겠습니다.

이러한 면에서 80년대는 모든 분야에서 안정과 화합의 바탕 위에 일대 국민적 전진을 이룩하는 연대이며, 자손대대 물려줄 풍요와 복지의 바탕을 우리 모두가 참조하는 연대가 되어야할 것입니다.

우리가 여는 새 시대는 정부와 국민, 기업가와 근로자·농민, 지식인과 교육·문화·예술인-우리 모두가 불타는 의지와 슬기·힘과 정성을 모아 우리의 역사가 소망하는 부강하고 복된 나라를 건설하는 위대한 창조의 시대인 것입니다.

우리는 그동안 그토록 갈구하여 마지않았던 새시대의 문턱에 들어서고 있습니다.

제5공화국 헌법에 의해 선출된 대통령이 오늘 취임식을 가짐으로써 새 공화국이 명실상부하게 출범하였습니다. 체제논쟁을 불러 일으켰던 구환법은 이제 우리의 헌정에서 자취를 완전히 감추었습니다.

그러나 우리는 새 헌법이 실시되고 새 정부가 출범한다고 해서 그것이 곧 새 시대라고 자만할 수는 없습니다. 새 헌법 새 정부와 함께 「새로운 상황」이 전개되어야만 우리는 진정한 새 시대를 꽃피웠다고 할 수 있을 것입니다.

우리가 펼쳐야 할 새로운 상황은 구헌법·구정부 등의 구시대적 논리, 그리고 그와 관련된 일체의 진통과 애석으로부터 결별할 것을 우리들에게 엄숙히 요구하고 있습니다. 그러한 터전 위에서 새로운 정치를 정열적으로 추구해 나가는 창조의 의지, 비생산적 비능률적 독소를 제거하고 국가사회에 새로운 활력소를 주입하려는 개혁의 의지, 훌륭한 전통과 민족적 정통성을 살찌워 가는 발전의 의지를 함께 모아가야 하겠습니다. 이것은 역사의 전환기를 맞는 우리의 공고한 시대정신으로 승화되어야 할 것입니다.

　우리의 강구한 세월에 걸친 시련과 고뇌의 시대를 넘어서서 이제야말로 「성장과 정열」을 통해 자기완성의 시대를 형성하여야 할 80년대에 들어서고 있습니다.
　80년대는 보다 더 성숙한 독립국으로서의 근대적 산업민주국가의 완성이란 벅찬 임무를 우리에게 안겨주고 있습니다. 우리는 제5공화국의 출범을 통해 성장과 성숙의 시대에 들어서는 찰나를 맞이하고 있습니다. 이와 같은 성스러운 새시대의 서장에서 대통령이란 막중한 책무를 맡게된 본인은 국가의 성장과 성숙이 본인에게 부과된 역사적 과제임을 통감하고 있습니다.
　지난 36년간에 있었던 혼란과 전쟁과 갈등이 대단히 어렵고 괴로운 시련이었음에도 불구하고 우리 국민 모두는 스스로 겪은 체험과 역사적 교훈을 통해서 다음과 같은 세 가지 고통으로부터 해방될 것을 줄기차게 갈망하여 왔습니다. 그것은 첫째 전쟁의 위협으로부터의 해방이요, 둘째 빈곤으로부터의 해방이며 세째는 정치적 탄압과 권력남용으로부터의 해방입니다.

　본인은 주어진 임기동안에 국민 모두가 오랫동안 갈구하고 희망하고 요청해온 이 세 가지의 해방을 쟁취하기 위하여 본인이 가지고 있는 모든 능력과 충정을 다 바쳐 일할 것을 이 자리에서 분명히 밝혀 두는 바입니다.

첫째 전쟁으로부터의 해방은 전쟁 그 자체를 방지해야 하는 것과 함께 전쟁의 공포로부터도 해방되는 것을 의미합니다. 이것은 두말할 나위도 없이 한반도에 평화를 정착시키고 민족전체의 삶의 조건을 정상화하며 궁극적으로는 평화통일로 가는 길을 뜻하는 것입니다. 한반도의 평화정착과 평화통일의 필요성에 관해서는 그 동안 수차 강조한바 있으므로 오늘은 생활의 질 문제에 관해 언급을 해 볼까 합니다. 북한주민은 지난 36년간 내부의 종적인 비교만 할 수 있었을 뿐 외부세계와의 횡적인 비교는 할수 없는 처지에 놓여있었습니다. 그들은 최소한의 자유도 맛볼 수 없는 상황에 놓여있기 때문에 자유를 갈구조차도 못하는, 인간의 존엄성과 가능성이 완전히 박탈된 비극적인 생활을 하고 있는 것입니다.

즉 정치·경제·사회·문화·인도적인 측면에서 북한주민의 생활의 질은 전 세계에서 유례를 찾아보기 어려운 참담한 것으로서 동족인 우리들로서는 이에 대한 무한한 동정을 금할 수 없습니다. 따라서 북한당국은 그들의 인간성 회복과 생활의 질적 향상을 위해 반성해야함은 물론 세계 인류적 차원에서 관심을 기울여야 할 때입니다. 본인은 이 기회를 빌어 북한주민의 생활의 기본조건을 조금이라도 개선하기 위하여, 북한이 절대적인 폐쇄성을 지양하고, 밖으로 꽉 닫힌 북한사회의 창문을 활짝 열어 놓을 것을 민족의 이름으로 강력히 촉구하는 바입니다.

본인의 「1·12」 제의도 통일에 접근하기 위한 것이었음은 물론 북한주민의 인간성과 생활의 질이 향상되도록 북한의 개방을 촉구하고자 하는데도 그 뜻이 있었던 것입니다.

　결론적으로 전쟁의 두려움에서 해방이 되어야만 민족전체의 생활의 질도 개선·향상될 수 있다고 볼 때 남북상호간의 신뢰조성은 매우 긴요한 문제며 따라서 본인은 이 자리에서 「1·12」 제의의 수락을 다시 한번 북한당국에 대하여 촉구하는 바입니다.

　북한측이 거부반응을 보이는 것으로 알려지고 있으나 나는 그것을 정식 거부로는 보지 않으며 어느 땐가는 우리의 제의를 수락할 것으로 기대하고 있습니다.

　둘째, 빈곤으로부터의 해방은 우리민족 대대의 숙제이자 염원입니다. 부존자원이 없는 우리 민족은 역사적으로 빈곤을 숙명처럼 체험하여 왔습니다.

　그러다가 지난 10여년간 국민의 피땀어린 노고로 큰 성과를 쌓아올려 우리는 개발도상국 중에서 성장과 분배면의 모범국가가 되다시피 한 것이 사실입니다.

　그러나 아직도 우리 국민 속에는 절대 빈곤의 어려움을 탈피하지 못한 이웃이 적지 않게 있다는 것을 나는 잘 알고 있습니다.

　어느 사회에서도 모든 국민이 똑같게 잘 살수는 없으며, 또 그렇게 하는 것만이 바람직하다고 할 수는 없겠지만, 그러나 적어도 이 나라에서 문명인으로서의 기본생활을 걱정하는 국민은 없어야하며, 물질적 빈곤 때문에 인간의 존엄성이 위협받는 일은 없어야할 것입니다.

　우리사회에 도사리고 있는 빈곤의 그늘을 없애고 국민생활의 질을 드높이는 기반을 쌓기 위해서는 국민 모두가 근면하고 협동해야 하겠습니다.

　기업인은 기업인의 윤리를 지켜야하고 근로자와 농민, 그리고 소비자도 성장과 성숙의 80년대가 요구하는 시민으로서의 의무와 책임을 다해야할 것입니다.

　정부는 이 사회의 그늘이 드리워있는 절대 빈곤을 퇴치하고 국민전체의 기본수요를 충족시키는데 정책의 우선순위를 둘 것입니다. 그러나 국민의 이해와 호응이 없는 정책은 공론에 불과한 것이기 때문에 여러분의 적극적인 협조가 있기를 기대하는 바입니다.

　셋째, 정치적 탄압과 권력남용이 이 땅에 다시는 반복되지 않도록 본인은 법으로 국정을 집행하고, 법으로 정부를 이끌어갈 것을 분명하게 밝혀두는 바입니다.

　헌법에 충실하고 모든 법령을 지키는 것은 바로 정치적인 탄압과 권력남용으로부터 해방을 촉진하는 첩경이 될 것입니다. 특정인을 위한 법의 개정은 무슨 일이 있어도 있어서는 아니 되며, 특정 이익단체를 위한 권력남용도 철저히 배제되어야할 것입니다.

　국법을 엄격하게 준수하는 정부의 모범과 더불어 또 한편으로 국민 모두가 법을 지키는 일이 매우 중요하다는 것을 강조해 두고자 합니다.

　법을 어기고도 정부의 관용만을 바라는 일은 오히려 권력을 법 위에 올려놓는 위험스러운 결과를 초래하게 될 것입니다. 개인의 주관에 맞지 않는다고 법을 어긴다거나, 또 법을 어기고도 양심의 가책을 받지 않는 사람이 있을 경우 진정한 법치국가는 이루어지기 어려운 것입니다.

　법은 어디까지나 지켜야하며 정부고관이나 정치인이라고 해서 여기에서 예외가 될 수는 없습니다.

　잘못된 법이 있다면 합리적인 토론과 건설적인 대화를 통하여 시정해 나가는 것이 민주주의의 기본입니다.

　우리는 이와 같은 3대 고통으로부터의 해방을 확고한 우리의 것으로 함으로써 비로소 근대적인 산업민주국가의 기틀을 굳건히 하고 그 위에서 국민의 복지를 기약할 수 있는 유산을 후손에게 넘겨 줄 수 있다고 확신합니다.

　그러나 한 국가의 성장과 성숙은 대통령 한 사람의 힘이나 한 정부의 노력만으로 성취되는 것은 아닙니다.

　대통령은 항상 오고가는 것이지만 겨레는 영원한 것이며 정부는 바뀌어도 국가는 지속되는 것이기 때문입니다.

　한사람의 특정인이나 소수의, 지도층만으로 역사를 창조하는 시대는 지났습니다. 위대한 역사는 위대한 국민들이 총 참여하는 속에서만 올바로 창조될 수 있습니다.

　이것은 또한 우리의 염원인 평화적인 정권교체를 달성하기 위한 기초이기도 합니다.

　한 개인이나 소수집단만으로 국가민족을 책임지게 할 수는 없습니다. 지속적인 창조와 개혁, 그리고 발전을 기하기 위해서는 주기적으로 새로운 지도자가 등장해야 할 것입니다.

　본인은 자신에게 엄격하고 타인에게 성실·정직한 한 인간으로서, 그리고 나라의 지속적인 전진을 바라는 대한민국의 한 국민으로서 우리의 숙제인 평화적 정권교체의 전통을 꼭 확립하고야 말 것임을 분명하게 밝혀두는 바입니다.

우리가 지향하는 것은 생명력이 넘치는 개방사회이며 인간의 존엄성과 가치와 능력을 존중하면서 개인의 자유와 이익을 최대로 보장하는 자유민주주의입니다.
우리는 다양한 의견을 대화로 조정하고 종합함으로써 그것을 민족의 저력으로 승화시켜 나가야 하겠습니다.
갈등과 파쟁보다는 화해와 토론을 통해 총의를 창출해 내야하며 그것은 새 역사의 조류를 굵게 하고 힘차게 하는 경력이 될 것입니다.
총의의 함성이 아니라 그것을 방해하려 하거나 그 외곽에서 방해하려는 자세는 민족사의 전진을 위해서 아무런 보탬이 되지 못할 것입니다.

우리는 이제 새 역사의 첫발을 내딛고 있습니다. 우리는 목표에 와 닿은 것이 아니라 목표를 향해 지금 출발하고 있는 것입니다. 우리는 이제 겨우 국가적 난국을 극복한 단계이며 모든것은 이제부터가 시작입니다.
우리의 할 일은 많고 목표는 중대합니다. 7년이란 본인의 임기 동안에 그 모든 것을 다 이루어놓겠다고 나는 장담하지 않겠습니다.
그 대신 시작이 반이라는 말을 나는 상기하고자 합니다. 시작을 튼튼하게 해놓으면 성공은 시간문제입니다. 그러한 각오와 결의로 새 시대의 초석을 확실하게 다지는데 나의 온 힘을 다 기울이고자 합니다.

중대한 시기에 국정의 최고책임을 맡으면서 스스로의 제한된 능력에 비추어 두려움과 불안감이 앞서는 것이 본인의 솔직한 심정입니다.

그러나 나는 이미 우리 국민이 보여준 성숙도와 협동심, 그리고 보다 나은 미래를 개척하겠다는 의지를 보고 큰 힘을 얻었습니다. 여러분의 성원은 나의 능력을 배가시켜주고 나의 결의를 더욱 고무시켜주고 있습니다.

오늘 이 뜻깊은 성단에 서서 본인은 굳은 다짐을 새롭게 하고자 합니다.

본인은 나에게 절대적인 지지를 보내준 국민여러분의 명령에 충실할 것이며 여러분과 본인의 삶의 터전인 이 나라의 성장과 성숙을 위해 충실할 것입니다. 본인은 본인이 공약한 새 시대의 건설에 충실할 것이며 본인이 발표하고 공표한 헌법에 대해 충실할 것입니다.

그리고 정직을 생활의 신조로 삼아온 하나의 자연인으로서 자신의 신조에 충실하고자 합니다.

본인의 이와 같은 다짐이 실현될 수 있도록 국민여러분께서도 전폭적인 협조를 다짐해 주실 것을 본인은 기대하는 바입니다.

그렇게 될 때 1981년3월3일 오늘의 이 자리는「위대한 조국 건설을 다짐한 날」로서 오래오래 기록되게 될 것입니다

1981년 3월 3일
대통령 전두환

◾ 노태우 대통령

'나 이 사람 보통 사람입니다. 믿어주세요.'

1987년 6.29선언을 통해 직선제 개헌으로 뽑힌 대통령이다. '보통사람들의 위대한 시대'라는 슬로건으로 본인의 이미지와 잘 어울리는 '보통사람'으로 성공한 대통령이라고 말하고 싶다.

1932년 경상북도 달성군에서 태어나 2021년 서울대학교 병원에서 서거하였다. 향년 88세였다.

전두환 대통령 시절 정치에 입문하여 제12대 국회의원, 체육부장관과 내무부장관을 역임하여 국무위원으로 활동하였고, 대통령으로 당선된 이후 재임기간(1988.2.25.~1993.2.24.)동안 3김(김영삼, 김대중, 김종필)과 자주 회동을 하며 통합의 리더쉽을 보여주었고 온건한 보통사람으로 이미지를 보이며 무난하게 임기를 마쳤다.

외교적으로는 소련과 중국, 동유럽 등 사회주의 국가들과 국교의 정상화를 통해 한반도의 평화와 북한의 개혁 개방을 유도하였다. 1988년 '77선언'으로 북한에 대해 통일을 위한 동반자로 인식하였으며 77선언의 6개항은 다음과 같다.

1. 남북동포간의 상호교류 및 해외동포의 자유로운 남북왕래를

위한 문호 개방

  2. 이산가족의 서신왕래 및 상호방문 적극 지원

  3. 남북간 교역을 위한 문호 개방

  4. 비군사물자에 대한 한국의 우방과 북한간의 교역 찬성

  5. 남북간의 소모적인 경쟁대결외교 지양 및 남북대표간의 상호협력

  6. 북한과 한국 우방과의 관계 개선 및 사회주의 국가와 한국과의 관계 개선을 위한 상호협조

또한 남북한 동시 UN 가입과 IAEA(국제원자력기구)의 사찰을 수용한다는 한반도 비핵화 공동선언을 발표했다.

이와 같이 북한과의 관계 개선 및 공산국가와의 수교를 통해 화해 무드를 조성하고 국가 이미지를 제고한 것은 국위선양의 사례로 볼 수 있다.

'나 이 사람 보통 사람입니다. 믿어주세요.' 는 대통령 출마 선거전략의 일환이었지만 임기 내내 선한 이미지의 '보통사람'은 평범한 사람의 비범함으로 국가 통치 기반이 되었다.

- 제13대 대통령 취임사(1988.2.5.)

친애하는 6천만 국내외 동포 여러분.

우리 헌정발전을 뒷받침해 주신 윤보선, 최규하 전임 대통령과 평화적 정부이양의 역사적 선례를 세우신 전두환 전임 대통령, 그리고 이 자리를 빛내 주신 세계 각국의 경축사절과 내외 귀빈

여러분. 오늘 우리는 새로운 시대의 개막을 선언하기 위해 성스러운 이 민의의 전당 앞에 모였습니다.

동아시아의 변력국가에서 세계의 중심국가로 뛰어오를 민족웅비의 희망찬 새 시대가 열린 것입니다. 이 나라에 민주정부를 세운 지 40년, 새로운 나라, 새로운 시대를 요청하는 역사의 조류 속에 제13대 대통령으로 취임하면서, 아득한 옛날 이 땅에 민족의 터전을 일구어 오신 모든 선조들에게 깊이 머리 숙입니다.

저는 먼저 반만 년 동안 숱한 외세의 침략과 시련을 이겨내며 빛나는 문화부통을 창조하여 민족의 자존을 면면히 이어 온 그 불굴의 자주독립정신을 가슴에 새깁니다. 가까이로는 손 마디마디에 고생의 흔적이 역력한 형제자매 동포 여러분에게 새삼 경의를 표합니다. 우리들의 손은 가난과 전쟁에 시달려 아무것도 없는 맨손이었습니다. 그러나 잘살아 보겠다는 뜨거운 가슴으로 땀 흘려 일한 우리들의 맨손에서 이 나라는 세계가 높이 보는 신흥공업국가로 자랐습니다.

그리고 이제 평화적 정부이양의 전통을 이룩한 민주국가로 커졌습니다. 참으로 우리 국민은 위대하였습니다. 이 놀라운 국민적 저력은 20세기가지나기 전에 선진국으로 도약하려는 우리 모두에게 무한한 격려를 주는 것입니다. 새로운 민족사의 출발점에 서서 저는 오늘이 있기까지 땀 흘린 모든 분들의 노고에 깊이 감사드립니다.

국민여러분.

역사는 그동안 우리 민족을 여러 차례 시험해 왔습니다. 인내와 슬기, 국민의 뭉친 힘으로 모든 시험을 이겨낸 우리에게 새로운 과제가 부과되고 있습니다. 민족 전체가 한 차원 높게 뛰어오르라는 명령이 그것입니다. 그것은 '민족자존의 새 시대'를 꽃피우라는 것입니다. 저는 이 자리에서 바로 그 '민족자존의 새 시대'가 열렸음을 국민 여러분 앞에 엄숙히 선언합니다.

국민여러분.

우리는 할 수 있습니다. 우리는 해야 합니다. 능동적인 자기개혁으로 새 도전에 성공적으로 응전해야 합니다. 새는 스스로 알을 깨고 나와야 저 창공으로 날 수 있습니다. 우리 역시 무에서 유를 만들어 낸 개척자의 창조적 정열로 낡은 틀을 깨뜨리고 온 국민이 민주와 번영을 누리게 하여 자유와 자존의 통일대국으로 비약할 때입니다. 새 시대는 분명히 변화하며 발전하고 쇄신하며 도약하는, 활력에 가득찬 진보의 시대인 것입니다. 그러므로 우리 내부의 지나친 다툼을 이제는 멈출 때입니다.

과거는 분명히 우리 모두의 자산이면서 반성의 거울이지만, 그것이 밝은 미래의 세계로 전진해 나가려는 우리의 발걸음에 끝없는 족쇄일 수는 없는 것입니다. 더욱이 지난해 위대한 국민의 민주적 선택으로 40년 헌정사를 통해 쌓여 온 갈등의 찌꺼기는 모두 씻겨졌습니다. 이제는 지역감정, 당파적 이기심, 개인적 섭섭함을 이 새로운 출발의 광장에 모두 묻읍시다. 서로 용서하고 서로 한 발짝씩 물러서는 호양의 정신 아래 우리가 오늘 묻어 버리는 미움의 앙금은 우리와 우리의 후손들이 거두어들일 민주와 복지의 풍요로운 열매를 낳는 값진 밑거름이 될 것입니다.

국민 여러분.
우리는 이 순간부터 온누리에 자유와 행복이 가득한 '희망의 나라'를 바라보며 넓은 바다를 힘차게 헤쳐 나갑시다. 우리에게는 새로운 지도와 나침반이 있습니다. 국민 여러분께서 저를 대통령으로 직접 뽑아 주셨을 때 다함께 확인했고 합의했던 민주주의라는 지도이며 국민화합이라는 나침반입니다.

이제 새 공화정의 출범을 알리는 저 우렁찬 고동소리와 함께, 우리는 민주주의의 항로로 확실하게 전진할 것입니다. 민주주의가 오늘의 유행어이기 때문은 결코 아닙니다. 민주주의야말로 인간을 인간답게 만들어 주는 정당한 가치이기 때문입니다. 민주주의만이 모두가 자유롭게 살며 자유롭게 참여하는 사회, 사람이 사람답게 사는 사회로 우리를 이끌 것이기 때문입니다. 물량성장과 안보를 앞세워 자율과 인권을 소홀히 여길 수 있는 시대는 끝났습니다. 힘으로 억압하거나 밀실의 고문이 통하는 시대는 끝났습니다. 마찬가지로 자율과 참여를 빙자하여 무책임하게 혼란을 일으킬 수 있는 시대도 끝나야 합니다.

침해되지 않는 인권과 책임이 따르는 자율이 확보될 때 경제도 발전하고 안보도 다져지는 성숙한 민주주의 시대가 열릴 것입니다. 성실히 사는 국민이 아무 두려움 없이 어디서나 떳떳하고 활기 있게 사는 사회, 국민 각자가 진정한 나라의 주인이 되어 국가발전에 창조적으로 참여하는 민주국가를 만들어 나갈 것입니다.

　국민의 뜻을 담은 새 헌법의 발효와 함께 바로 이 시각에 탄생하는 새 정보는 바로 국민이 주인이 된 국민의 정부임을 선언합니다. 제가 이끄는 정부는 민주주의의 시대를 활짝 열어 모든 국민의 잠재력을 꽃피게 할 것입니다. 새 정보는 다원화된 사회 각 부문이 생동력에 넘친 자유를 누리며 스스로의 권능을 다할 수 있도록 도울 것입니다.
　국민은 정직한 정부를 갈망하고 있습니다. 저는 국민의 비원을 반드시 성취시켜 도덕성이 높으며 그 도덕성으로 말미암아 신뢰받는 정부를 만들고야 말 것입니다. 곧바로 서 있는 물체의 그림자가 밝은 대지 위에서 굽어질 리는 없습니다. 저를 포함한 지도층이 스스로 정직과 진실의 수범을 보이도록 하겠습니다. 국민과의 약속은 반드시 지킬 것입니다. 지난 선거에서 저를 지지한 환성은 힘이 되었고 비판은 약이 되었습니다.
　저에게 표를 주지 않았던 국민들의 마음도 깊이 헤아려 꼭 국정에 반영할 것입니다. 그분들의 비판을 결코 무시하지 않을 것입니다. 이런 뜻에서 야당과 반대세력에 대해서도 간곡히 호소합니다. 우리 서로 나라를 위해 함께 고뇌하면서 대화하고 대화하면서 협력합시다. 민주주의의 개화와 겨레의 통일번영을 위해 협력의 동반자로 일해 나갑시다.

국민 여러분.

우리는 또한 국민화합이라는 목적지를 향해 저 푸른 바다를 헤쳐 나갈 것입니다. 70년대 이후의 발전사는 경제성장이 아무리 높고 지속적이라 해도 그것만으로는 우리가 이상으로 삼는 조화와 균형있는 행복한 사회에 도달할 수 없다는 냉엄한 교훈을 주었습니다. 물론 고도성장은 우리의 물질생활을 보다 넉넉하게 만들었고 1차산업 중심의 우리 사회를 다원적인 산업사회로 탈바꿈시키기도 했습니다. 그러나 그것은 우리가 나가는 길 도처에 암초를 만들어 놓은 것도 사실입니다. 계층간, 지역간의 격차는 갈등과 분열을 낳아 국민적 통합에 큰 문제점을 던져주고 있습니다. 이러한 문제점을 개선하지 않고는 민주복지국가를 향한 우리의 항해는 좌절될 수도 있습니다.

그러므로 국민들은 갈등과 분열을 녹여 줄 훈훈한 화합을 절실하게 요국하고 있는 것입니다. 그렇습니다. 그동안 이룩한 고도성장의 열매가 골고루 미치는 정직하고 정의로운 분배를 실현하기 위해 정부와 모든 계층의 국민이 합심할 때입니다. 출신지역이나 성별이나 정치적 입장 때문에 불이익을 받거나 부당한 대가를 누리는 일이 결코 없어야 하겠습니다. 국가 전체의 발전을 강조하는 과정에서 유보되어 온 개개인의 몫이 더 이상 부당하게 희생되지 않도록 하여야 하겠습니다. 병든 사람은 치료받게 해주고, 어렵고 힘없는 사람은 부축을 받도록 만들어 나가야 하겠습니다. 기업인의 창의와 자유를 더욱 북돋는 한편, 근로자와 농어민과 중소상공인의 권익을 저는 최대한 신장시킬 것입니다. 나라의 내일을 짊어질 후세들이 수준 높은 교육을 받을 수 있도록 모든 힘을 기울일 것입니다. 젊은이들이 이상과 꿈을 수용하여 항상 개혁하고 새로워지는 진취적 사회를 만들어 가는 데 정성을 다할 것입니다.

우리가 창조하는 이 시대는 멀지 않은 미리에 오늘의 젊은 세대에서 넘겨져, 이들이 이끌어 나가야 합니다. 따라서 이들의 꿈과 열정은 진보의 값진 영양소로 받아들일 것입니다. 학술과 문화예술의 진흥을 통하여 경제적 기적을 이룩한 우리 국민이 찬란한 문예부흥의 시대를 창조할 수 있도록 온 힘을 쏟겠습니다. 그리하여 모든 국민이 질높은 문화생활을 누릴 수 있도록 하며 이웃을 이해하는 넉넉한 마음과 아름다움을 추구하도록 힘쓸 것입니다. 아울러 사회정의의 실현을 가로막고 갈등을 심화시키는 어떠한 형태의 특권이나 부정부패도 단호히 배격하겠습니다. 폭력과 투기와 물가오름세를 반드시 막고자 합니다. 부의 부당한 축적이나 편재가 사라지고 누구든지 성실하게 일한 만큼 보람과 결실을 거두면서 희망을 갖고 장래를 설계할 수 있는 사회가 바로 '보통사람들의 위대한 시대'입니다.

민주개혁과 국민화합으로 이제 우리는 '위대한 보통사람들의 시대'를 열어야 하는 것입니다. 그러나 국민화합은 정부의 정책으로만 이루어지는 것이 아니라 국민 한 사람 한 사람의 가슴속에

피는 꽃이기도 합니다. 따라서 온 국민의 화합을 정부차원의 해결과제로만 미루지 맙시다. 우리 모두 자기 자신의 마음속에서부터 너그럽게 풀어 나가야 할 문제로 돌이켜 생각해 봅시다. 이런 뜻에서, 앞서가는 사람은 뒤에 오는 사람을 끌어 주면서 함께 나아가야 합니다. 가진 사람은 덜 가진 사람에게 자제와 아량을 보여야 합니다.

국민 여러분.
우리 겨레의 큰 경사인 서울올림픽이 눈앞에 다가오고 있습니다. 50억 인류의 평화대축제가 바로 이 땅에서 열리게 됩니다. 세계 속의 한국을 새롭게 드러내는 민족재탄생의 자리에, 너와 내가 따로 드러나지 않습니다. 우리 모두 합심협력하여 지구촌의 모든 사람들에 길이 기억될 가장 성공적인 대회로 승화시킵시다.

서울올림픽은 민족사적 의미에서, 이를 계기로 우리가 민족통일의 항로로 진입한다는 데 더 큰 뜻이 있다는 것을 우리 모두 직시할 필요가 있습니다. 긴장완화와 평화공존의 물줄기를 타고, 12년만에 처음으로 동과 서, 남과 북의 세계 모든 나라가 참가하는 이 화합의 거대한 합창은 한반도에 마침내 통일의 시대가 열리고 있음을 전세계에 알리고 있는 것입니다. 이 우렁찬 합창소리에 화답하여 우리 대한민국은 세계 모든 나라와 국제평화와 협력의 외교적 노력을 더욱더 쏟고자 합니다.

미국과 일본을 비롯한 서방과의 유대를 더한층 강화하는 한편 제 3 세계와의 우의를 더욱 굳게 하겠습니다. 이념과 체제가 다른 이들 국가들과의 관계개선은 동아시아의 안정과 평화, 공동의 번영에 기여하게 될 것입니다. 북방에의 이 외교적 통로는 또한 통일로 가는 길을 열어 줄 것입니다. 여기서 저는 분단의 조속한 해소를 열망하는 우리 동포들에게 호소합니다. 우리가 자나깨나 잊을 수 없는 민족통일의 길은 낙관할 수 있는 길도 아니요, 비관만 할 길은 더욱 아닙니다. 오로지 최선의 노력을 기울여 나가야 할 길일 뿐입니다.

때마침 우리 내부에서도 민족의 자존을 높이려는 분위기가 크게 자랐습니다. 이 기운이야말로 우리 민족의 통일과 세계적 진출을 북돋울 힘찬 원동력이라 하겠습니다. 그러므로 민족자존의 바탕 위에서 민주역량을 다지고 안보태세를 강화하면서 통일의 길을 열어 나가야 합니다. 기회는 그저 기다리는 자에게보다 착실히 준비하는 자에게 먼저 온다는 교훈을 항상 기억합시다.

저로서는 한반도의 평화와 민족의 재결합을 위한 길이 보인다면 세계 어느 곳이든 개의하지 않고 방문해 어느 누구와도 진지하게 대화할 용의가 있음을 밝힙니다. 북한 당국에 대해 말하고자 합니다. 공산국가들조차 거부하고 있는 교조적 이념을 민주의식이 체질화된 이 땅의 자유시민들이 수용하리라는 환상을 버려야 합니다. 폭력이 아니라 대화가 분단을 해소시키고 민족의 재결합을 가져오는 정직한 지름길임을 받아들여야 합니다. 대화의 문은 언제나 어느 곳에나 열려 있음을 확인합니다. 민족자존의 새시대에 부응하며, 대화하며 공존하고 공존하며 협력함으로써 휴전선에도 화해의 봄을 가져옵시다.

그리하여 멀지 않은 장래에 우리 함께 통일의 열매를 거둡시다. 관련국가들에게 말하고자 합니다. 한반도 문제는 기본적으로 남북한 당사자들이 민주적 방식을 통해 평화적으로 풀어 나갈 것입니다. 그러나 평화와 통일의 전령사가 그 어느 곳으로부터든 서울을 방문한다면 기꺼이 받아들일 것입니다. 우리는 어느 누구도 특별대우하지 않을 것이며 어느 누구도 두려워하지 않을 것입니다.

국민여러분.

우리에게 고통과 좌절을 안겨 주는 것으로 시작했던 20세기는 그 극복의 토대를 마련해 준 채 저물어 가고 있습니다. 20세기의 수평선 너머에 활짝 핀 통일조국의 미래상이 우리를 손짓하고 있습니다. 이미 치솟고 있는 우리 국민의 저력과 민족적 자존을 국가적 도약이라는 큰 목표를 향해 활활 태울 때 우리 조국은 분명히 아시아, 태평양시대를 이끄는 세계의 젊은 거인으로 뛰어오를 것입니다.

이 절호의 기회를 손에 넣기 위해 그동안 얼마나 많은 선열과 국민이 희생을 했고 땀을 흘렸던 것입니까. 이 나라에 보탬이 되는 일이라면 어느 한 사람만이 할 수 있는 시대가 아니라, 어느 누구라도 할 수 있는 '보통사람들의 시대'가 왔습니다. 한 사람의 뛰어난 재주보다 평범한 상식을 지닌 여러 사람들의 협력을 필요로 하는 '상식의 시대'입니다. 그것은 또한 나라의 발전이 곧 국민 개개인의 자유, 풍요, 행복으로 이어지는 '복지의 시대'입니다.

국민 여러분.
오늘 이 거룩한 단상에 저는 국민 여러분과 함께 서 있습니다. 이 자리는 국민 여러분이 만든 자리입니다.
그리고 이 자리에 제가 서 있는 것은 국민 여러분의 명에 따른 것입니다. 그러므로 이 자리와 이 자리에 서 있는 저는 국민 여러분들로부터 별개일 수가 없습니다.
이러한 점을 가슴에 깊이 새기면서 저는 오로지 국민과 함께 호흡하고 국민과 함께 생각하는 대통령이 되기를 다짐합니다. 저는 국민을 일방적으로 이끌어 가는 대통령이 되기를 원하지 않습니다. 그렇다고 이끌려다니는 대통령이 되지도 않을 것입니다.

국민과 어깨를 나란히 하고 꿈과 아픔을 같이하는 국민의 동행자, 이것이 제가 진실로 추구하는 대통령의 모습입니다. 이제 우리모두는 '함께 걷는 민주주의'의 출발선상에 서 있습니다. 모두가 오늘 영광스러운 이 단상의 주인으로서 미래에 대한 자신감과 용기를 가지고 씩씩하게 그리고 단란하게 힘찬 전진의 발걸음을 내디딥시다. 그리하여 우리가 언제나 즐겨 부르는 민족의 노래, -'희망의 나라로-' 가 그리는 '자유, 평등, 평화, 행복이 가득한 나라'를 향하여 함께 나아갑시다.

국민 여러분.
저와 함께 전진해 나아갑시다.
감사합니다.

1988년 2월 25일

대통령 노태우

김영삼 대통령

'호랑이를 잡으려면 호랑이 굴로 들어가야 한다.'

1928년 경남 거제 장목에서 태어났다. 2015년 서울대학교병원에서 서거하였다.

40대 기수론의 선두 주자로 장택상(1893~1969) 전 국무총리의 비서로 정계에 입문하여 9선 국회의원으로 최다선 국회의원으로 활동하였다.

유신정권으로 가택 연금시 '닭의 목을 비틀어도 새벽은 온다.'라는 말로 저항하였으며 부마항쟁과 10.26사태로 유신정권이 끝나고 1981년 가택연금이 해제되면서 '민주산악회'를 중심으로 정치적 부활을 꿈꾸었다.

야당인사 탄압을 명분으로 23일간의 단식투쟁은 대한민국 정치사에 전무후무한 일이다. 하얀머리와 맥없이 비추진 모습에서

굶으면 죽는다는 사실을 보여주었으나 그의 강단은 당시 전두환 대통령에게도 전달되어 단식 중단을 요청한 사실과 다음해 정치적 재기를 위한 발판이 되었다.

이후 제14대 대통령(1993.2.25.~1998.2.24.)으로 재임하면서 금융실명제와 부동산실명제를 전격실시하였고, 지방자치단체장을 투표로 뽑는 지자체를 부활하였다.

취임초에는 하나회 등 정치군인들에 대한 숙청과 제5공화국 전직대통령들을 구속하여 문민정부로서 기반을 다졌다. TK지역의 반감이 있었으나 PK세력의 확산과 5.18광주사태를 광주민주화 운동 또는 광주항쟁으로 격상시켜 정치적 갈등을 해소했다고 본다.

노태우 대통령 시절 3당(민주정의당, 통일민주당, 신민주공화당) 합당으로 민주자유당 당수가 되어 대통령에 당선되었으나 재임 말기 IMF로 경제적 어려움을 겪었다. 군사정권을 종식시키고 문민정부로 출범하여 대한민국의 민주화에 초석을 마련하였으나 차기 보수정권의 탄생으로 이어지지는 못하였다.

3당 합당을 하며 남긴 유명한 말은 '호랑이를 잡으려면 호랑이 굴로 들어가야 한다.'라고 하며 합당의 정당성을 말하였다. 위험하였지만 과감한 출사표를 던진 그의 용기와 배짱은 리더의 진면목이 아닐까 생각해 본다.

- 제14대 대통령 취임사(1993.2.25.)

친애하는 7천만 국내외 동포 여러분,

노태우 대통령을 비롯한 전직 대통령, 그리고 이 자리에 참석하신 내외 귀빈 여러분.

오늘 우리는 그렇게도 애타게 바라던 문민 민주주의의 시대를 열기 위하여 이 자리에 모였습니다.

오늘을 맞이하기 위해 30년의 세월을 기다려야 했습니다. 마침내 국민에 의한, 국민의 정부를 이 땅에 세웠습니다. 오늘 탄생되는 정부는 민주주의에 대한 국민의 불타는 열망과 거룩한 희생으로 이루어졌습니다. 민주주의에 대한 저 자신의 열정과 고난이 배어 있는 이 국회의사당 앞에서 오늘 저는 벅찬 감회를 억누를 길이 없습니다.

우리 국민은 참으로 위대합니다. 저는 국민 여러분들에게 뜨거운 감사와 영광을 드립니다. 또한 험난했던 민주화의 도정에서 오늘을 보지 못하고, 애석하게 먼저 가신 많은 분들의 숭고한 희생 앞에 국민과 더불어 머리를 숙입니다. 국민 여러분. 저는 14대 대통령 취임에 즈음하여, 새로운 조국건설에 대한 시대적 소명을 온몸으로 느끼고 있습니다.

지금 이 땅은 지층 깊은 곳으로부터 봄기운이 약동하고 있습니다. 지난날 우리 민족에게는 번성했던 여름도, 움츠렸던 겨울도 있었습니다. 그러나 이제 민족진운의 새봄이 열리고 있습니다. 우리에게 새로운 결단, 새로운 출발을 요구하고 있습니다. 저는 신한국 창조의 꿈을 가슴 깊이 품고 있습니다. 신한국은 보다 자유롭고 성숙한 민주사회입니다. 정의가 강물처럼 흐르는 사회입니다.

더불어 풍요롭게 사는 공동체입니다.

　문화의 삶, 인간의 품위가 존중되는 나라입니다. 갈라진 민족이 하나되어 평화롭게 사는 통일조국입니다. 새로운 문명의 중심에 우뚝 서서, 세계의 평화와 인류의 진보에 기여하는 나라입니다. 누구나 신바람나게 일할 수 있는 사회, 우리 후손들이 이 땅에 태어난 것을 자랑으로 여길 수 있는 나라, 그것이 바로 신한국입니다. 우리 모두 이 꿈을 가집시다.
　우리는 일찍이 식민지와 전쟁의 폐허에서 기적을 이루어 낸 민족입니다. 우리 다시 세계를 향해 힘차게 웅비해 나갑시다. 친애하는 국민 여러분. 그러나 우리를 둘러싸고 있는 여건은 우리에게 결코 유리하지만은 않습니다. 냉전시대의 종식과 함께 세계는 실리에 따라 적과 동지가 뒤바뀌고 있습니다. 바야흐로 경제전쟁, 기술전쟁의 시대로 접어들었습니다. 변화하는 세계에 제대로 대처하지 못한다면, 우리는 선진국의 문턱에서 주저앉고 말 것입니다.
　도약하지 않으면 낙오할 것입니다. 그것은 엄숙한 민족생존의 문제입니다. 우리는 신한국을 향해 달릴 수 있는 체력을 가다듬어야 합니다. 그런데 지금 우리는 병을 앓고 있습니다. 한국병을 앓고 있습니다. 한때 세계인의 부러움을 샀던 우리의 근면성과 창의성은 사라지고 있습니다. 전도된 가치관으로 우리 사회는 흔들리고 있습니다. 언제부터인가 우리 국민은 자신감을 잃고 있습니다. 바로 이것이 문제입니다.

우리에게 위기가 있다면 그것은 외부의 도전에서 오는 것이 아니라, 바로 우리 안에 번지고 있는 이 정신적 패배주의입니다. 이대로는 안됩니다. 새로워져야만 합니다. 좌절과 침체를 딛고 용기와 희망의 시대를 열어야 합니다. 폐쇄와 경직에서 개방과 활력의 시대로, 갈등과 대립에서 대화와 타협의 시대로 바꾸어야 합니다. 불신의 사회에서 신뢰의 사회로, 나만을 앞세우는 사회에서 더불어 사는 사회로 나아가야 합니다.

이것이 제가 말하는 변화와 개혁의 방향입니다. 제도만이 아니라 우리의 의식과 행동양식까지도 바꾸어야 합니다. 우리가 변화와 개혁을 회피한다면, 우리는 역사로부터 외면당하고 말 것입니다. 친애하는 국민 여러분. 개혁은 먼저 세 가지 당면과제의 실천으로부터 시작해야 합니다.

첫째는 부정부패의 척결입니다.

둘째는 경제를 살리는 일입니다.

셋째는 국가의 기강을 바로 잡는 것입니다.

우리 사회의 부정부패는 안으로 나라를 좀먹는 가장 무서운 적입니다. 부정부패의 척결에는 성역이 있을 수 없습니다. 결코 성역은 없을 것입니다. 단호하게 끊을 것은 끊고, 도려낼 것은 도려내야만 합니다.

이제 곧 위로부터의 개혁이 시작될 것입니다. 그러나 국민 모두가 스스로 깨끗해지려는 노력 없이 부정부패는 근절되지 않습니다. 깨끗한 사회의 실현은 국민 여러분의 손에 의해서만 완성될 수 있습니다. 다음으로 우리는 경제의 활력을 되찾아야만 합니다. 그것을 위해서 정부는 규제와 보호 대신에 자율과 경쟁을 보장할 것입니다. 민간의 창의를 존중할 것입니다. 정부가 먼저 허리띠를 졸라맬 것입니다.

국민은 더 절약하고 더 저축해야 합니다. 사치와 낭비는 추방되어야만 합니다. 기업은 대담한 기술혁신으로 국제경쟁에서 이겨야 합니다. 정부와 국민, 근로자와 기업, 모두가 신바람나게 일함으로써만 우리는 경제를 살릴 수 있습니다. 이것이 제가 주창하는 신경제입니다. 국민 여러분. 흐트러지고 있는 국가기강을 다시 세워야 합니다.

부정한 수단으로 권력이 생길 때, 국가의 정통성이 유린되고 법질서가 무너지게 됩니다. 목적을 위해서 절차가 무시되는 편법주의가 판을 치게 됩니다. 이 땅에 다시는 정치적 밤은 오지 아니할 것입니다. 또한 우리 사회에 있어야 할 권위를 다시 찾아야 합니다. 우리의 자유는 공동체를 위한 자유여야 합니다. 백범 선생의 말처럼 공원의 꽃을 꺾는 자유가 아니라 꽃을 심는 자유여야 합니다. 땅에 떨어진 도덕을 일으켜 세워야 합니다.

이런 점에서 오늘의 교육은 미래를 준비하는 과학기술교육과 함께 사람다운 사람, 민주시민을 양성하는 인간교육이어야 합니다. 이것이 바로 저의 신교육입니다. 국민 여러분. 오늘부터 정부가 달라질 것입니다. 이제 청와대는 국민의 생명과 재산을 보호하고, 국가의 안전과 번영을 위해 밤낮을 가리지 않고 일하는 일터가 될 것입니다.

청와대는 바로 국민 여러분의 친근한 이웃이 될 것입니다. 저는 국민이 일하는 현장, 기쁨과 고통이 있는 현장에 함께 있을 것입니다. 국민과 함께 기뻐하고, 함께 아파할 것입니다. 기쁨은 나눌수록 커지고, 고통은 나눌수록 작아지기 때문입니다. 정치 역시 달라져야 합니다. 정치를 위한 정치가 아니라 국민에게 희망과 행복을 안겨 주는 생활정치여야 합니다.

국민의 불편을 덜어 주는 정치, 국민의 작은 소리에 귀를 기울이는 정치가 필요합니다. 이렇게 정부가 달라지고, 정치가 달라질 때, 변화와 개혁을 통한 살아 있는 안정이 이 땅에 자리잡게 될 것입니다. 국민 여러분. 정의와 화해로 새시대의 문을 활짝 열어 나갑시다.

지난날 우리는 계층으로 찢기우고, 지역으로 대립되고, 세대로 갈라지고, 이념으로 분열되었습니다. 우리 안에 있는 벽은 허물어야 합니다. 한은 풀어야만 합니다. 우리 사회에는 그늘 속에 살아온 사람들이 너무 많습니다. 그들은 위로받아야 합니다. 많이 가진 사람은 더 많이 양보해야 합니다. 힘있는 사람은 더 큰 것을 양보해야 합니다.

그러나 너무나 성급하게 내 몫만을 요구하지 맙시다. 먼저 우리 공동체 전체를 생각합시다. 그리고 우리가 더 많은 몫을 갖기 위하여 더 큰 떡을 만듭시다. 7천만 국내외 동포 여러분. 저는 역사와 민족이 저에게 맡겨준 책무를 다하여 민족의 화해와 통일에 전심전력을 다 할 것입니다. 그러나 이 시점에서 우리에게 필요한 것은 감상적인 통일 지상주의가 아닙니다. 통일에 대한 국민적 합의입니다.

김일성 주석에게 말합니다. 우리는 진심으로 서로 협력할 자세를 갖추지 않으면 안 됩니다. 세계는 대결이 아니라 평화와 협력의 시대로 나아가고 있습니다.

다른 민족과 국가 사이에서도 다양한 협력이 이루어지고 있습니다. 그러나 어느 동맹국도 민족보다 더 나을 수는 없습니다. 어떤 이념이나 어떤 사상도 민족보다 더 큰 행복을 가져다주지 못합니다. 김 주석이 참으로 민족을 더 중요하게 생각한다면, 그리고 남북한 동포의 진정한 화해와 통일을 원한다면, 이를 논의하기 위해 우리는 언제 어디서라도 만날 수 있습니다.

따뜻한 봄날 한라산 기슭에서도 좋고, 여름날 백두산 천지 못가에서도 좋습니다. 거기에서 가슴을 터놓고 민족의 장래를 의논해 봅시다. 그때 우리는 같은 민족이라는 원점에 서서 모든 문제를 풀어 나갈 수 있을 것입니다. 세계 도처에서 민족의 긍지를 지키며 살아가고 있는 5백만 해외 동포 여러분, 금세기 안에 조국은 통일되어, 자유와 평화의 고향땅이 될 것입니다.

우리 모두 국내외에서 힘을 합하여 세계 속에서 역할과 책임을 다하는 자랑스런 한민족 시대를 열어 나갑시다. 국민 여러분. 신한국의 창조는 누가 해주는 것이 아닙니다. 우리 모두가 하는 것입니다. 오늘 이 자리에는 많은 신 한국인이 참석하고 있습니다. 땀 흘려 일하는 근로자, 새로운 작물로 소득을 올리는 농민,

열심히 공부하는 학생, 연구에 몰두하는 과학도, 시장개척에 동분서주 하고 있는 회사원, 신제품 개발에 성공한 중소기업인, 그리고 밤새워 나라를 지키는 군인들이 바로 그들입니다. 또 이 자리에는 또 묵묵히 국민에게 봉사하는 공직자도 있습니다. 자기 분야에서 최선을 다하는 이들이야말로 신한국 창조의 주역이요, 주인입니다.

특히 이 땅의 젊은이 여러분. 세계를 그리고 미래를 바라봅시다. 방관에서 참여로, 비난에서 창조의 길로 나갑시다. 미래는 여러분의 것이요, 신한국은 바로 여러분의 세상입니다. 국민 여러분. 우리 모두 미래에 대한 꿈과 희망을 가집시다. 신한국을 창조합시다. 신한국의 창조는 대통령 한 사람이나 정부의 힘만으로 이룩될 수 없습니다. 신한국으로 가는 길에는 너와 내가 따로 없습니다. 오직 우리만이 있을 뿐입니다. 모두 함께 해야 합니다. 그러나 신한국은 하루아침에 이루어지지 않습니다. 인내와 시간이 필요합니다. 눈물과 땀이 필요합니다. 고통이 따릅니다. 우리 다 함께 고통을 분담합시다.

우리는 해낼 수 있습니다. 반드시 해내야만 합니다.자, 우리 모두 희망과 꿈을 안고 새롭게 출발합시다. 한 사람의 낙오자도 없이 힘차게 함께 달려갑시다.

감사합니다.
93년 2월 25일
대한민국 대통령 김영삼

◾ 김대중 대통령

'인생은 생각할수록 아름답고 역사는 앞으로 발전한다.'

1924년 전라남도 신안군 하의면에서 출생하여 2009년 신촌 세브란스병원에서 서거하였다.

1960년대에서 1980년대까지 김영삼과 함께 군사정권에 맞서 싸운 민주화의 대부이며 호남을 대표하는 정치인이다.

제15대 대통령 선거에서 중원의 JP와 연합하여 이회창 후보를 꺾으며 대통령이 되었다.

6선 국회의원 출신으로 대통령 취임당시 74세로 역대 최고령 대통령이었으며 재임기간(1998.2.25.~2003.2.24.) 동안 북한에 대한 '햇빛정책'으로 남북간 평화무드를 조성하였으며 그 공로로 한국인 최초로 '노벨평화상'을 수상하였다.

IT벤처기업 투자로 경제활성화를 도모하였으나 실패한 정책이라고 말하고 싶다. 왜냐하면 1998년 당시 IMF를 극복하기 위해 금모으기 등 온 국민이 힘을 모아 국난극복에 매진하는 가운데 코스닥 등 벤처기업에 투자를 활성화 함으로써 부자는 더욱 부자가 되었고 금융비용 증가로 부도기업이 속출하는 등 양극화에 기름을 부은 꼴이 되었다. 물론 그 당시 벤처기업 활성화로 전국민에게 인터넷을 보급하는 역할을 한 것은 아주 고무적인 결과로 보아야 하겠다.

문민정부에 이어 '국민의 정부'로 출범한 DJ정부는 외환위기 극복과 구조조정으로 유동성의 중요성을 깨우치는 계기가 되었고 한국 경제의 체질을 개선하는 효과가 있었다.

　박정희 대통령 시절 서울~부산 간 경부고속도로 건설에 반대하며 영호남의 균형발전을 주장하였으나 김대중 대통령 집권이후 호남의 섬과 섬의 연결과 광주의 발전은 오히려 영남의 역차별을 가져왔다.

　공직사회에서도 호남인의 약진을 보여주었고 주요보직에서도 호남인이 대부분 차지하며 그 변화의 속도는 이전과는 비교가 되지않을 만큼 예의나 염치가 없는 일방적이었음을 보여 주었다.

　국민의 정부 시절 해양수산부 장관을 지냈던 노무현이 차기 대통령으로 당선됨으로써 평화적인 정권 이양과 DJ 비자금 등 의혹은 의혹으로 바람과 함께 사라졌다.

　그래서일까 노무현 대통령 추모사에서 '위대한 지도자' '영웅'이라는 칭호를 하며 노무현 대통령을 살리도록 노력하자고 하였다.

　그의 마지막 일기장에는 '인생은 생각할수록 아름답고 역사는 앞으로 발전한다.'라고 기술하고 있다. 우리의 영원한 민주주의 대부로서 그 가치가 훼손되지 않고 영원히 발전하길 기원합니다.

- 제15대 대통령 취임사(1998.2.25.)

　오늘 저는 대한민국 제15대 대통령에 취임하게 되었습니다. 정부수립 50년만에 처음 이루어진 여야간 정권교체를 여러분과 함께 기뻐하면서, 온갖 시련과 장벽을 넘어 진정한 '국민의 정부'를 탄생시킨 국민 여러분께 찬양과 감사의 말씀을 드리는 바입니다.

그리고 저의 취임을 축하하기 위해 이 자리에 함께해주신 김영삼 전임대통령, 폰 바이츠제커 전독일대통령, 코라손 아키노 전필리핀대통령, 후안안토니오 사마란치 IOC위원장, 토머스맥라티 미국경축사절단장등 내외 귀빈을 비롯한 참석자 여러분께도 깊이 감사드립니다.

오늘 이 취임식의 역사적인 의미는 참으로 크다고 할 것입니다. 오늘은 이 땅에서 처음으로 민주적 정권교체가 실현되는 자랑스러운 날입니다. 또한 민주주의와 경제를 동시에 발전시키려는 정부가 마침내 탄생하는 역사적인 날이기도 합니다. 이 정부는 국민의 힘에 의해 이루어진 참된 '국민의 정부'입니다. 모든 영광과 축복을 국민 여러분께 드리면서, 제몸과 마음을 다바쳐 봉사할 것을 굳게 다짐하는 바입니다.

우리는 3년 후면 새로운 세기를 맞게 됩니다. 21세기의 개막은 단순히 한 세기가 바뀌는 것만이 아니라, 새로운 혁명의 시작을 말합니다. 지구상에 인간이 탄생한 인간 혁명으로부터 농업혁명 도시혁명 사상혁명 산업혁명의 5대 혁명을 거쳐 인류는 이제 새로운 혁명의 시대로 들어서고 있는 것입니다.

세계는 지금 유형의 자원이 경제발전의 요소였던 산업사회로부터 무형의 지식과 정보가 경제발전의 원동력이 되는 지식정보사회로 나아가고 있습니다. 정보화혁명은 세계를 하나의 지구촌으로 만들어, 국민경제시대로부터 세계경제시대로의 전환을 이끌고 있습니다.

정보화시대는 누구나, 언제나, 어디서나, 손쉽고 값싸게 정보를 얻고 이용할 수 있는 시대를 말합니다. 이는 민주사회에서만 가능합니다. 우리는 이와 같은 문명사적 대전환기를 맞아 새로운 도전에 전력을 다하여 능동적으로 대응해야 합니다.

그러나 불행하게도 이 중차대한 시기에 우리에게는 6.25 이후 최대의 국난이라고 할 수 있는 외환위기가 닥쳐왔습니다. 잘못하다가는 나라가 파산할지도 모를 위기에 우리는 당면해 있습니다. 막대한 부채를 안고, 매일같이 밀려오는 만기외채를 막는 데 급급해 하고 있습니다. 참으로 어이없는 일이 아닐 수 없습니다. 우리가 이나마 파국을 면하고 있는 것은 애국심으로 뭉친 국민 여러분의 협력과 국제통화기금 세계은행 아시아개발은행 그리고 미국 일본 캐나다 호주 EU국가 등 우방들의 도움 덕택입니다.

올 한해 동안 물가는 오르고 실업은 늘어날 것입니다. 소득은 떨어지고, 기업의 도산은 속출할 것입니다. 우리 모두는 지금 땀과 눈물을 요구받고 있습니다. 도대체 우리가 어찌해서 이렇게 되었는지 냉정하게 돌이켜봐야 합니다.

정치 경제 금융을 이끌어온 지도자들이 정경유착과 관치금융에 물들지 않았던들, 그리고 대기업들이 경쟁력 없는 기업들을 문어발처럼 거느리지 않았던들 이러한 불행한 일은 일어나지 않았을 것입니다. 잘못은 지도층이 저질러놓고 고통은 죄없는 국민이 당하는 것을 생각할 때 한없는 아픔과 울분을 금할 수 없습니다. 이러한 파탄의 책임은 국민 앞에 마땅히 밝혀져야 할 것입니다.

오늘의 어려움 속에서도 국민 여러분께서는 놀라운 애국심과 저력을 발휘하셨습니다. 우리는 IMF시대의 충격 속에서도 여야간 평화적 정권교체의 위업을 이룩하였습니다. 국민 여러분은 나라의 위기를 극복하기 위해 '금모으기'에 나섰고 이미 20억달러가 넘는 금을 모아 주셨습니다. 저는 황금보다 더 귀중한 여러분의 애국심을 한없이 자랑스럽게 생각합니다. 여러분 감사합니다.

한편 우리 근로자들은 자기 생활의 어려움도 무릅쓰고 자발적으로 임금을 동결하는 등 고통분담에 동참하고 있습니다. 기업은 수출에 전력을 다함으로써 지난 3개월간 연속해서 큰 규모의 경상수지 흑자를 내고 있습니다. 이러한 한국인의 애국심과 저력에 대해 세계가 경탄하고 있습니다.

노동자와 사용자 그리고 정부는 대화를 통한 대타협으로 국난 극복의 주춧돌을 놓았습니다. 이 얼마나 자랑스러운 일입니까. 저는 이 일을 이루어낸 노사정 대표 여러분께 국민과 함께 큰 박수를 보내고 싶습니다. 국회의 다수당인 야당 여러분에게 간절히 부탁드립니다. 오늘의 난국은 여러분의 협력 없이는 결코 극복할 수 없습니다. 저도 모든 것을 여러분과 같이 상의하겠습니다. 나라가 벼랑 끝에 서 있는 금년 1년만이라도 저를 도와주셔야 하겠습니다. 저는 온 국민이 이를 바라고 있다고 믿습니다.

지금 이 나라는 정치 경제 사회 외교 안보 그리고 남북문제 등 모든 분야에서 좌절과 위기에 처해 있습니다. 이를 극복하기 위해서는 총체적인 개혁이 이루어져야 합니다. 무엇보다 정치개혁이 선행되어야 합니다. 국민이 주인 대접을 받고 주인역할을 하는 참여민주주의가 실현되어야 하겠습니다. 그래야만 국정이 투명하게 되고 부정부패도 사라집니다.

저는 '국민에 의한 정치' '국민이 주인되는 정치'를 국민과 함께 반드시 이루어 내겠습니다. '국민의 정부'는 어떠한 정치보복도 하지 않겠습니다. 어떠한 차별과 특혜도 용납하지 않겠습니다. 다시는 무슨 지역 정권이니 무슨 도 차별이니 하는 말이 없도록 하겠다는 것을 굳게 다짐합니다.

정부가 고통분담에 앞장서서 효율적인 정부를 만들겠습니다. 중앙정부에 집중된 권한과 기능을 민간과 지방자치단체에 대폭 이양하겠습니다. 그러나 국민의 생명과 재산을 지키는 데에는 더욱 힘쓰겠습니다. 환경을 보전하고 복지를 증진하는 데 적극 노력하겠습니다. '작지만 강력한 정부', 이것이 '국민의 정부'가 지향하는 목표입니다.

'국민의 정부'가 당면한 최대의 과제는 우리의 경제적 국난을 극복하고 우리 경제를 재도약시키는 일입니다. '국민의 정부'는 민주주의와 경제발전을 병행시키겠습니다. 민주주의와 시장경제는 동전의 양면이고 수레의 양 바퀴와 같습니다. 결코 분리해서는 성공할 수 없습니다.

민주주의와 시장경제를 다같이 받아들인 나라들은 한결같이 성공했습니다. 그러나 민주주의를 거부하고 시장경제만 받아들인 나라들은 나치 독일과 군국주의 일본에서 보여준 바와 같이 참담한 좌절을 당하고 말았습니다. 이들 나라도 2차대전 후 민주주의와 시장경제를 같이 받아들여 오늘과 같은 자유와 번영을 누리게 되었습니다.

민주주의와 시장경제가 조화를 이루면서 함께 발전하게 되면 정경유착이나 관치금융 그리고 부정부패는 일어날 수 없습니다. 저는 우리가 겪고 있는 오늘의 위기는 민주주의와 시장경제를 병행해서 실천함으로써 극복할 수 있다고 확신합니다.

경제를 살리기 위해서는 먼저 물가를 잡아야 합니다. 물가안정 없이는 어떠한 경제정책도 성공할 수 없습니다. 대기업과 중소기업을 똑같이 중시하되 대기업은 자율성을 보장하고 중소기업은 집중적으로 지원함으로써 양자가 다같이 발전해 나가도록 하겠습니다.

또한 철저한 경쟁의 원리를 지켜나갈 것입니다. 세계에서 가장 품질 좋고 가장 값싼 상품을 만들어 외화를 많이 벌어들이는 기업인이 존경받는 나라를 만들겠습니다. 기술입국의 소신을 가지고, 21세기 첨단산업시대에 기술 강국으로 등장할 수 있는 정책을 과감히 추진해 나가겠습니다.

벤처기업은 새로운 세기의 꽃입니다. 이를 적극 육성하여 고부가가치의 제품을 만들어 경제를 비약적으로 발전시켜야 합니다. 벤처기업은 많은 일자리를 창출해서 실업문제를 해소하는 데도 크게 이바지할 것입니다.

'국민의 정부'가 대기업과 이미 합의한 5대 개혁, 즉 기업의 투명성, 상호지급보증의 금지, 건전한 재무구조, 핵심기업의 설정과 중소기업에 대한 협력, 그리고 지배주주와 경영자의 책임성 확립은 반드시 관철될 것입니다. 이것만이 기업이 살고 우리 경제가 다시 도약할 수 있는 길입니다. 정부는 기업의 자율성을 철저히 보장하겠습니다. 그러나 기업의 자기개혁 노력도 엄격히 요구할 것입니다.

'국민의 정부'는 수출 못지않게 외국자본의 투자유치에 힘쓰겠습니다. 외자투자야말로 외채를 갚고 우리 경제의 투명성을 높이는 가장 효과적인 길입니다.

농업을 중시하고 특히 쌀의 자급자족은 반드시 실현해야 합니다. 농어가 부채경감, 산재보상, 농축산물가격의 보장, 그리고 농촌 교육여건의 우선적 개선 등 농어민의 소득과 복지를 향상시키기 위한 정책을 강력히 추진하겠습니다.

애국심과 의욕에 충만한 자랑스러운 국민 여러분과 같이 올바른 경제개혁을 추진해 나간다면 우리 경제는 오늘의 난국을 반드시 극복하고 내년 후반부터는 새로운 활로를 개척해나갈 수 있다고 저는 확실히 믿어 의심치 않습니다.

국민 여러분.

저를 믿고 적극 도와주십시오.

국민 여러분의 기대에 반드시 부응하겠습니다. 건강한 사회를 위한 정신의 혁명이 필요합니다. 인간이 존중되고 정의가 최고의 가치로 강조되는 정신혁명 말입니다. 바르게 산 사람이 성공하고 그렇지 못한 사람은 실패하는 그런 사회가 반드시 이루어져야 합니다. 고통도 보람도 같이 나누고 기쁨도 함께 해야 합니다. 땀도 같이 흘리고 열매도 함께 거둬야 합니다.

저는 이러한 정신혁명과 바른 사회의 구현에 모든 것을 바쳐 앞장서겠습니다. 노인이나 장애인들도 일할 능력이 있는 사람에게는 일을 주고 그렇지 못한 사람은 따뜻하게 감싸주어야 합니다. 저는 소외된 사람들의 눈물을 닦아주고 한숨짓는 사람에게 용기를 북돋 워주는 그런 '국민의 대통령'이 되겠습니다.

우리 민족은 높은 교육수준과 찬란한 문화적 전통을 가진 민족입니다. 우리 민족은 21세기의 정보화 사회에 큰 저력을 발휘할 수 있는 우수한 민족입니다. 새 정부는 우리의 자라나는 세대가 지식정보사회의 주역이 되도록 힘쓰겠습니다.

초등학교부터 컴퓨터를 가르치고 대학입시에서도 컴퓨터과목을 선택하도록 하겠습니다. 세계에서 컴퓨터를 가장 잘 쓰는 나라를 만들어 정보대국의 토대를 튼튼히 닦아나가겠습니다. 교육개혁은 오늘날 우리 사회가 안고 있는 산적한 문제를 해결하는 핵심적인 문제입니다. 대학입시 제도를 획기적으로 개혁하고 능력위주의 사회를 만들겠습니다. 청소년들은 과외로부터 해방되고, 학부모들은 과중한 사교육비로부터 벗어나게 하겠습니다. 지식과 인격과 체력을 똑같이 중요시하는 '지덕체'의 전인교육을 실현하겠습니다. 이러한 교육개혁은 만난을 무릎쓰고라도 반드시 성취하겠다는 것을 저는 이 자리를 빌려 굳게 다짐합니다.

우리는 민족문화의 세계화에 힘을 쏟아야 합니다. 우리의 전통 문화 속에 담겨있는 높은 문화적 가치를 계승 발전시키겠습니다. 문화산업은 21세기의 기간산업입니다. 관광산업, 회의체산업, 영상산업, 문화적 특산품 등 무한한 시장이 기다리고 있는 부의 보고입니다.

중산층은 나라의 기본입니다. 봉급생활자 중소기업 그리고 자영업자 등 중산층이 안정되고 행복한 삶을 누릴 수 있도록 최선의 노력을 기울이겠습니다.

'국민의 정부'는 여성의 권익보장과 능력개발을 위해서 적극 힘쓰겠습니다. 가정에서나 사회에서나 직장에서나 남녀차별의 벽은 제거되어야 합니다.

청년은 나라의 희망이자 힘입니다. 그들을 위한 교육과 문화, 그리고 복지의 향상을 위해서 정부는 아낌없는 지원대책을 세워 나가겠습니다.

21세기는 경쟁과 협력의 세기입니다. 세계화 시대의 외교는 냉전시대와는 다른 발상의 전환을 요구하고 있습니다. 21세기 외교의 중심은 경제와 문화로 옮겨갈 것입니다. 협력 속에 이루어지는 무한경쟁시대를 헤쳐 나가기 위해 무역 투자 관광 문화교류를 확대해 나가겠습니다.

우리의 안보는 자주적 집단안보가 되어야 합니다. 국민적 단결과 사기넘치는 강군을 토대로 자주적 안보태세를 강화하겠습니다. 동시에 한미안보 체제를 더욱 굳건히 다지는 등의 집단안보를 결코 소홀히 하지 않겠습니다. 한반도에서의 평화구축을 위해 4자회담을 반드시 성공시키는 데 적극 노력하겠습니다. 남북관계는 화해와 협력 그리고 평화정착에 토대를 두고 발전시켜 나가야 합니다. 분단 반세기가 넘도록 대화와 교류는 커녕 이산가족이 서로 부모형제의 생사조차 알지 못하는 냉전적 남북관계는 하루빨리 청산되어야 합니다. 1천3백여년간 통일을 유지해온 우리 조상들에 대해서도 한없는 죄책감을 금할 길이 없습니다. 남북문제 해결의 길은 이미 열려있습니다. 1991년 12월13일에 채택된 남북기본합의서의 실천이 바로 그것입니다. 남북간의 화해와 교류협력과 불가침, 이 세가지 사항에 대한 완전한 합의가 이미 남북한 당국간에 이루어져 있습니다. 이것을 그대로 실천만 하면 남북문제를 성공적으로 해결하고 통일에의 대로를 열어나갈 수 있습니다.

저는 이 자리에서 북한에 대해 당면한 3원칙을 밝히고자 합니다. 첫째, 어떠한 무력도발도 결코 용납하지 않겠습니다. 둘째, 우리는 북한을 해치거나 흡수할 생각이 없습니다. 셋째, 남북간의 화해와 협력을 가능한 분야부터 적극적으로 추진해 나갈 것입니다.

남북간에 교류협력이 이뤄질 경우, 우리는 북한이 미국 일본 등 우리의 우방국가나 국제기구와 교류협력을 추진해도 이를 지원할 용의가 있습니다.

새 정부는 현재와 같은 경제적 어려움에도 불구하고 북한의 경수로 건설과 관련한 약속을 이행할 것입니다. 식량도 정부와 민간이 합리적인 방법을 통해서 지원하는 데 인색하지 않겠습니다.

저는 북한 당국에 간곡히 호소합니다.

수많은 이산가족들이 나이들어 차츰 세상을 떠나고 있습니다. 하루빨리 남북의 가족들이 만나고 서로 소식을 전하도록 해야 합니다. 이 점에 관해서 최근 북한이 긍정적인 조짐을 보이고 있는 점을 예의 주목하고 있습니다. 그리고 문화와 학술의 교류, 정경분리에 입각한 경제교류도 확대되기를 희망합니다. 저는 남북기본합의서의 이행을 위해 여러 분야에서 남북간의 교류가 실현되기를 바랍니다. 우선 남북기본합의서에 의한 특사의 교환을 제의합니다. 북한이 원한다면 정상회담에도 응할 용의가 있습니다.

정부는 해외동포들과의 긴밀한 유대를 강화하고 그들의 권익을 보호하기 위해서는 적극적인 노력을 기울일 것입니다. 우리는 해외동포들이 거주국 시민으로서의 권리와 의무를 다하면서 한국계로서 안정과 긍지를 가질 수 있도록 적극 돕겠습니다.

존경하고 사랑하는 국민 여러분. 지금 우리는 전진과 후퇴의 기로에 서 있습니다. 우리를 가로막고 있는 고난을 딛고 힘차게 전진합시다. 국난 극복과 재도약의 새로운 시대를 열어갑시다. 반만년 역사가 우리를 지켜보고 있습니다. 조상들의 얼이 우리를 격려하고 있습니다. 민족 수난의 굽이마다 불굴의 의지로 나라를 구한 자랑스러운 선조들처럼 우리 또한 오늘의 고난을 극복하고 내일의 도약을 실천하는 위대한 역사의 창조자가 됩시다. 오늘의 위기를 전화위복의 계기로 삼읍시다. 우리 국민은 해낼 수 있습니다. 6.25의 폐허에서 일어선 역사가 그것을 증명합니다.

제가 여러분의 선두에 서겠습니다. 우리 다같이 손잡고 힘차게 나아갑시다. 국난을 극복합시다. 재도약을 이룩합시다. 그리하여 대한민국의 영광을 다시 한번 드높입시다. 감사합니다.

1998년 2월25일

대통령 김대중

노무현 대통령

'민주주의 최후의 보루는 깨어있는 시민의 조직된 힘입니다.'
'정의가 무너진 사회에서는 어떠한 번영도 있을 수 없다.'

동서화합과 국민통합 실용주의를 내세웠다.

그 날이 토요일이었나? 2009년 5월 토요일 어느 날 토산회 회원들과 등산을 하는 중에 뉴스를 들었다. 부엉이바위에서 뛰어내려 사망했다는 소식은 대통령의 길이 참 험악하다는 생각에 허무한 마음이 가시지 않았다.

부산 상고 출신으로 사시에 합격하여 변호사와 국회의원을 거쳐 제 16대 대통령이 되었다. 재임기간은 2003.2.25.~2008.2.24.이며 퇴임시에는 평화롭게 정권을 이양하였다.

1946년 경남 김해에서 태어나 1988년 부산 동구에서 통일민주당 소속으로 제13대 국회의원에 당선되면서 정계에 입문하였으며, 노동문제와 인권문제에 전문성을 내세워 전직대통령과 재벌회장에 대한 송곳 질문으로 청문회 스타가 되었다.

'박연차게이트'로 검찰의 조사를 받으며 진영에서 서울까지 버스로 직접 조사를 받았으며 수뢰 사실을 인정하였으나 본인 사망으로 공소권 없음으로 결론지었다.

본인의 유언에 따라 고향의 집과 가까운 곳에 작은 비석 하나만 남기라고 하였는데 그 지지자와 유족은 법적 묘지 면적의 100배가 넘는 엄청나게 큰 묘소를 만들었다. 문재인 정부 시절 국립묘지와 같이 국가 예산으로 관리 보존하는 법적 기반을 마련하여 관리되고 있다.

철만 되면 거대정당 정치 인사들이 찾으며 '민주화의 성지' 같은 느낌을 주기도 하는데 '박연차게이트'의 10만 달러가 흘려간 정황과 시인을 하였으면 조용하게 초야에 묻혀있기를 바라는 사람이 더 많다는 생각이 든다.

검찰개혁의 연설문 중 '정의가 무너진 사회에서는 어떠한 번영도 있을 수 없다.'고 하였으며 2007년 노사모 총회에서는 '민주주의 최후의 보루는 깨어있는 시민의 조직된 힘입니다. 이것이 우리의 미래입니다.'라는 어록을 남겼다. 그리고 사망 직전 작성한 유서 중 다음과 같은 말을 남기고 떠났다.

너무 슬퍼하지 마라.
삶과 죽음이 모두 자연의 한 조각 아니겠는가?
미안해하지 마라.
누구도 원망하지 마라.
운명이다.
2009.5.23. 사망 직전에 작성한 유서 중

2013년 송강호가 주연으로 나오는 영화 '변호인'은 천만 관객을 동원한 영화로 부림사건을 다루었으며, 많은 사람에게 공감을 주었다. 다음 백과에 나오는 부림사건의 개요를 보면 다음과 같다.

'부산의 학림사건'이라는 의미인 '부림사건'은 전두환 신군부 정권 초기인 1981년 9월 부산지역 지식인·교사·대학생 등을 체제전복집단으로 조작해 19명이 구속된 5공화국 최대의 용공조작 사건이다.

1981년 3월 출범한 전두환 군사독재 정권이 집권 초기 통치기반을 확보하기 위해 민주화운동 세력을 탄압하던 시기에 일어난 사건이다. <전환시대의 논리>(리영희), <난장이가 쏘아올린 작은 공>(조세희), <역사란 무엇인가>(E.H.카), <자본주의·사회주의·민주주의>(조지프 슘페터)와 같은 금서를 읽으며 의식화 활동을 벌였다는 이유로 '정부 전복집단'으로 매도된 19명의 피의자들은 영장없이 연행돼 최장 60여일간 모진 고문을 당했다. 국가보안법이 정권의 안보를 위한 도구로 쓰이는 실상을 적나라하게 드러낸 대표적인 사례였다.

당시 검사는 최병국(전 한나라당 국회의원)과 고영주(전 방송문화진흥회 이사장)였다. 고 노무현 전 대통령은 이 사건의 변호를 맡은 뒤 인권변호사의 길을 걷게 됐다. 당시 노무현 변호사와 부림사건을 다룬 영화 <변호인>(감독 양우석)이 2013년 개봉돼 1100만명의 관객을 모았다.

● 제16대 노무현 대통령 취임사(2003.2.25.)

존경하는 국민 여러분.

오늘 저는 대한민국의 제16대 대통령에 취임하기 위해 이 자리에 섰습니다. 국민 여러분의 위대한 선택으로, 저는 대한민국의 새 정부를 운영할 영광스러운 책임을 맡게 되었습니다. 국민 여러분께 뜨거운 감사를 올리면서, 이 벅찬 소명을 국민 여러분과 함께 완수해 나갈 것임을 약속드립니다. 아울러 이 자리에 참석해 주신 김대중 대통령을 비롯한 전임 대통령 여러분, 고이즈미 준이치로 일본 총리를 비롯한 세계 각국의 경축 사절과 내외 귀빈 여러분께도 심심한 감사를 드립니다. 특별히 이 자리를 빌려, 대구 지하철 참사 희생자 여러분의 명복을 빌면서, 유가족 여러분께도 깊은 위로의 말씀을 드립니다. 다시는 이런 불행이 되풀이되지 않게, 재난관리체계를 전면적으로 점검하고 획기적으로 개선해 안전한 사회를 만들도록 최선을 다하겠습니다.

국민 여러분.

우리의 역사는 도전과 극복의 연속이었습니다. 열강의 틈에 놓인 한반도에서 숱한 고난을 이겨내고, 반만년 동안 민족의 자존과 독자적 문화를 지켜왔습니다. 해방 이후에는 분단과 전쟁과 가난을 딛고, 반세기 만에 세계 열두 번째의 경제 강국을 건설했습니다. 우리는 농경시대에서 산업화를 거쳐 지식 정보화 시대에 성공적으로 진입했습니다. 그러나 지금 우리는 다시 세계사적 전환점에 직면했습니다. 도약이냐 후퇴냐, 평화냐 긴장이냐의 갈림

길에 서 있습니다. 세계의 안보 상황이 불안합니다. 이라크 정세가 긴박합니다. 특히 북한 핵 문제를 둘러싼 국제사회의 우려가 고조되고 있습니다. 이럴수록 우리는 평화를 지키고 더욱 굳건히 뿌리내리게 해야 합니다.

대외 경제 환경도 어려워지고 있습니다. 선진국들은 끝없이 새로운 영역을 개척하며 뻗어가고 있습니다. 후발국들은 무섭게 추격해 오고 있습니다. 우리는 새로운 성장 동력과 발전 전략을 요구받고 있습니다. 우리 사회 내부에도 국가의 명운을 결정지을 많은 문제들이 가로놓여 있습니다. 이들 과제는 국민 여러분의 지혜와 결단을 기다리고 있습니다. 이 모든 도전을 극복해야 합니다. 우리는 해낼 수 있습니다. 우리 국민이 힘을 합치면, 못할 것이 없습니다. 그런 저력으로 우리는 외환위기를 세계에서 가장 빨리 벗어났습니다. 지난해에는 월드컵 4강 신화를 창조했습니다. 대통령 선거의 전 과정을 통해 참여 민주주의의 꽃을 피웠습니다.

존경하는 국민 여러분.

이제 우리의 미래는 한반도에 갇혀 있을 수 없습니다. 우리 앞에는 동북아 시대가 도래하고 있습니다. 근대 이후 세계의 변방에 머물던 동북아가, 이제 세계 경제의 새로운 활력으로 떠올랐습니다. 21세기는 동북아 시대가 될 것이라는 세계 석학들의 예측이 착착 현실로 나타나고 있습니다. 동북아의 경제규모는 세계의 5분의 1을 차지하고 장차 3분의 1에 도달할 것이라고 합니다. 한. 중. 일 3국에만 유럽연합의 네 배가 넘는 인구가 살고 있습니다. 우리 한반도는 동북아시아의 중심에 자리 잡고 있습니다. 한반도는 중국과 일본, 대륙과 해양을 연결하는 다리입니다. 이런 지정학적 위치가 지난날에는 우리에게 숱한 고통을 주었습니다. 그러나 오늘날에는 오히려 기회를 주고 있습니다. 21세기 동북아 시대의 중심적 역할을 우리에게 요구하고 있는 것입니다. 우리는 고급 두뇌와 창의력, 세계 일류의 정보화 기반을 갖고 있습니다. 그리고 인천공항, 부산공항, 광양항과 고속철도 등 하늘과 바다와 땅의 물류기반도 착착 구비해 가고 있습니다. 21세기 동북아 시대를 주도적으로 열어 나갈 수 있는 기본적 조건을 갖추어가고 있습니다. 한반도는 동북아의 물류와 금융의 중심지로 거듭날 것입니다. 동북아 시대는 경제에서 출발합니다. 동북아에 '번영의 공동체'를 이룩하고 이를 통해 세계의 번영에 기여해야 할 것입니다. 그리고 언젠가는 '평화의 공동체'로 발전해 나갈 것입니다. 지금의 유럽연합과 같은 평화와 공생의 질서가 동북아에도 구축되게 하는 것이 저의 오랜 꿈입니다.

그렇게 되어야 동북아 시대는 완성됩니다. 그런 날이 가까워지도록 저는 혼신의 노력을 다할 것임을 굳게 약속드립니다.

국민 여러분.

진정한 동북아 시대를 열자면 먼저 한반도에 평화가 제도적으로 정착되어야 합니다. 한반도가 지구상의 마지막 냉전 제대로 남은 것은 20세기의 불행한 유산입니다. 그런 한반도가 21세기에는 세계를 향해 평화의 신로를 발신하는 평화지대로 바뀌어야 합니다. 유라시아 대륙과 태평양을 잇는 동북아의 평화로운 관문으로 새롭게 태어나야 합니다. 부산에서 파리행 기차표를 사서 평양, 신의주, 중국, 몽골, 러시아를 거쳐서 유럽의 한복판에 도착하는 날을 앞당겨야 합니다.

이제까지 우리는 한반도의 평화를 증진시키기 위해 많은 노력을 기울였습니다. 그 성과는 괄목할 만합니다. 남북한 사이에 사람과 물자의 교류가 일상적인 일처럼 빈번해졌습니다. 하늘과 바다와 땅의 길이 모두 열리고 있습니다. 그러나 정책의 추진 과정에서는 더욱 광범위한 국민적 합의를 얻어야 한다는 과제를 남겼습니다. 저는 국민의 정부가 이룩한 그동안의 성과를 계승하고 발전시키면서, 정책의 추진 방식은 개선해 나가고자 합니다.

저는 한반도 평화 증진과 공동번영을 목표로 하는 '평화와 번영정책'을, 몇 가지 원칙을 가지고 추진해 나가겠습니다.

첫째, 모든 현안은 대화를 통해 풀도록 하겠습니다. 둘째, 상호 신뢰를 우선하고 호혜주의를 실천해 나가겠습니다. 셋째, 남북 당사자 원칙에 기초해서 원활한 국제협력을 추구하겠습니다. 넷째, 대내외적 투명성을 높이고 국민 참여를 확대하며 초당적 협력을 얻겠습니다.

국민과 함께하는 '평화번영정책'이 되도록 하겠습니다.

북한의 핵무기 개발 의혹은 한반도를 비롯한 동북아와 세계의 평화에 중대한 위협이 되고 있습니다. 북한의 핵 개발은 결코 용인될 수 없습니다. 북한은 핵 개발을 포기해야 합니다. 북한이 핵 개발 계획을 포기한다면, 우리와 국제사회는 북한이 원하는 많은 것을 제공할 것입니다. 북한은 핵무기를 보유할 것인지, 아니면 체제 안전과 경제 지원을 약속받을 것인지를 선택해야 할 것입니다. 아울러 저는 북한 핵 문제가 대화를 통해 평화적으로 해결되어야 한다는 점을 거듭 강조하고자 합니다. 어떤 형태로든 군사적 긴장이 고조되어서는 안 됩니다. 북한 핵 문제가 대화를 통해 해결되도록, 우리는 미국, 일본과의 공조를 강화해 나갈 것입니다. 중국. 러시아. 유럽연합 등과도 긴밀하게 협력해 나가겠습니다. 올해는 한미 동맹 50주년입니다. 한미 동맹은 우리의 안전보장과 경제발전에 크게 기여해 왔습니다. 우리 국민은 이에 대해 깊이 감사하고 있습니다. 우리는 한미 동맹을 소중하게 발전시켜 나갈 것입니다. 호혜와 평등의 관계로 더욱 성숙시켜 나갈 것입니다. 전통 우방을 비롯한 다른 국가들과의 관계도 확대해 나가겠습니다.

존경하는 국민 여러분.
동북아 시대를 열고, 한반도에 평화를 정착시키려면, 우리 사회가 건강하고 미래지향적이어야 합니다. 그리고 힘과 비전을 함께 가져야 합니다. 그러자면 개혁과 통합을 위한 지속적 노력이 필요합니다. 개혁은 성장의 동력이고, 통합은 도약의 디딤돌입니다. 새 정부는 개혁과 통합을 바탕으로, 국민과 함께 하는 민주주의, 더불어 사는 균형발전사회, 평화와 번영의 동북아 시대를 열어나갈 것입니다.

　이러한 목표로 가기 위해 저는 원칙과 신뢰, 공정과 투명, 대화와 타협, 분권과 자율을 새 정부 국정운영의 원리로 삼고자 합니다.

　우리는 각 분야의 새로운 성장 동력을 창출해야 합니다. 외환위기를 초래했던 제반 요인들은 아직도 극복해야 할 과제로 남아 있습니다. 시장과 제도를 세계 기준에 맞게 공정하고 투명하게 개혁해서, 기업하기 좋은 나라, 투자하고 싶은 나라로 만들고자 합니다.

　그러자면 정치부터 바뀌어야 합니다. 진정으로 국민이 주인인 정치가 구현되어야 합니다. 당리당략보다 국리와 민복을 우선하는 정치풍토가 조성되어야 합니다. 대결과 갈등이 아니라 대화와 타협으로 문제를 푸는 정치문화가 자리 잡았으면 합니다. 저부터 야당과 대화하고 타협해 나가겠습니다. 과학기술을 부단히 혁신해서 '제2의 과학기술 입국'을 이루겠습니다. 지식 정보화 기반을 지속적으로 확충하고 신산업을 육성하고자 합니다. 문화를 함양하고 문화산업의 발전도 적극 지원하겠습니다. 이러한 국가목표에 부응할 수 있도록 교육도 혁신되어야 합니다. 우리 아이들이 입시지옥에서 벗어나서 저마다의 소질과 창의력을 마음껏 발휘할 수 있게 해주어야 합니다. 경제의 지속적 성장을 위해서도, 사회의 건강을 위해서도 반드시 부정부패를 없애야 합니다. 이를 위한 구조적 제도적 대안을 모색하겠습니다. 특히 사회 지도층의 뼈를 깎는 성찰을 요망합니다. 지나친 중앙 집권과 수도권 집중은 국가의 미래를 위해 더 이상 방치할 수 없습니다. 지방분권과 국가 균형 발전은 더 이상 미룰 수 없는 과제입니다. 중앙과 지방은 조화와 균형을 이루며 발전해야 합니다. 지방은 자신의 미래를 자율적으로 설계하고, 중앙은 이를 도와야 합니다. 저는 비상한 결의로 이를 추진해 나갈 것입니다.

국민 통합은 이 시대의 가장 중요한 숙제입니다. 지역 구도를 완화하기 위해 새 정부는 지역 간 탕평인사를 포함한 가능한 모든 조치를 취해 나갈 것입니다. 소득격차를 비롯한 계층 간 격차를 좁히기 위해 교육과 세제 등의 개선을 강구하고자 합니다. 노사화합과 협력의 문화를 이루도록 노사 여러분과 함께 최선을 다하겠습니다.

노약자를 비롯한 소외받는 사람들에게 더 많은 관심을 기울이는 따뜻한 사회를 만들어야 합니다. 이를 위해 복지정책을 내실화하고자 합니다. 모든 종류의 불합리한 차별을 없애 나가겠습니다. 양성평등사회를 지향해 나가겠습니다. 개방화 시대를 맞아 농어업과 농어민을 위한 대책을 강구하겠습니다. 고령사회의 도래에 대한 준비에도 소홀함이 없도록 하겠습니다. 반칙과 특권이 용납되는 시대는 이제 끝나야 합니다. 정의가 패배하고 기회주의자가 득세하는 굴절된 풍토는 반드시 청산되어야 합니다.

원칙을 바로 세워 신뢰사회를 만듭시다. 정정당당하게 노력하는 사람이 성공하는 사회로 나아갑시다. 정직하고 성실한 대다수 국민이 보람을 느끼게 해드려야 합니다.

존경하는 국민 여러분.

오랜 세월 동안 우리는 변방의 역사를 살아왔습니다. 때로는 자신의 운명을 스스로 결정하지 못하는 의존의 역사를 강요받기도 했습니다. 그러나 이제 우리는 새로운 전기를 맞았습니다. 21세기 동북아 시대의 중심국가로 웅비할 기회를 맞이하고 있습니다. 우리는 이 기회를 살려 나가야 합니다. 우리에게는 수많은 도전을 극복한 역량이 있습니다. 그리고 위기마저도 기회로 만드는 지혜가 있습니다. 이 지혜와 저력으로 오늘 우리에게 닥친 도전을 극복합시다.

오늘 우리가 선조들을 기리는 것처럼, 먼 훗날 후손들이 오늘의 우리를 자랑스러운 조상으로 기억하게 합시다. 우리는 마음만 합치면 기적을 이루어 내는 국민입니다. 우리 모두 마음을 모읍시다. 평화와 번영과 도약의 새 역사를 만드는 이 위대한 도정에 모두 함께 동참합시다.

항상 존경하는 국민 여러분과 항상 국민 여러분과 함께 하겠습니다.

그리고 제 모든 것을 국가와 민족, 여러분 앞에 바칠 것을 굳게 맹세합니다.

감사합니다.

2003년 2월 25일 대통령 노 무 현

이명박 대통령

광우병으로 온 나라가 시끄러웠다. 셀러리맨 출신인 이명박 대통령은 청와대 뒷산에 올라 그 광경을 바라보며 두려움을 느꼈다고 한다. 국민이 든 촛불시위가 무섭고 두려운 대통령이었다.

그렇지만 모든 것을 잘 극복하고 세계 6번째 원전수출과 평창동계올림픽유치, 서울의 청계천 복원과 4대강 개발사업 등을 밀어붙이며 성공한 대통령이 되었다.

제14대, 제15대 국회의원을 지냈으며 2002년 서울특별시장에 당선되었다. 2007년 제17대 대통령(2008.2.25.~2013.2.24.)에 당선되어 평화적 정권교체를 하였다.

이명박 전 대통령은 1941년 일본 오사카에서 출생하여 해방 이후 경북 포항에서 포항중, 동지상고를 졸업하고 서울로 이사와 고려대학교를 졸업하였다.

'다스'의 소유 문제로 다툼이 있었으나 정부의 발표에 의하면 다스의 실제 소유주는 '이명박'으로 판결이 남으로서 본인의 주장과는 다른 판결에 승복을 하였고 비상장 법인의 주식은 실제 소유주와 명의신탁을 구분하기가 불분명하므로 정부의 결정이 올바른 결정으로 판단할 수 밖에 없는 것이다.

건강관리를 열심히 하여 팽팽한 이마와 튼튼한 다리 덕분으로 매년 '천안함 기념'과 '연평해전 행사' 등에 참배를 하여 국가를 위해 싸우다 희생한 장병들을 추모하는 미덕을 발휘하고 있어 참 보기에 좋다.

나이에 비하면 상당히 동안이었다. 현재 83세이며, 대통령 선거 당일이 만 66세 생일이기에 취임 전부터 임기 내내 법적으로도 노인이었다. 당장 다음 대통령인 박근혜 전 대통령과의 나이 차도 10살 이상이고 이전 대통령인 노무현 전 대통령보다도 나이가 많다. 운동을 하는 모습이 자주 보이는 것을 보면 자기관리를 꽤 열심히 하는 듯하다. 그러나 현재는 머리가 백발로 세는 등 동안은 옛말이 되었다.

- 제17대 대통령 취임사(2008.2.25.)

존경하는 국민 여러분!
700만 해외동포 여러분!
이 자리에 참석하신 노무현・김대중・김영삼・전두환 전 대통령, 그리고 이슬람 카리모프 우즈베키스탄 대통령, 엥흐바야르 남바르 몽골 대통령, 삼덱 훈센 캄보디아 총리, 후쿠다 야스오 일본 내각 총리대신, 빅토르 주브코프 러시아 연방 총리, 무하마드 유수프 칼라 인도네시아 부통령을 비롯한 각국 경축사절과 내외 귀빈 여러분, 감사합니다. 저는 오늘 국민 여러분의 부름을 받고 대한민국의 제17대 대통령에 취임합니다.

한없이 자랑스러운 나라, 한없이 위대한 국민 앞에 엄숙한 마음으로 경의를 표하며 제게 주어진 역사적・시대적 사명에 신명을 바칠 것을 굳게 다짐합니다. 저는 이 자리에서 국민 여러분께 약속드립니다. 국민을 섬겨 나라를 편안하게 하겠습니다. 경제를 발전시키고 사회를 통합하겠습니다. 문화를 창달하고 과학기술을

발전시키겠습니다. 안보를 튼튼히 하고 평화 통일의 기반을 다지
겠습니다. 국제사회에 책임을 다하고 인류공영에 이바지 하겠습
니다. 올해로 대한민국 건국 60주년을 맞이합니다. 우리는 잃었
던 땅을 되찾아 나라를 세웠고, 그 나라를 지키려고 목숨을 걸었
습니다.

　모두가 하나같이 열심히 살았습니다. 그리하여 세계 역사상 최
단 기간에 산업화와 민주화라는 과업을 동시에 이루어 내었습니
다. 오로지 우리의 의지와 우리의 힘으로 일구었습니다. 지구 상
에서 가장 가난했던 나라가 세계 10위권의 경제 대국이 되었습니
다. 도움을 받는 나라에서 베푸는 나라로 올라섰습니다. 이제 선
진국들과 어깨를 나란히 할 수 있게 되었습니다. 남들은 이것을
'기적'이라고 부릅니다. '신화'라고도 합니다. 그러나 우리는 알고
있습니다. 그것은 기적이 아니라 우리가 다 함께 흘린 피와 땀과
눈물의 결정입니다. 그것은 신화가 아니라, 우리가 살아온 진실한
삶의 이야기입니다.

　독립을 위해 목숨을 바친 선열들, 전선에서 산화한 장병들, 뙤
약볕과 비바람 속에 땅을 일군 농민들, 밤낮없이 산업현장을 지
켜 낸 근로자들, 젊음을 바쳐 민주화를 일구어 낸 청년들의 눈물
겹도록 위대한 이야기입니다. 장롱 속 금붙이를 들고 나와 외환
위기에 맞섰던 시민들, 겨울 바닷가에서 기름을 걷고 닦는 자원
봉사자들, 그리고 사회 각 영역에서 맡은 바 임무를 묵묵히 수행
해 온 수많은 직장인과 공직자들, 이들 모두가 대한민국 성공신

화의 주역들입니다. 이제 우리는 이런 이야기를 내놓고 할 수 있게 되었습니다. 감사하는 마음으로, 그러나 떳떳이 하는 이야기입니다.

이 자부심이 미래를 여는 대한민국의 힘입니다. 이제 저는 여러분과 함께 자신감을 가지고 미래로 가는 길을 찾아 열어 가고자 합니다. 과거의 굴레에서 벗어나 현실의 제약을 여유롭게 바라보면서 미래의 가능성을 향해 함께 전진하고자 합니다.

존경하는 국민 여러분!

저는 대한민국 대통령으로서 새로운 60년을 시작하는 첫해인 2008년을 대한민국 선진화의 원년으로 선포합니다. 산업화와 민주화의 결실을 소중하게 가꾸고 각자가 스스로 자기 몫을 다하며, 공공의 복리를 위해 협력하는 사회, 풍요와 배려와 품격이 넘치는 나라를 향한 장엄한 출발을 선언합니다.

지난 10년, 더러는 멈칫거리고 좌절하기도 했지만 이제 성취의 기쁨은 물론 실패의 아픔까지도 자산으로 삼아 우리는 다시 시작할 것입니다. 우리는 '이념의 시대'를 넘어 '실용의 시대'로 나가야 합니다. 실용정신은 동서양의 역사를 관통하는 합리적 원리이자 세계화 물결을 헤쳐나가는 데 유효한 실천적 지혜입니다. 인간과 자연, 물질과 정신, 개인과 공동체가 건강하고 아름답게 어우러지는 삶을 구현하는 시대정신입니다.

대한민국의 선진화를 이룩하는 데 너와 내가 따로 없고, 우리와 그들의 차별이 없습니다. 협력과 조화를 향한 실용정신으로 계층 갈등을 녹이고 강경 투쟁을 풀고자 합니다. 정부가 국민을 지성으로 섬기는 나라, 경제가 활기차게 돌아가고 노사가 한마음 되어 소수와 약자를 따뜻이 배려하는 나라, 훌륭한 인재를 길러 세계로 보내고 세계의 인재를 불러들이는 나라, 바로 제가 그리는 대한민국의 모습입니다. 이명박정부가 이룩하고자 하는 선진일류국가의 꿈입니다. 기적은 계속될 것입니다.

신화는 이어질 것입니다. 세계를 놀라게 한 발전의 엔진에 불을 붙여 더욱 힘차게 돌아가게 하겠습니다. 제가 앞장서고 국민여러분이 하나 되어 나서면 우리는 반드시 해낼 수 있습니다. 존경하는 국민여러분! 이 시점에서 우리 함께 다짐해야 할 것이 있습니다. 급변하는 시대 흐름을 냉철하게 인식하고 스스로 변해야 한다는 각오를 새로이 하는 일입니다. 우리가 방심하는 사이 세계는 우리를 저만치 앞질러 가고 있습니다.

후발국들도 바짝 추격해오고 있습니다. 국가경쟁력은 떨어지고 자원과 금융시장의 불안이 우리 경제를 위협하고 있습니다. 국내 사정도 쉽지만은 않습니다. 중산층은 위축되고 서민 생활은 어려워졌습니다. 계층 간, 집단 간의 관계는 여전히 갈등과 투쟁의 늪에 빠져 있습니다. 시민사회는 양적으로 성장했지만, 권리 주장이 책임의식을 앞지르고 있습니다. 저출산·고령화 사회가 오고 있습니다. 분단국으로서 지고 있는 짐도 무겁습니다.

다음 60년의 국운을 좌우할 갈림길에서, 이 역사적 고비를 너끈히 넘어가기 위해서 저는 국민 여러분이 더 적극적으로 변화에 나서 주실 것을 요청합니다. 변화를 소홀히 하면 낙오합니다. 변화를 거스르면 휩쓸리고 맙니다. 변화의 흐름을 타고, 변화를 만들어 가야 합니다. 어렵고 고통스럽더라도 더 빨리 변해야 합니다. 불합리하거나 시대에 맞지 않으면 익숙한 것들과 과감히 헤어져야 합니다.

방향은 개방과 자율, 그리고 창의입니다. 존경하는 국민 여러분! 경제 살리기가 무엇보다 시급합니다. 신성장동력을 확보하여 더 활기차게 성장하고 더 많은 일자리가 만들어져야 합니다. 정부부터 유능한 조직으로 바꾸고자 합니다. '작은 정부, 큰 시장'으로 효율성을 높이겠습니다. '일 잘하는 정부'를 만들겠습니다. 앞으로 정부는 잘하는 곳은 더 잘하게 해 주고 도움이 필요한 곳에는 힘이 되는 역할을 맡겠습니다. 꼭 정부가 해야 할 일이 아닌 것은 민간에 이양하겠습니다. 공공부문에도 경쟁을 도입하겠습니다. 세금도 낮춰야합니다. 그래야 투자와 소비가 살아납니다. 공무원 수를 점진적으로 줄이고 불필요한 규제는 빠른 시일 내에 혁파하겠습니다.

국민 여러분께서는 머지않아 새 정부가 효율적으로 일하는 모습을 보게 될 것입니다. 기업은 국부의 원천이요, 일자리 창출의 주역입니다. 누구나 쉽게 창업하고 공장을 지을 수 있어야 합니다. 기업인이 나서서 투자하고 신바람 나서 세계시장을 누비도록 시장과 제도적 환경을 개선하겠습니다. 기술혁신을 추구하는 중소기업들이 활기를 가져야 합니다. 이들이 중견기업으로 성장해서 대기업들과 협력하고 경쟁하도록 돕겠습니다.

투명하고 공정하게 경영하는 기업인들이 존경받고, 투자하고 일자리를 만드는 기업이 사랑받아야 합니다. 노(勞)와 사(使)는 기업이라는 수레를 움직이는 두 바퀴입니다. 어느 하나가 제 몫을 못 하면 수레가 넘어집니다. 선진국에서는 노사분규가 현격하게 줄어들었습니다. '과격한 투쟁은 결국 자멸을 가져온다'는 인식을 노사 모두가 공유했기 때문입니다. 노사문화의 자율적 개선은 선진화의 필수요건입니다. 이제 '투쟁의 시대'를 끝내고 '동반의 시대'를 열어야 합니다. 기업도 노조도 서로 양보하고 한 걸음씩 다가서야 합니다. 어려울 때일수록 기업이 힘을 내야 합니다.

기업이 먼저 투명하고 공정한 경영으로 노동자를 끌어안아야 합니다. 이런 때 노동자도 더 열심히 일해 주어야 합니다. 불법 투쟁은 지양하고 생산성을 높여야 합니다. 그래야 노사관계가 건강해집니다. 정부도 원칙과 성의를 가지고 노력하겠습니다. 시장개방은 피할 수 없는 큰 흐름입니다.

수출산업이 경제의 큰 몫을 차지하는 우리나라로서는 자유무역협정을 통해 국부를 늘려가야 합니다. 그러나 개방에 취약한 부문에서는 걱정이 많습니다. 특히 농어민들이 그렇습니다. 그렇다고 여기서 주저앉을 수도 없지 않습니까? 우리 국민 모두가 농어민의 아들딸입니다. 농업·농촌·농민 걱정이 곧 나라 걱정입니다. 대응책을 마련하는데 정부가 함께하겠습니다. 농림수산업이 더 이상 1차 산업으로 머물러선 안 됩니다. 첨단 생산기술을 접목하고 유통 서비스 경영과 결합시켜 경쟁력 있는 2차, 3차 산업으로 업그레이드해야 합니다.

해외시장 개척에도 발 벗고 나서야 합니다. 농어민과 정부가 뜻을 합치고 지혜를 모으면 오히려 전화위복의 계기로 만들 수도 있을 것입니다. 존경하는 국민 여러분! 누구나 인간다운 생활을 누리고, 다 함께 건강하고 편안한 사회가 되어야 합니다. 도움이 절실한 사람은 국가가 보살펴야 합니다. 시혜적· 사후적 복지는 해결책이 아닙니다. 능동적· 예방적 복지로 나아가야 합니다. 그래야만 낙오자 없는 세상을 만들 수 있습니다. 꼭 필요한 사람들에게 혜택이 돌아가게 됩니다.

여성은 시민사회와 국가 발전의 당당한 주역입니다. 여성의 사회참여는 사회를 성숙하게 만듭니다. 양성평등정책을 추진해서 시민권과 사회권의 확장에 힘쓰겠습니다. 더 많은 여성이 의사결정의 지위에 오를 수 있도록 기회를 늘리고 관련 제도를 개선하겠습니다. 생애주기와 생활 형편에 따른 수요에 맞추어 맞춤형 보육시스템을 구축하고자 합니다. 정부가 보육의 짐을 덜어주면 저출산 문제가 개선될 뿐만 아니라 삶의 질과 인적자원의 질을 높일 수 있습니다.

청년세대의 고통을 외면하지 않겠습니다. 국내외에 일자리를 더 많이 만들어 젊은이들의 사회 진출을 돕겠습니다. 주거생활을 안정시킴으로써 개인 생활은 물론 사회의 안정 기반을 확보하도록 하겠습니다. 고령화 사회를 맞아 노인복지대책도 시급합니다. 노령연금을 현실화하고, 공공복지를 개선하겠습니다. 고령자를 위한 의료혜택과 시설을 늘리고, 근로의욕이 있는 노인들을 위한 일자리 창출에도 힘쓰겠습니다.

장애인들에게도 더 따뜻한 배려와 함께 더 많은 기회를 주고자 합니다. 일할 수 있는 사람에게는 일자리가 최고의 복지입니다. 그렇게 할 수 없는 사람들은 국가가 책임지고 보살피겠습니다. 존경하는 국민 여러분! 선진화는 사람이 하는 것입니다. 그리고 사람을 위해 하는 것입니다. 대한민국의 선진화는 얼마나 훌륭한 인재를 얼마나 많이 확보하느냐에 달려 있습니다.

청소년은 대한민국의 미래를 짊어질 꿈과 활력의 발전기입니다. 청소년들의 적성과 잠재력을 개발하고 디지털, 글로벌 역량을 강화하는 일에 적극 나서겠습니다. 교육개혁은 무엇보다 시급합니다. 획일적 관치교육, 폐쇄적 입시교육에서 벗어나야 합니다. 글로벌 스탠더드를 받아들이고 교육현장에 자율과 창의, 그리고 경쟁의 숨결을 불어넣어야 합니다.

공직자들은 더 성심껏 국민을 섬겨야 합니다. 대통령부터 열심히 하겠습니다.

존경하는 국민 여러분!

우리의 시대적 과제, 대한민국 선진화를 향한 대전진이 시작되었습니다. 한강의 기적을 넘어 한반도의 새로운 신화를 향해 우리 모두 함께 나아갑시다.

저, 이명박이 앞장서겠습니다.

국민이 합심하여 떨치고 나서면 해낼 수 있습니다. 반드시 그렇게 될 것입니다.

감사합니다.

2008년 2월 25일 대한민국 대통령 이명박

박근혜 대통령

'다수결이 언제나 옳은 결정은 아니다.'

아버지가 대통령이었고 그 후광과 열정으로 딸이 대통령이 되었다. 그러나, 그 끝은 '탄핵'이었다. 차마 말할 수 없는 수많은 거짓과 위선으로 포장된 탄핵 사유를 지켜보는 것은 대한민국 국민의 한 사람으로 수취심을 느끼기에 충분하였다.

JTBC의 있지도 않은 '최순실 테블릿 PC'는 탄핵의 단초를 제공하였고 여론이 악화되면서 국론이 분열되고 마치 마녀사냥을 하듯이 그렇게 끝이 났다. 참담하기 그지없는 대법원의 판결문을 보며 눈물을 흘려야 했던 지난날을 되새겨보며 '다수결이 언제나 옳은 결정은 아니다.'라는 결론에 이르게 되었다.

대통령으로서 그 위상을 통치철학을 국민에게 보여주었으면 참 좋았겠다는 생각을 해 보았지만 온갖 유언비어에 묻혀 그 빛은 찾아볼 수가 없었다.

아버지 고 박정희 대통령이 청빈한 삶으로 오로지 국민만을 바라보며 살아왔듯이 박근혜 전 대통령도 사리사욕을 취하기엔 이미 많은 것을 가졌기에 국민이 바라는 진정한 애국애민 대통령이었다고 생각한다.

한나라당 시절 당대표로서 목숨에 위협을 받는 면도칼 습격이 있었지만 동요하지 않고 '대전은 요?'라며 의연한 모습에서 대장부 보다도 더 대장부 같았던 그녀의 카리스마에 온 국민이 지지를 보냈던 가슴찡한 순간을 지금도 기억한다.

부산역에서 지지자들이 모이고 많은 지역유지들이 찬조연설을 하고 '박근혜 대통령 후보자'가 연단에 오르면서 손을 흔들며 미소짓는 모습과 국가의 지도자로서 유연성과 당당함을 보여주었던 그때의 감동들을 아! 직접 곁에서 보아라!

그리고 대통령이 되어서 진정으로 사랑한 애국애민 사상과 국가경쟁력을 높이기 위한 정책들이 빛바랜 물감처럼 사라져 가는 것을 바라보는 것은 참으로 안타까운 심정이다.

박근혜 전 대통령은 1952년 경북 대구에서 태어났다. 제18대 대통령(2013.2.25. ~ 2017.3.10.)을 지냈고, 그 전에는 1974년 육영수 여사의 사망으로 퍼스트레이디 역할을 하였으며, 1998~2012년까지 5선 국회의원으로 대통령에 출마하여 당선되었다.

선거의 여왕으로 불리울 만큼 위기에 강한 이미지를 가졌지만 진작 대통령으로서 임기를 100% 채우지 못한 비운의 최초 대통령이 되었다. 최초 여성 대통령이자 부녀 대통령으로 역사에 기리 기록되고 대통령 취임사에서 밝힌 바와 같이 '희망의 새 시대를 여는 대통령'으로 기억되길 바란다.

● 대한민국 제18대 대통령 취임사(2013.2.25)

존경하는 국민여러분! 700만 해외동포 여러분!

저는 오늘 대한민국의 제18대 대통령에 취임하면서 희망의 새 시대를 열겠다는 각오로 이 자리에 섰습니다.

저에게 이런 막중한 시대적 소명을 맡겨주신 국민 여러분께 깊이 감사드리며, 이 자리에 참석해주신 이명박 대통령과 전직 대통령, 그리고 세계 각국의 경축사절과 내외 귀빈 여러분께도 감사드립니다.

저는 대한민국의 대통령으로서 국민 여러분의 뜻에 부응하여 경제부흥과 국민행복, 문화융성을 이뤄낼 것입니다.

부강하고, 국민 모두가 함께 행복한 대한민국을 만드는데 저의 모든 것을 바치겠습니다.

국민여러분!

오늘의 대한민국은 국민의 노력과 피와 땀으로 이룩된 것입니다.

하면 된다는 국민들의 강한 의지와 저력이 산업화와 민주화를 동시에 이룬 위대한 성취의 역사를 만들었습니다.

한강의 기적으로 불리는 우리의 역사는 독일의 광산에서, 열사의 중동 사막에서, 밤새 불이 꺼지지 않은 공장과 연구실에서, 그리고 영하 수십도의 최전방 전선에서 가족과 조국을 위해 헌신하신 위대한 우리 국민들이 계셔서 가능했습니다.

저는 오늘의 대한민국을 만드신 모든 우리 국민들께 진심으로 경의를 표합니다.

존경하는 국민 여러분!
격동의 현대사 속에서 수많은 고난과 역경을 극복해 온 우리 앞에 지금 글로벌 경제 위기와 북한의 핵무장 위협과 같은 안보위기가 이어지고 있습니다.
글로벌 금융위기 이후 자본주의 역시 새로운 도전에 직면해 있습니다.
이번 도전은 과거와는 달리 우리가 스스로 새로운 길을 개척해야만 극복해나갈 수 있습니다.
새로운 길을 개척하는 것은 쉽지 않은 일입니다.
그러나 저는 우리 대한민국의 국민을 믿습니다.
역동적인 우리 국민의 강인함과 저력을 믿습니다.
이제 자랑스런 우리 국민 여러분과 함께 희망의 새 시대, '제2의 한강의 기적'을 만드는 위대한 도전에 나서고자 합니다.
국민 개개인의 행복의 크기가 국력의 크기가 되고, 그 국력을 모든 국민이 함께 향유하는 희망의 새 시대를 열겠습니다.

존경하는 국민 여러분!
저는 오늘 국가발전과 국민행복이 선순환하는 새로운 미래를 만들기 위해 우리가 나아갈 방향을 제시하고자 합니다.
새 정부는 '경제부흥'과 '국민행복', 그리고 '문화융성'을 통해 새로운 희망의 시대를 열어갈 것입니다.

첫째, 경제부흥을 이루기 위해 창조경제와 경제민주화를 추진해가겠습니다.

세계적으로 경제의 패러다임이 바뀌고 있습니다.

창조경제는 과학기술과 산업이 융합하고, 문화와 산업이 융합하고, 산업간의 벽을 허문 경계선에 창조의 꽃을 피우는 것입니다.

기존의 시장을 단순히 확대하는 방식에서 벗어나 융합의 터전 위에 새로운 시장, 새로운 일자리를 만드는 것입니다.

창조경제의 중심에는 제가 핵심적인 가치를 두고 있는 과학기술과 IT산업이 있습니다.

저는 우리 과학기술을 세계적인 수준으로 끌어올릴 것입니다. 그리고 이러한 과학기술들을 전 분야에 적용해 창조경제를 구현하겠습니다.

새 정부의 미래창조과학부는 이와 같은 새로운 패러다임에 맞춰 창조경제를 선도적으로 이끌어 나갈 것입니다.

창조경제는 사람이 핵심입니다.

이제 한 사람의 개인이 국가의 가치를 높이고, 경제를 살려낼 수 있는 시대입니다.

지구촌 곳곳에서 활약하고 있는 수많은 우리 인재들이 국가를 위해 헌신할 수 있도록 기회를 부여하겠습니다.

또한 국내의 인재들을 창의와 열정이 가득한 융합형 인재로 키워 미래 한국의 주축으로 삼겠습니다.

창조경제가 꽃을 피우려면 경제민주화가 이루어져야만 합니다.

공정한 시장질서가 확립되어야만 국민 모두가 희망을 갖고 땀 흘려 일할 수 있다고 생각합니다,

열심히 노력하면 누구나 일어설 수 있도록 중소기업 육성정책을 펼쳐서 대기업과 중소기업이 상생할 수 있도록 하는 것이 제가 추구하는 경제의 중요한 목표입니다.

소상공인과 중소기업들을 좌절하게 하는 각종 불공정행위를 근절하고 과거의 잘못된 관행을 고쳐서, 어느 분야에서 어떤 일에 종사하던 간에 모두가 최대한 역량을 발휘할 수 있도록 적극 지원할 것입니다.

그런 경제 주체들이 하나가 되고 다함께 힘을 모을 때 국민이 행복해지고, 국가 경쟁력이 높아질 수 있습니다.

저는 그 토대 위에 경제부흥을 이루고, 국민이 행복한 제 2의 한강의 기적을 이루겠습니다.

국민 여러분!

국가가 아무리 발전한다 해도 국민의 삶이 불안하다면 아무 의미가 없을 것입니다.

노후가 불안하지 않고, 아이를 낳고 기르는 것이 진정한 축복이 될 때 국민 행복시대는 만들어지는 것입니다.

어떤 국민도 기초적인 삶을 영위할 수 없을지 모른다는 두려움이 있어서는 안됩니다.

국민맞춤형의 새로운 복지패러다임으로 국민들이 근심없이 각자의 일에 즐겁게 종사하면서 자신의 역량을 발휘하고, 국가발전

에 기여할 수 있도록 할 것입니다.

저는 개인의 꿈을 이루고 희망의 새 시대를 여는 일은 교육에서 시작된다고 생각합니다.

교육을 통해 개인의 잠재된 능력을 최대한 끌어낼 수 있도록 적극 지원하고, 국민 개개인의 능력을 주춧돌로 삼아 국가가 발전하게 되는 새로운 시스템을 만들어야 합니다.

아는 사람은 좋아하는 사람만 못하고, 좋아하는 사람은 즐기는 사람만 못하다고 했습니다.

배움을 즐길 수 있고, 일을 사랑할 수 있는 국민이 많아질 때, 진정한 국민행복 시대를 열 수 있습니다.

어느 나라나 가장 중요한 자산은 사람입니다.

개인의 능력이 사장되고, 창의성이 상실되는 천편일률적인 경쟁에만 매달려있으면 우리의 미래도 얼어붙을 것입니다.

저는 어릴 때부터 모든 학생들의 잠재력을 찾아내는 일이 국가 발전의 원동력이 될 것이라고 믿습니다.

앞으로 학생 개개인의 소질과 능력을 찾아내서 자신만의 소중한 꿈을 이루어가고, 그것으로 평가받는 교육시스템을 만들어서 사회에 나와서도 훌륭한 인재가 되도록 할 것입니다.

학벌과 스펙으로 모든 것이 결정되는 사회에서는 개인의 꿈과 끼가 클 수 없고, 희망도 자랄 수 없습니다.

개개인의 꿈과 끼가 열매를 맺을 수 있도록 우리 사회를 학벌 위주에서 능력위주로 바꿔가겠습니다.

또한, 국민의 생명과 안전을 지키는 것은 국민 행복의 필수적인 요건입니다.

대한민국 어느 곳에서도, 여성이나 장애인 또는 그 누구라도 안심하고 살아갈 수 있는 안전한 사회를 만드는데 정부 역량을 집중할 것입니다.

힘이 아닌 공정한 법이 실현되는 사회, 사회적 약자에게 법이 정의로운 방패가 되어 주는 사회를 만들겠습니다.

존경하는 국민 여러분!
21세기는 문화가 국력인 시대입니다.
국민 개개인의 상상력이 콘텐츠가 되는 시대입니다.
지금 한류 문화가 세계인들의 사랑을 받으면서 기쁨과 행복을 주고 있고, 국민들에게 큰 자긍심이 되고 있습니다.
이것은 우리 대한민국의 5천 년 유·무형의 찬란한 문화유산과 정신문화의 바탕 위에서 이루어진 것입니다.
새 정부에서는 우리 정신문화의 가치를 높이고, 사회 곳곳에 문화의 가치가 스며들게 하여 국민 모두가 문화가 있는 삶을 누릴 수 있도록 하겠습니다.
문화의 가치로 사회적 갈등을 치유하고, 지역과 세대와 계층 간의 문화격차를 해소하고, 생활 속의 문화, 문화가 있는 복지, 문화로 더 행복한 나라를 만들겠습니다.
다양한 장르의 창작활동을 지원하고, 문화와 첨단기술이 융합된 콘텐츠산업 육성을 통해 창조경제를 견인하고, 새 일자리를 만들어 나갈 것입니다.

인종과 언어, 이념과 관습을 넘어 세계가 하나되는 문화, 인류 평화발전에 기여하고 기쁨을 나누는 문화, 새 시대의 삶을 바꾸는 '문화융성'의 시대를 국민 여러분과 함께 열어가겠습니다.

국민 여러분!
국민행복은 국민이 편안하고 안전할 때 꽃 피울 수 있습니다.
저는 국민의 생명과 대한민국의 안전을 위협하는 그 어떤 행위도 용납하지 않을 것입니다.
최근 북한의 핵실험은 민족의 생존과 미래에 대한 도전이며, 그 최대 피해자는 바로 북한이 될 것이라는 점을 분명히 인식해야 할 것입니다.
북한은 하루빨리 핵을 내려놓고, 평화와 공동발전의 길로 나오기 바랍니다.
더 이상 핵과 미사일 개발에 아까운 자원을 소모하면서 전 세계에 등을 돌리며 고립을 자초하지 말고, 국제사회의 책임있는 일원으로 함께 발전하게 되기를 기대합니다.
현재 우리가 처한 안보 상황이 너무도 엄중하지만 여기에만 머물 수는 없습니다.
저는 한반도 신뢰프로세스로 한민족 모두가 보다 풍요롭고 자유롭게 생활하며, 자신의 꿈을 이룰 수 있는 행복한 통일시대의 기반을 만들고자 합니다.
확실한 억지력을 바탕으로 남북 간에 신뢰를 쌓기 위해 한 걸음 한 걸음 나아가겠습니다.

서로 대화하고 약속을 지킬 때 신뢰는 쌓일 수 있습니다.

북한이 국제사회의 규범을 준수하고 올바른 선택을 해서 한반도 신뢰프로세스가 진전될 수 있기를 바랍니다.

제가 꿈꾸는 국민행복시대는 동시에 한반도 행복시대를 열고, 지구촌 행복시대를 여는데 기여하는 시대입니다.

앞으로 아시아에서 긴장과 갈등을 완화하고 평화와 협력이 더욱 확산될 수 있도록 미국, 중국, 일본, 러시아 및 아시아, 대양주 국가 등 역내 국가들과 더욱 돈독히 신뢰를 쌓을 것입니다.

나아가 세계 이웃들의 아픔을 함께 고민하고, 지구촌 문제 해결에도 기여하는 대한민국을 만들겠습니다.

존경하는 국민 여러분!

저는 오늘 대한민국의 제 18대 대통령의 임무를 시작합니다.

이 막중한 임무를 부여해주신 국민 여러분과 함께 새로운 희망의 시대를 반드시 열어나갈 것입니다.

나라의 국정 책임은 대통령이 지고, 나라의 운명은 국민이 결정하는 것입니다.

우리 대한민국이 나가는 새로운 길에 국민 여러분이 힘을 주시고 활력을 불어넣어 주시길 바랍니다.

우리는 지금, 국가와 국민이 동반의 길을 함께 걷고, 국가 발전과 국민 행복이 선순환의 구조를 이루는 새로운 시대의 출발선에 서 있습니다.

우리가 그 길을 성공적으로 가기 위해서는 정부와 국민이 서로를 믿고 신뢰하면서 동반자의 길을 걸어가야만 합니다.

저는 깨끗하고 투명하고 유능한 정부를 반드시 만들어서 국민 여러분의 신뢰를 얻겠습니다.

정부에 대한 국민의 불신을 씻어내고 신뢰의 자본을 쌓겠습니다.

국민 여러분께서도 각자의 위치에서 자신뿐만 아니라 공동의 이익을 위해 같이 힘을 모아 주실 것을 부탁드립니다.

어려운 시절 우리는 콩 한쪽도 나눠먹고 살았습니다.

우리 조상은 늦가을에 감을 따면서 까치밥으로 몇 개의 감을 남겨두는 배려의 마음을 가지고 살았습니다.

계와 품앗이라는 공동과 공유의 삶을 살아온 민족입니다.

그 정신을 다시 한 번 되살려서 책임과 배려가 넘치는 사회를 만들어 간다면, 우리 모두가 꿈꾸는 국민 행복의 새 시대를 반드시 만들 수 있습니다.

그것이 방향을 잃은 자본주의의 새로운 모델이 될 것이며, 세계가 맞닥뜨린 불확실성의 미래를 해결하는 모범적인 해답이 될 수 있을 것입니다.

국민 여러분께서도 저와 정부를 믿고, 새로운 미래로 나가는 길에 동참하여 주십시오.

우리 국민 모두가 또 한 번 새로운 한강의 기적을 일으키는 기적의 주인공이 될 수 있도록 함께 힘을 합쳐 국민행복, 희망의 새 시대를 만들어 갑시다.

감사합니다.

2021년 출간한 옥중에서 주고받은 『그리움은 아무에게나 생기지 않습니다.』의 내용 중 '거짓은 잠시 눈을 가리고 귀를 막아 세상을 속일 수 있겠지만 시간이 지나면 진실이 드러날 것. 진실은 훗날 역사의 법정에서 밝혀질 것이라고 생각한다.', '누구를 탓하거나 비난하는 마음은 버렸고 모든 멍에는 제가 짊어지겠다.'고 하였고,

2024년 발간한 박근혜 회고록 『어둠을 지나 미래로』의 서문에서 '불행한 역사는 더는 반복되지 않았으면 한다.'고 밝히며 '한일위안부 합의', '개성공단 폐쇄', '사드 배치' 등 대통령으로서 겪은 경험을 진솔하게 표현하였다.

문재인 대통령

'기회는 평등할 것입니다. 과정은 공정할 것입니다. 결과는 정의로울 것입니다.'

1953년 경남 거제에서 태어났다.
노무현 대통령 시절 부산의 인권변호사로서의 인연으로 참여정부에서 대통령 민정수석과 비서실장을 지냈다.
박근혜 대통령의 불미스러운 퇴진으로 더불어민주당 소속으로 출마하여 제19대 대통령에 당선되었다.
노무현 정부의 아킬레스라고 할 수 있는 박연차 게이트 등의 사건으로 정계에 은퇴하였다가 2012년 부산 사상구 국회의원에

당선되면서 대선주자로 두각을 나타냈으며 제18대 대통령 후보로 낙선하였으나 이후 제19대 대통령(2017.5.10.~2022.5.9.)에 취임하였다.

잊혀진 대통령으로 살고 싶다며 경상남도 양산시 하북면 평산리에 낙향하여 '평산책방'을 운영하고 있다.

제19대 대통령의 취임사와 퇴임사를 담아본다.

- 제19대 대통령 취임사(2017.5.10.)

국민께 드리는 말씀

존경하고 사랑하는 국민 여러분, 감사합니다. 국민 여러분의 위대한 선택에 머리 숙여 깊이 감사드립니다.

저는 오늘 대한민국 제19대 대통령으로서 새로운 대한민국을 향해 첫걸음을 내딛습니다. 지금 제 두 어깨는 국민 여러분으로부터 부여받은 막중한 소명감으로 무겁습니다. 지금 제 가슴은 한 번도 경험하지 못한 나라를 만들겠다는 열정으로 뜨겁습니다. 그리고 지금 제 머리는 통합과 공존의 새로운 세상을 열어갈 청사진으로 가득차 있습니다.

우리가 만들어가려는 새로운 대한민국은 숱한 좌절과 패배에도 불구하고 우리의 선대들이 일관되게 추구했던 나라입니다. 또 많은 희생과 헌신을 감내하며 우리 젊은이들이 그토록 이루고 싶어 했던 나라입니다. 그런 대한민국을 만들기 위해 저는 역사와 국민 앞에 두렵지만 겸허한 마음으로 대한민국 제19대 대통령으로서의 책임과 소명을 다할 것임을 천명합니다.

　함께 선거를 치른 후보들께 감사의 말씀과 함께 심심한 위로를 전합니다. 이번 선거에서는 승자도 패자도 없습니다. 우리는 새로운 대한민국을 함께 이끌어가야 할 동반자입니다. 이제 치열했던 경쟁의 순간을 뒤로하고 함께 손을 맞잡고 앞으로 전진해야합니다.

　존경하는 국민 여러분, 지난 몇달 우리는 유례없는 정치적 격변기를 보냈습니다. 정치는 혼란스러웠지만 국민은 위대했습니다. 현직 대통령의 탄핵과 구속 앞에서도 국민들이 대한민국의 앞길을 열어주셨습니다. 우리 국민들은 좌절하지 않고 오히려 이를 전화위복의 계기로 승화시켜 마침내 오늘 새로운 세상을 열었습니다. 대한민국의 위대함은 국민의 위대함입니다.

　그리고 이번 대선에서 우리 국민들은 또 하나의 역사를 만들어주셨습니다. 전국 각지에서 골고른 지지로 새로운 대통령을 선택해주셨습니다.

　오늘부터 저는 국민 모두의 대통령이 되겠습니다. 저를 지지하지 않았던 국민 한 분 한 분도 저의 국민이고, 우리의 국민으로 섬기겠습니다.

　저는 감히 약속드립니다. 2017년 5월 10일, 이날은 진정한 국민 통합이 시작되는 예로 역사에 기록될 것입니다.

　존경하고 사랑하는 국민 여러분, 힘들었던 지난 세월 국민들은 이게 나라냐고 물었습니다. 대통령 문재인은 바로 그 질문에서 새로 시작하겠습니다. 오늘부터 나라를 나라답게 만드는 대통령이 되겠습니다.

구시대의 잘못된 관행과 과감히 결별하겠습니다. 대통령부터 새로워지겠습니다.

우선 권위적 대통령 문화를 청산하겠습니다. 준비를 마치는 대로 지금의 청와대에서 나와 광화문 대통령 시대를 열겠습니다. 참모들과 머리와 어깨를 맞대고 토론하겠습니다. 국민과 수시로 소통하는 대통령이 되겠습니다. 주요 사안은 대통령이 직접 언론에 브리핑하겠습니다.

퇴근길에는 시장에 들러 마주치는 시민들과 격의없는 대화를 나누겠습니다. 때로는 광화문광장에서 대토론회를 열겠습니다. 대통령의 제왕적 권력을 최대한 나누겠습니다. 권력기관은 정치로부터 완전히 독립시키겠습니다. 그 어떤 권력기관도 무소불위 권력행사를 하지 못하게 견제장치를 만들겠습니다.

낮은 자세로 일하겠습니다. 국민과 눈높이를 맞추는 대통령이 되겠습니다.

안보 위기도 서둘러 해결하겠습니다. 한반도 평화를 위해 동분서주하겠습니다. 필요하면 곧바로 워싱턴으로 날아가겠습니다. 베이징과 도쿄에도 가고. 여건이 조성되면 평양에도 가겠습니다.

한반도 평화 정착을 위해서라면 제가 할 수 있는 모든 일을 다 하겠습니다.

한미동맹은 더욱 강화하겠습니다. 한편으로 사드문제 해결을 위해 미국 및 중국과 진지하게 협상하겠습니다.

튼튼한 안보는 막강한 국방력에서 비롯됩니다. 자주국방력 강화를 위해 노력하겠습니다.

북핵 문제를 해결할 토대도 마련하겠습니다. 동북아 평화구조를 정착시켜 한반도 긴장완화의 전기를 마련하겠습니다.

분열과 갈등의 정치도 바꾸겠습니다. 보수와 진보의 갈등은 끝나야 합니다. 대통령이 나서서 직접 대화하겠습니다. 야당은 국정운영의 동반자입니다. 대화를 정례화하고 수시로 만나겠습니다.

전국적으로 고르게 인사를 등용하겠습니다. 능력과 적재적소를 인사의 대원칙으로 삼겠습니다. 저에 대한 지지 여부와 상관없이 유능한 인재를 삼고초려해 일을 맡기겠습니다.

나라 안팎으로 경제가 어렵습니다. 민생도 어렵습니다. 선거 과정에서 약속했듯이 무엇보다 먼저 일자리를 챙기겠습니다. 동시에 재벌 개혁에도 앞장서겠습니다. 문재인 정부 하에서는 정경유착이란 낱말이 완전히 사라질 것입니다.

지역과 계층과 세대 간 갈등을 해소하고 비정규직 문제도 해결의 길을 모색하겠습니다. 차별없는 세상을 만들겠습니다.

거듭 말씀드립니다. 문재인과 더불어민주당 정부에서 기회는 평등할 것입니다. 과정은 공정할 것입니다. 결과는 정의로울 것입니다.

존경하는 국민 여러분, 이번 대통령선거는 전임 대통령의 탄핵으로 치러졌습니다. 불행한 대통령의 역사가 계속되고 있습니다.

이번 선거를 계기로 이 불행한 역사는 종식돼야 합니다.

　저는 대한민국 대통령의 새로운 모범이 되겠습니다. 국민과 역사가 평가하는 성공한 대통령이 되기 위해 최선을 다하겠습니다. 그래서 지지와 성원에 보답하겠습니다.

　깨끗한 대통령이 되겠습니다. 빈손으로 취임하고 빈손으로 퇴임하는 대통령이 되겠습니다. 훗날 고향으로 돌아가 평범한 시민이 되어 이웃과 정을 나눌 수 있는 대통령이 되겠습니다. 국민 여러분의 자랑으로 남겠습니다.

　약속을 지키는 솔직한 대통령이 되겠습니다. 선거 과정에서 제가 했던 약속들을 꼼꼼하게 챙기겠습니다. 대통령부터 신뢰받는 정치를 솔선수범해야 진정한 정치 발전이 가능할 것입니다. 불가능한 일을 하겠다고 큰소리치지 않겠습니다. 잘못한 일은 잘못했다고 말씀드리겠습니다. 거짓으로 불리한 여론을 덮지 않겠습니다. 공정한 대통령이 되겠습니다.

　특권과 반칙이 없는 세상을 만들겠습니다. 상식대로 해야 이득을 보는 세상을 만들겠습니다. 이웃의 아픔을 외면하지 않겠습니다. 소외된 국민이 없도록 노심초사하는 마음으로 항상 살피겠습니다.

　국민들의 서러운 눈물을 닦아드리는 대통령이 되겠습니다. 소통하는 대통령이 되겠습니다. 낮은 사람, 겸손한 권력이 돼 가장 강력한 나라를 만들겠습니다. 군림하고 통치하는 대통령이 아니라 대화하고 소통하는 대통령이 되겠습니다.

광화문 시대 대통령이 되어 국민과 가까운 곳에 있겠습니다. 따뜻한 대통령, 친구 같은 대통령으로 남겠습니다.

사랑하고 존경하는 국민 여러분, 2017년 5월 10일 오늘 대한민국이 다시 시작합니다. 나라를 나라답게 만드는 대역사가 시작됩니다. 이 길에 함께해 주십시오. 저의 신명을 바쳐 일하겠습니다. 감사합니다.
2017년 5월 10일 대한민국 대통령 문재인

<퇴임사>

국민 모두의 행복을 기원하며 성공하는 대한민국의 역사를 응원하겠습니다.

지난 5년은 국민과 함께 격동하는 세계사의 한복판에서 연속되는 국가적 위기를 헤쳐온 시기였습니다. 힘들었지만 우리 국민들은 위기 앞에 하나가 되어주셨습니다.

대한민국은 위기 속에서 더욱 강해졌고, 더 큰 도약을 이뤘습니다. 대한민국의 국격도 높아졌습니다. 대한민국은 이제 선진국이며, 선도국가가 되었습니다. 우리 국민은 참으로 위대합니다. 저는 위대한 국민과 함께한 것이 더없이 자랑스럽습니다. 저의 퇴임사는 위대한 국민께 바치는 헌사입니다.

국정 농단 사건으로 헌정질서가 무너졌을 때 우리 국민은 가장 평화적이고 문화적인 촛불집회를 통해, 그리고 헌법과 법률이 정한 탄핵이라는 적법절차에 따라, 정부를 교체하고 민주주의를 다시 일으켜 세웠습니다. 전 세계가 한국 국민들의 성숙함에 찬탄을 보냈습니다. 우리 국민은 위기를 겪고 있는 세계 민주주의에 희망이 되었습니다. 나라다운 나라를 요구한 촛불광장의 열망에 우리 정부가 얼마나 부응했는지 숙연한 마음이 됩니다.

그러나 우리 정부가 다 이루지 못했더라도, 나라다운 나라를 향한 국민의 열망은 결코 멈추지 않을 것입니다. 촛불의 염원은 여전히 우리의 희망이자 동력으로 피어날 것입니다.

우리 국민은 평창동계올림픽을 평화올림픽으로 성공시켜 냈습니다. 세계가 또다시 대한민국에 열광했습니다. 임기 초부터 고조되던 한반도의 전쟁위기 상황을 대화와 외교의 국면으로 전환시키며, 평화와 번영의 새로운 한반도 시대에 대한 희망을 키웠습니다.

더 이상 앞으로 나아가지 못한 것은 우리의 의지와 노력이 부족한 탓만은 아니었습니다. 한편으로 우리의 의지만으로 넘기 힘든 장벽이 있었습니다. 우리가 넘어야 할 벽입니다. 평화는 우리에게 생존의 조건이고, 번영의 조건입니다. 남북 간에 대화 재개와 함께 비핵화와 평화의 제도화를 위한 노력이 지속되길 간절히 바랍니다.

일본의 부당한 수출규제로 인한 위기를 온 국민의 단합된 힘으로 극복해 낸 것도 결코 잊을 수 없습니다. 우리는 소·부·장 자립의 기회로 삼았고, 소·부·장 산업의 경쟁력 강화는 제조업의 경쟁력 강화로 이어졌습니다.

우리가 코로나19로 인한 세계 경기의 침체 속에서 사상 최대의 수출 실적을 올릴 수 있었던 것도 우리 제조업이 가진 세계적인 경쟁력 덕분이었습니다.

무엇보다 좋았던 것은 문제해결의 성공방식을 알게 된 것입니다. 정부 부처를 뛰어넘는 협업체계, 대·중소 기업과 연구자들의 협력, 정부의 적극적인 R&D투자와 규제를 허문 전폭적인 지원, 그리고 무엇보다 온 국민의 격려와 성원이 우리도 할 수 있다는 자신감을 주었습니다.

그 성공의 방식은 뒷날 코로나 진단키트를 개발할 때도, 마스크 생산을 빠르게 늘릴 때도, 백신 접종용 특수 주사기의 효율을 높일 때도, 요소수 부족사태를 해결할 때도 똑같이 작동하였습니다.

국민 여러분, 제가 마지막으로 받은 코로나19 대처상황보고서는 969보였습니다. 국내에서 코로나 확진자가 처음 판명된 2020년 1월 20일부터, 휴일이나 해외 순방 중에도 빠지지 않고 매일 눈뜨면서 처음 읽었고, 상황이 엄중할 때는 하루에 몇 개씩 올라왔던 보고서가 969보까지 이어졌습니다.

그 속에는 정부와 방역진, 의료진의 노고와 헌신이 담겨있습니다. 오랜 기간 계속된 국민의 고통과 고단한 삶이 생생하게 담겨 있습니다. 국민도, 정부도, 대통령도 정말 고생 많았습니다.

그러나, 저는 위기 때 더욱 강해지는 우리 국민의 높은 역량에 끊임없이 감동받았습니다. 우리 정부 동안 있었던 많은 자랑스러운 일들이 대부분 코로나 위기 상황 속에서 일어났다는 것이 너무나 놀랍습니다.

그야말로 위기에 강한 대한민국의 저력이었습니다. 전 세계가 함께 코로나 위기를 겪고 보니, 대한민국은 뜻밖에 세계에서 앞서가는 방역 모범국가였습니다. 선진국의 방역과 의료 수준을 부러워했었는데, 막상 위기를 겪어보니 우리가 제일 잘하는 편이었습니다. 아직도 우리가 약하고 뒤떨어졌다고 생각해온 많은 국민들이 우리 자신을 재발견하며 자존감을 가지게 되었습니다.

코로나 위기 속에서 한국은 가장 빠르게 경제를 회복했고, 1인당 국민소득 3만 5천 달러로 크게 성장했습니다. 한국의 한류 문화는 전 세계가 코로나로 고통받을 때 더욱 돋보였고, 세계인들에게 위로를 주었습니다.

우리 정부 코로나 위기 속에서 선언한 한국판 뉴딜은 한국을 디지털과 혁신 등 첨단 과학기술 분야의 강국으로 각인시켰고, 그린 뉴딜과 탄소중립 선언은 기후위기 대응과 국제협력에서 한국을 선도국가로 만들었습니다.

코로나 위기를 겪으면서 대한민국은 어느덧 민주주의, 경제, 수출, 디지털, 혁신, 방역, 보건의료, 문화, 군사력, 방산, 기후위기 대응, 외교와 국제협력 등 많은 분야에서 선도국가가 되어 있었습니다.

마침내 우리는 마스크를 벗고 얼굴을 마주 보게 되었습니다.

코로나 감염병 등급을 1등급에서 2등급으로 낮출 수 있게 되었습니다. 아직 위기는 끝나지 않았습니다. 새로운 위기가 닥치고 있습니다. 그러나 우리 국민들은 어떤 위기라도 이겨낼 것이며, 위기를 기회로 만들어 낼 것입니다.

국민 여러분, 대한민국 성공의 역사는 온갖 시련과 역경을 딛고 일어선 것이기에 더욱 값집니다. 우리나라는 2차 세계대전 후 지난 70년간 세계에서 가장 성공한 나라, 2차 세계대전 후 개발도상국에서 선진국으로 진입한 유일한 나라가 되었습니다.
누구도 부정 못 할 빛나는 대한민국의 업적이며 자부심입니다. 우리 정부도 국민과 함께 위기를 극복하고 선도국가로 도약함으로써 대한민국의 국격과 자부심을 한 단계 더 높일 수 있게 되어 매우 감사한 마음입니다.
대한민국은 세계적인 위기 속에서 '위기에 강한 나라', '아무도 흔들 수 없는 나라', '세계를 선도하는 나라'로 도약했습니다.
그 주역은 단연 우리 국민입니다. 대한민국은 세계로부터 인정받고, 부러움을 받는, 그야말로 '위대한 국민의 나라'입니다. 우리 모두 위대한 국민으로서 높아진 우리의 국격에 당당하게 자부심을 가지시길 바랍니다.
저는 위대한 국민과 함께 성공하는 대한민국 역사에 동행하게 된 것이 매우 자랑스럽습니다. 위대한 국민과 함께 할 수 있어서 정말 영광이었습니다. 다음 정부에서도 성공하는 대한민국의 역사를 계속 이어나가길 기대합니다. 이전 정부들의 축적된 성과를 계승하고 발전시켜 더 국력이 커지고 더 나은 미래로 나아가길 기원합니다. 국민의 마음을 하나로 모으는 것이 무엇보다 중요합니다.

선거 과정에서 더욱 깊어진 갈등의 골을 메우며 국민 통합의 길로 나아갈 때 대한민국은 진정한 성공의 길로 더욱 힘차게 전진할 것입니다. 감사합니다.

2022년 5월 9일 대한민국 대통령 문재인

윤석열 대통령

'리더쉽은 포용력에서 나온다.'
'경제 세일즈 외교의 성공'

- 비상계엄과 탄핵정국

2024.12.03. 밤 10시20분 대통령 특별담화를 발표하며 밤11시부터 비상계엄을 선포한다고 하였다. 피를 토하는 심정으로 국민 여러분께 호소드립니다. 다수당인 민주당의 탄핵남발과 예산 삭감 등으로 행정부의 기능이 제대로 작동될 수 없는 상황에서 대통령으로서 최후의 수단인 비상계엄을 선포하기에 이르렷다.

이게 뭐지 의아해하면서도 피치 못할 상황이 있을 것이라 생각되었다. 시간이 흘러 4일 새벽 1시 20분경 국회에서 의결하여 196표 참석 및 찬성으로 비상계엄을 해제하였다.

날이 새고 대통령은 민주당의 공격으로 수세에 몰리기 시작하여 2차에 걸친 탄핵으로 야당 192표, 국민의 힘에서 12표 찬성표가 나와 204표로 탄핵가결이 되는 순간이었다.

야당인 민주당은 신이 났고 여당인 국민의 힘은 당이 혼란에 빠져있다. 야당이 이끄는 촛불집회와 여당 쪽의 광화문집회는 더욱 나라를 혼란에 빠지게 하고 있다. 국론이 분열되어 외교는 스톱이 되었다. 산책을 하며 시비를 건 사람이 나쁜 사람인지, 방어를 한 사람이 나쁜 사람인지, 말리는 사람이 나쁜 사람인지 깊이 생각하게 하였다. 통상적인 사회정의를 말하자면 시비를 건 사람이 나쁘다고 할 수 있다. 예를들면 전쟁을 일으킨 러시아의 푸틴이 나쁜지, 나라와 국민을 지키려는 우크라이나의 젤렌스키가 나쁜지를 생각해 보면 알 것 같다.

1950년 북한 공산당의 침공으로 발생한 6.25 전쟁 이후 폐허의 나라를 재건하고 민주화와 경제적 성공을 동시에 달성한 한강의 기적을! 평화로운 자유대한민국의 미래를! 알 리 없는 MZ 세대들은 그냥 얻어진 자유를 어떻게 지킬 것인가를 생각하는 기회가 되었으면 좋겠다.

자유를 생각하는 많은 사람들은 자유의 가치가 얼마나 소중한지를 피력하고 있다. 그와 반대로 자유를 가장한 민중의 선동세력들은 선량한 국민을 이용하려 하고 있다. 대통령은 이들을 반국가세력이라고 지칭하며, 자유대한민국의 내부에 침투하여 자유대한민국을 전복하려는 음모를 많은 정보 루트를 통하여 수집하고 분석하고 그 결과 계엄이라는 비상사태를 선포한 것으로 안다.

왜 비상계엄이어야 하는지 설명되지 않는 현실 앞에서 방향을 잃고 표류하는 국민들을 위해 중심을 잡아주는 역할을 권한대행께서 잘해주시길 바라는 마음이다.

당내에서 압도적 지지로 당선된 여당 대표와 대통령의 첫 만남에서부터 예견된 엇박자는 대통령의 포용력 부재이다. 당대표에 대한 예우는 전혀 보이지 않고 무시하는 듯한 장면들은 정말 꼴불견이었다. 리더쉽이란 상호존중과 신뢰가 바탕이다. 벼가 익을수록 고개를 숙이는 것처럼 국민에게 보여주는 연출도 존중과 신뢰가 우선되어야 하는데 조금 부족한 측면이 있었던 것으로 평가된다. 그것이 결국 탄핵의 도화선이 되지 않았나 생각해 본다.

당의 존재 이유는 정권탈환이다. 여당 국회의원으로 당선된 사람들이 그 기본가치도 모르고 탄핵에 찬성했을까? 의구심을 가지며 모 자치단체장의 얘기처럼 '셀카나 찍으며 자기 정치하는 사람이 당의 존립을 위태롭게 하고 있다.'고 역설하였다.

- 고위공직자수사처 자진출두

윤 대통령은 이날(1/15일) 한남동 관저에서 공수처로 출발하기 직전 '국민께 드리는 말씀'을 통해 "공수처의 수사를 인정하는 것은 아니다"라며 "이렇게 불법적이고 무효인 이런 절차에 응하는 것은 불미스러운 유혈사태를 막기 위해서"라고 했다. 다음은 윤 대통령의 '국민께 드리는 말씀' 전문을 그대로 옮겨본다.

<윤석열 대통령의 '국민께 드리는 말씀'>

존경하는 국민 여러분, 그동안 잘 계셨습니까?
저를 응원하고 많은 지지를 보내주신 거에 대해서 정말 감사의 말씀을 드립니다.
안타깝게도 이 나라에는 법이 모두 무너졌습니다.
수사권이 없는 기관에 영장이 발부되고, 또 영장 심사권이 없는 법원이 체포영장과 압수수색 영장을 발부하는 것을 보면서, 그리고 수사 기관이 거짓 공문서를 발부해서 국민들을 기만하는 이런 불법의 불법의 불법이 자행되고 무효인 영장에 의해서 절차를 강압적으로 진행하는 것을 보고 정말 개탄스럽지 않을 수 없습니다.
저는 이렇게 불이익을 당하더라도 우리 국민 여러분께서 앞으로 이러한 형사 사건을 겪게 될 때 이런 일이 정말 없었으면 좋겠습니다.
저는 오늘 이들이 경호 보안 구역을 소방 장비를 동원해서 침입해 들어오는 것을 보고 불미스러운 유혈사태를 막기 위해서 일단 불법 수사이기는 하지만 공수처 출석에 응하기로 했습니다.
그러나 제가 이 공수처의 수사를 인정하는 것은 아닙니다. 대한민국의 헌법과 법체계를 수호해야 하는 대통령으로서 이렇게 불법적이고 무효인 이런 절차에 응하는 것은, 이것을 인정하는 것이 아니라, 불미스러운 유혈사태를 막기 위한 마음일 뿐입니다.

국민 여러분께서 그동안, 특히 우리 청년들이 자유민주주의의 소중함을 정말 재인식하게 되고, 여기에 대한 열정을 보여주시는 것을 보고, 저는 지금은 법이 무너지고 칠흑같이 어두운 시절이지만 이 나라의 미래는 희망적이라는 생각을 갖게 됐습니다.

국민 여러분, 아무쪼록 건강하시고 힘내시기 바랍니다. 감사합니다.

- 국민께 드리는 글

공수처에 자진출두하며 밝힌 '국민께 드리는 말씀'과 별도로 새해 초 '국민께 드리는 글'을 대통령이 직접 작성하여 공개한 내용을 그대로 옮겨 본다.

국민 여러분,
새해 좋은 꿈 많이 꾸셨습니까?
을사년 새해에는 정말 기쁜 일 많으시길 바랍니다.

저는 작년 12월 14일 탄핵 소추되고 나서 혼자 생각하는 시간을 많이 갖게 됐습니다. 좀 아이러니하지만, 탄핵소추가 되고 보니 이제 서야 제가 대통령이구나 하는 생각이 듭니다.

26년의 공직생활, 8개월의 대선 운동, 대통령 당선과 정권 인수 작업, 대통령 취임... 취임 이후 새벽부터 밤늦게까지 정신없이 일만 하다 보니, 제가 대통령이라는 생각을 못하고 지내온 것 같습니다.

공직 인사, 선거 공약과 국정과제, 현안과 위기 관리 등, 외교, 안보, 경제, 사회 문제를 정말 치열하게 고민하고 토론하고 어려운 결정을 해야 하는 일이 많았습니다.

저는 학창시절부터 능력은 노력이라는 생각을 가지고 살아왔기에, 무조건 열심히 치열하게 일해왔습니다. 대통령답게 권위도 갖고 휴식도 취하고 하라고 조언하는 분도 많이 계셨지만, 취임 이후 나라 안팎의 사정이 녹록치 않았습니다.

글로벌 안보 및 공급망 위기, 고물가, 고금리, 고환율의 외생적 경제위기가 닥쳐왔습니다. 지난 정부의 포퓰리즘 정책에 따른 국가채무의 폭발적 증가, 부동산 정책 실패에 따른 영끌 가계대출 문제, 소주성 정책에 의한 최저임금 인상 등으로 자영업자와 소상공인, 중소기업의 경영 악화와 대출금 문제 등은 경제위기를 극복해 나가는 데 어려움을 더하였습니다.

하지만, 국민 여러분께서 어려운 여건에도 저와 정부를 믿고 따라주신 덕분에, 차근차근 현안과 위기를 풀어갈 수 있었습니다. 징벌적 과세 정책을 폐기하고 시장 원리에 충실하게 부동산 정책을 펴 온 결과, 주택 가격을 안정적으로 관리하고 글로벌 중추국가 외교와 경제를 연결하여 해외시장을 개척하고 수출에 노력한 결과, 지난해 역대 최대 수출 실적을 달성하고 우리보다 인구가 2.5배 많은 일본을 거의 따라갔습니다.

1인당 GDP는 지난해 일본을 추월했구요. 한미동맹의 핵기반 업그레이드와 포괄적 전략동맹 강화, 그리고 한일관계 정상화를 통한 한미일 3국 협력체계는, 우리 경제의 대외신인도를 든든하게 뒷받침해 주었습니다.

요새는 안보와 경제, 그리고 사회개혁을 위해 이리 뛰고 저리 뛴 지난 2년 반의 시간이 파노라마처럼 스쳐갑니다. 좀 더 현명하게 더 경청하면서 잘했어야 했는데 하는 후회도 많이 듭니다.

지난 대선 기간, 그리고 취임 후 2년 반의 시간을 돌이켜 보면, 부족한 저를 믿고 응원해주신 국민 한 분 한 분의 얼굴이 떠오르고, 지친 몸을 끌고 새벽일을 시작하시는 분들, 추운 아침 미래를 준비하기 위해 책가방을 둘러메고 나가는 학생들, 어려운 여건에서 아프고 불편한 몸으로 고생하시는 분들 생각이 많이 납니다. 찾아뵙고 도움을 드리지 못해 안타까운 마음입니다.

부지런히 돌아다니고 일하다가 이렇게 직무정지 상태에서 비로소 "내가 대통령이구나"라는 생각을 하게 되는 것은, 이러한 안타까움 때문이 아닌가 싶습니다. 이번 직무정지가 저의 공직생활에서 네 번째 직무정지입니다. 검사로서 한 차례, 검찰총장으로서 두 차례, 모두 세 차례의 직무정지를 받았습니다.

제 주변 사람들은 제게 적당히 타협하고 조금 쉬운 길을 찾지 않는다고, 어리석다고 합니다. 어리석은 선택으로 직무정지를 받다보면 가까운 사람들이 등을 돌리고 외로움을 느낄 때도 있지만, 시간이 지나면 오해도 풀리고 많은 분들의 응원과 격려가 힘이 되었습니다.

늘 저의 어리석은 결단은 저의 변함없는 자유민주주와 법치주의에 대한 신념이었습니다. 자유민주주의 아닌 민주주의는 가짜 민주주의이고, 민주주의의 이름을 빌린 독재와 전체주의입니다. 민주주의는 개인의 자유를 지켜주기 위한 제도이고, 자유민주주의는 법치주의를 통해 실현되는 것입니다.

또, 우리 공동체 모든 사람들의 자유가 공존하는 방식이 바로 법치입니다. 법치는 자유를 존중하는 합리적인 법과 공정한 사법관에 의해 실현됩니다. 법치주의는 자유민주주의의 핵심 요소입니다. 자유민주주의는 경제에 있어 자유시장경제 원리와 결합하여 자율과 창의를 통해 우리의 번영을 이루어내고, 풍부한 복지와 연대의 재원을 만들어내며 번영의 선순환을 만들어냅니다.

우리나라는 부존자원이 없지만 훌륭한 인적자원을 가지고 있고 개방적이고 활발한 국제교역을 통해 발전해왔습니다. 오늘날 세계는 안보, 경제, 원자재 공급망 등에서, 모든 나라들이 서로 복잡한 관계를 맺고 있습니다. 우리의 번영을 지속하고 미래세대에 이어주려면, 자유와 법치의 가치를 공유하는 국가들과의 연대가 특히 중요합니다. 물론 우리에게 적대적인 공격을 하지 않는 국가는, 체제와 가치가 다르더라도 상호존중과 공동이익의 추구라는 현실적인 측면에서 협력해야 합니다. 하지만 체제와 지향하는 가치가 우리와 다르고, 우리에게 적대적인 영향력 공세를 하는 국가라면, 늘 경계하면서 우리의 주권을 지키고 훼손당하지 않도록 해야 합니다. 외부의 주권 침탈 세력의 적대적 영향력 공작을 늘 경계해야 하는 것입니다. 그렇게 해야 그런 세력의 영향력을 차단하고 우리를 만만히 보지 않도록 하면서 상호존중과 공동 이익을 실현할 수 있는 것입니다. 우리가 경계하고 조심해야 공동 번영과 평화를 누릴 수 있는 것입니다.

제2차 세계대전 이후 UN이 설립되고 어떤 사유이든 분쟁을 군사 공격과 전쟁으로 해결하는 것은 국제법상 금지되고, 방어 목적 이외 전쟁은 금지되었습니다. 총칼로써 피를 흘리는 군사공격과 전쟁 도발은 국제법상 금지되었으므로, 강대국이라 하더라도 외교상 큰 부담으로 작용하게 되어, 총칼을 쓰지 않는 회색지대 전술이 널리 사용되게 된 것입니다.

허위선동의 심리전, 정치인 매수와 선거 개입 등의 정치전, 디지털 시스템을 공격하는 사이버전, 군사적 시위와 위협을 보태어 시현하는 하이브리드 전술이 널리 쓰이게 된 것입니다. 국가기밀 정보와 핵심 산업기술 정보의 탈취와 같은 정보전도 하이브리드 전에 포함됩니다. 그래서 현대적 신흥 안보는 군사 정치 안보를 넘어서, 경제 안보, 보건 환경 안보, 에너지 식량 안보, 첨단 기술 안보, 사이버 안보, 재난 안보 등 매우 포괄적이고 다양합니다.

군사 정치 안보는 정보 보호, 보안과 각종 영향력 공작 차단을 포함합니다. 군사도발과 전쟁은 상대국의 주권을 침탈하는 정치 행위인데, 국제법이 금지하는 군사도발과 전쟁을 하지 않고 공격과 책임 주체도 뚜렷이 드러나지 않는 다양한 회색지대 하이브리드 전을 주권 침탈의 수단으로 사용하는 것입니다. 특히, 권위주의 독재 국가, 전체주의 국가는 체제 유지를 위해 주변국을 비롯한 많은 국가들을 속국 내지 영향권 하에 두려고 하고 있습니다. 국내 정치세력 가운데 외부의 주권 침탈 세력과 손을 잡으면 이들의 영향력 공작의 도움을 받아 정치권력을 획득하는 데 유리합니다.

그러나 공짜는 없습니다. 우리의 핵심 국익을 내줘야 합니다. 국가기밀 정보, 산업기술 정보 뿐 아니라 원전과 같은 에너지 안보와 산업 경쟁력 등을 내주고, 나아가 자유의 가치를 공유하는 국가들과의 연대를 붕괴시키고, 스스로 외교 고립화를 자초합니다. 국익에 명백히 반하는 반국가행위를 하는 것입니다. 이런 세력이 집권 여당으로 있을 때뿐만 아니라, 국회 의석을 대거 점유한 거대 야당이 되는 경우에도 국익에 반하는 반국가행위는 계속됩니다. 막강한 국회 권력과 국회 독재로 입법과 예산 봉쇄를 통해 집권 여당의 국정 운영을 철저히 틀어막고 국정 마비를 시킵니다.

여야 간의 정치적 의견 차이나 견제와 균형 차원을 넘어서, 반국가적인 국익 포기 강요와 국정 마비, 헌정질서 붕괴를 밀어붙입니다. 이건 남의 나라 이야기가 아닙니다. 바로 대한민국의 현실입니다. 어떤 정치세력이라도 유권자의 눈치를 보게 되어 있어, 무도한 패악을 계속하기 어렵지만 선거 조작으로 언제든 국회 의석을 계획한 대로 차지할 수 있다든가 행정권을 접수할 수 있다고 자신한다면 못할 일이 뭐가 있겠습니까?

우리나라 선거에서 부정선거의 증거는 너무나 많습니다. 이를 가능하게 하는 선관위의 엉터리 시스템도 다 드러났습니다. 특정인을 지목해서 부정선거를 처벌할 증거가 부족하다 하여, 부정선거를 음모론으로 일축할 수 없습니다. 칼에 찔려 사망한 시신이 다수 발견됐는데, 살인범을 특정하지 못했다 하여 살인사건이 없었고 정상적인 자연사라고 우길 수 없는 것입니다.

정상적인 법치국가라면 수사기관에 적극 수사 의뢰하고 모두 협력하여 범인을 찾아야 하는 것입니다.

선거 소송의 투표함 검표에서 엄청난 가짜 투표지가 발견되었고, 선관위의 전산시스템이 해킹과 조작에 무방비이고, 정상적인 국가기관 전산 시스템의 기준에 현격히 미달 한데도, 이를 시정하려는 어떠한 노력도 하지 않을 뿐 아니라, 발표된 투표자 수와 실제 투표자 수의 일치 여부에 대한 검증과 확인을 거부한다면, 총체적인 부정선거 시스템이 가동된 것입니다.

이는 국민의 주권을 도둑질하는 행위이고 자유민주주의를 붕괴시키는 행위입니다. 자유민주주의와 법치주의를 지향하는 정상적인 국가라면, 선거 소송에서 이를 발견한 대법관과 선관위가 수사 의뢰하고 수사에 적극 협력하여 이런 불법 선거 행위가 일어났는지 철저히 확인해야 하는 것입니다. 그럼에도 이를 은폐하였습니다. 살해당한 시신은 많이 발견됐는데, 피해자 가족에게 누가 범인인지 입증 자료를 찾아 고소하여 처벌이 확정되지 않는 한 살인 사건을 운운하는 것을 음모론이라고 공격한다면 이게 국가입니까?

디지털 시스템과 가짜 투표지 투입 등으로 이루어지는 부정선거 시스템은 한 국가의 경험 없는 정치세력이 혼자 독자적으로 시도하고 추진할 수 있는 일이 아닙니다. 잘못하다가 적발되면 정치세력이 붕괴될 수 있습니다. 혼자서는 엄두도 내기 어려운 일입니다. 기껏해야 금품 살포, 이권 거래, 여론 조작 등일 것입니다. 하지만 투개표 부정과 여론조사 조작을 연결시키는 부정선거 시스템은, 이를 시도하고 추진하려는 정치세력의 국제적 연대와 협력이 필요함을 보여줍니다. 투개표 부정선거 시스템은 특정 정치세력이 장악한 여론조사 시스템과, 선관위의 확인 거부 및 은폐로 구성되는 것입니다.

살인범을 특정하지 못해서, 살인사건을 음모론이라고 우기는 여론 조성 역시, 투개표 부정선거 시스템의 한 축을 구성합니다.

국민 여러분께서 아시는 바와 같이, 이게 우리나라 현실이라면 지금 이 상황이 위기입니까? 정상입니까? 이 상황이 전시, 사변에 준하는 국가비상사태입니까? 아닙니까? 전시와 사변은 우리 국토 공간 위에서 벌어지는 물리적인 상황, 즉 하드웨어의 위기 상황이라면, 지금 우리의 현실은 우리나라의 운영 시스템과 소프트웨어의 위기 상황인 것입니다.

헌법 66조는 대통령은 국가원수로서 국가를 대표하며 국가의 독립, 영토의 보전, 국가의 계속성과 헌법을 수호할 책무를 진다고 되어 있습니다. 쉽게 말하면, 대통령에게 대한민국의 하드웨어를 지키고 운영체계와 소프트웨어를 수호하라는 책무를 부여한 것입니다. 거대 야당이 국회 독재를 통해 입법과 예산을 봉쇄하여 국정을 마비시키고, 위헌적인 법률과 국익에 반하는 비정상적인 법률을 남발하여 정부에 대한 불만과 국론 분열을 조장하고, 수십 차례의 줄탄핵으로 잘못 없는 고위공직자들의 직무를 정지시키고, 심지어는 자신들의 비리를 수사하고 감사하는 검사와 감사원장까지 탄핵하고, 자신들의 비리를 덮는 방탄 입법을 마구잡이로 추진하는 상황은, 대한민국 운영체계의 망국적 위기로서 대통령은 이 운영체계를 지켜낼 책무가 있습니다.

저는 헌법기관인 감사원장까지 탄핵하여 같은 헌법기관인 헌법재판소의 법정에 세우려는 것을 보고, 헌법 수호 책무를 이행하기 위한 비상조치가 필요하다고 생각하였습니다. 거대 야당의 일련의 행위가 전시, 사변에 준하는 국가비상사태라고 판단하고, 대통령에게 독점적 배타적으로 부여된 비상계엄 권한을 행사하기로 한 것입니다.

계엄은 과거에는 전쟁을 대비하기 위한 것에 국한되는 것이었지만, 우리 헌법은 '이에 준하는 국가비상사태'라고 규정하여, 전쟁 이외의 다양한 국가위기 상황을 계엄령 발동 상황으로 예상하고 있습니다.

국가위기 상황에서 자유민주국가의 대통령이 가장 먼저 해야 할 일은, 주권자인 국민들에게 국가위기 상황을 알리고, 이를 극복하기 위해 힘쓰자는 호소를 하는 것입니다. 국가위기 상황을 군과 독재적 행정력만으로 돌파할 것이 아니라, 주권자인 국민과 상황을 공유하고 국민의 협조를 받아 돌파해야 하는 것입니다.

계엄이라는 말이 상황의 엄중함을 알리고 경계한다는 뜻이 아니겠습니까? 저는 우리나라의 자유민주주의와 국민 주권이 위기 상황임을 잘 인식하지 못하고 계신 국민들께, 상황의 위급함을 알리고 주권자인 국민들이 눈을 부릅뜨고 국회 독재의 망국적 패악을 감시, 비판하게 함으로써, 자유민주주의와 헌법질서를 지키려 하였습니다.

그래서 국방부장관에게, 국회 독재를 알리고 질서 유지를 하기 위해, 그리고 부정선거 가동 시스템을 국민들께 제대로 알리고 진상을 파악하기 위해, 필요 최소한의 병력 투입을 지시하였고 국회 280명, 선관위에 290명의 병력이 투입된 것입니다.

국회에 투입된 280명의 병력은 국회 마당에 대기해 있다가, 그리고 선관위에 투입된 병력은 수십명의 디지털 요원만 내부 시스템에 접근하고 나머지는 외부에 대기해 있다가, 계엄 선포 2시간 30분 만에 국회의 계엄 해제 요구 의결이 있자 즉각 철수하였고, 아무런 사상자나 피해 없이 평화롭게 마무리되었습니다.

국민 여러분,
계엄은 범죄가 아닙니다.
계엄은 국가위기를 극복하기 위한 대통령의 권한 행사입니다. 그렇기 때문에 대통령의 권한 행사를 보좌하기 위해, 합동참모본부에 계엄과가 있는 것입니다. '계엄=내란' 이라는 내란몰이 프레임 공세로 저도 탄핵소추되었고, 이를 준비하고 실행한 국방부장관과 군 관계자들이 지금 구속되어 있습니다. 참으로 어이없는 일입니다. 병력 투입 시간이 불과 2시간인데, 2시간짜리 내란이 있습니까? 방송으로 전 세계, 전 국민에게 시작한다고 알리고, 3시간도 못 되어 국회가 그만두라고 한다고 병력 철수하고 그만두는 내란 봤습니까?

합참 계엄과 계엄 매뉴얼에 의하면, 전국 비상계엄은 최소 6~7개 사단 병력 이상, 수만 명의 병력 사용이 전제되어 있습니다. 국방부장관은 합참에서 작전부장과 작전본부장을 지낸 사람으로 이런 걸 모를 리 없습니다. 계엄의 형식을 빌린 대국민 호소이기 때문에, 소규모 병력을 계획한 것입니다. 국회의원과 국회 직원 등은 신분증 확인을 거쳐 국회 출입이 이루어졌으므로, 계엄해제요구 결의안 심의가 신속하게 진행되었고, 본관과 마당에는 수천 명의 사람들이 오히려 280명의 군을 에워싸고 있었습니다. 병력 철수 지시에 따라 군은 마당에 있던 시민들에게 공손히 인사하고 철수했습니다. 국회를 문 닫으려 한 것입니까? 아니면 폭동을 계획하긴 했습니까? 최근 야당의 탄핵소추 관계자들이 헌법재판소에서 소추 사항 중 내란죄를 철회하였습니다. 내란죄가 도저히 성립될 수 없으니, 당연한 조치를 한 것입니다. 그런데 내란 몰이로 탄핵소추를 해놓고, 재판에 가서 내란을 뺀다면, 사기탄핵, 사기소추 아닙니까? 탄핵소추 이후의 상황을 보아도 그 오랜 세월 민주화 운동을 했다고 자부하는 정치인들이 맞나 싶습니다.

하지만 최근 많은 국민들과 청년들이 우리나라의 위기 상황을 인식하고 주권자로서 권리와 책임의식을 가지게 된 것을 보고 있으면, 국민들께 국가위기 상황을 알리고 호소하길 잘했다고 생각되고, 국민들께 깊은 감사를 느끼게 됩니다.

저는 대통령에 출마할 때부터, 우리나라의 대통령이라는 자리가 영광의 길이 아니라 형극의 길이라는 사실을 잘 알고 있었습니다. 하지만, 이 나라의 자유민주주의를 반듯하게 세우고, 자유와 법치를 외면하는 전체주의적 이권 카르텔 세력과 싸워 국민들에게 주권을 찾아드리겠다고 약속한 만큼, 저 개인은 어떻게 되더라도 아무런 후회가 없습니다.

제가 독재를 하고 집권 연장을 위해 이런 식으로 계엄을 했겠습니까? 그런 소규모 미니 병력으로 초단시간 계엄을 말입니다. 사법적 판단이 어떻게 될지는 제가 알 수 없는 일이지만, 국민 여러분께서는 이 계엄이 헌법을 수호하고 국가를 살리기 위한 것인지 아닌지 잘 아실 것으로 저는 믿습니다.

과거에는 대통령의 독재에 국회의원들이 저항하고 민주화 투쟁을 했다면, 세계 어느 나라 헌정사에서도 유례가 없는 막가파식 국회 독재의 패악에 대해, 헌법 수호 책무를 부여받은 대통령으로서 당연히 저항하고 싸워야 하는 것입니다. 국가 기능을 정상화시키고, 자유민주주의를 지키기 위해서입니다. 수사권 없는 기관에 체포영장이 발부되고 정상적인 관할이 아닌 법관 쇼핑에 의해서 나아가 법률에 의한 압수·수색 제한을 법관이 임의로 해제하는 위법·무효의 영장이 발부되고, 그걸 집행한다고 수천 명의 기동경찰을 동원하고, 1급 군사시설보호구역을 무단 침입하여 대통령 경호관을 영장 집행 방해로 현행범 체포하겠다고 나서는 작금의 사법 현실을 보면서, 제가 26년 동안 경험한 법조계가 이런 건지 어처구니가 없습니다. 자유민주주의를 경시하는 사람들이 권력의 칼자루를 쥐면 어떤 짓을 하는지, 우리나라가 지금 심각한 망국의 위기 상황이라는 제 판단이 틀리지 않았다는 씁쓸한 확신이 들게 됩니다.

자유민주주의와 법치는 동전의 양면입니다. 자유민주주의를 실현하는 법치는 형식적 법치, 꼼수 부리는 법치가 아닙니다. 이런 법치는 인민민주주의 독재, 전체주의 국가에서 자유를 억압하기 위해 악용되는 법치입니다. 법은 자유민주주의 헌법정신을 실현하기 위해 만들어져야 하고, 일단 만들어진 법은 다수결의 지배가 아니라, 소수자 보호와 개인 권익 보호에 철저를 기해야 하는 것입니다.

우리나라 좌파 운동권도 자신들이 주류가 아닐 때는 이러한 법치주의의 보호에 기대왔지만, 국회 절대 다수 의석을 차지한 다음에는 실질적 법치보다 다수결의 민주가 우선하며, 법치국가적 통제보다 민주적 통제를 앞세우고 있습니다.

저는 검찰총장 시절 민주당 정권의 이런 무법적 패악을 제대로 겪었습니다. 이렇게 되면 법률가, 법조인은 정치권력의 하수인으로 전락하는 것입니다. 하지만 국민 여러분, 힘내십시오.

주권자인 국민 여러분께서 확고한 권리와 책임의식을 가지고 이를 지키려고 노력한다면, 이 나라의 미래는 밝고 희망적입니다.
국민 여러분, 감사합니다.

- 구속취소 대통령 담화문(2025.3.8.)

2025.3.7. 지귀연 판사는 윤석열 대통령을 풀어주라는 판결을 내렸다.

윤석열에 대한 구속기간이 만료(10일)됐는데도 검찰이 기소한 것은 잘못되었다. 석방하라.

설사 기간계산이 맞다해도 공수처는 내란죄 수사권을 갖고 있지 않아 수사권을 둘러싼 불확실성을 해소하라. 그렇지 않으면 상급심에서 파기가능성이 있고 시간이 지나면 재심 가능성이 있다.

지귀연 판사의 지극히 원론적이고 상식적인 명판결에 감사를 드린다. 늦게나마 법치주의가 살아있음을 느끼며, 심우정 검찰총장의 즉시항고를 포기한 결정에 경의를 표한다. 그나마 대한민국의 법치주의가 제자리를 찾은 것 같아서 막걸리 한잔에 그 의미를 찾으려 한다.

<대국민담화문>

대한민국 국민 여러분, 대통령 윤석열입니다.

오늘 저는 법원의 결정을 통해 석방되어 다시 국민 여러분 앞에 서게 되었습니다. 지난 기간 동안 저와 대한민국을 둘러싼 혼란과 갈등 속에서 많은 국민께서 걱정과 분노를 느끼셨을 것입니다. 저는 이 모든 과정이 대한민국의 자유와 법치를 수호하기 위한 싸움이었다는 점을 분명히 말씀드립니다.

이번 사태를 통해 우리는 대한민국 사회 곳곳에 숨어있던 반헌법적 세력들의 실체를 다시금 확인했습니다. 선거의 공정성을 지켜야 할 선관위는 특정 정파의 도구로 전락했고, 사법 체계내에서는 우리법연구회를 비롯한 정치적 이념에 경도된 세력들이 법치를 왜곡해 왔습니다. 더 나아가, 대한민국을 무너뜨리려는 간첩 세력들이 정부와 사회 곳곳에 침투해 국가의 근간을 흔들고 있음을 우리는 목격하고 있습니다.

이제 국민 여러분과 함께 이 싸움을 끝까지 이어가겠습니다. 대한민국을 혼란에 빠뜨리고, 불법적 수단으로 권력을 장악하려는 세력과는 단호히 맞설것입니다. 저는 국민여러분과 함께 자유민주주의 법치를 지키는 길을 끝까지 걸어갈 것입니다.

우리 앞에 놓인 도전은 분명 쉽지 않습니다. 하지만 대한민국은 정의로운 나라입니다. 국민의 힘으로 불법과 부정을 바로잡고, 자유롭고 공정한 나라를 만들 수 있습니다. 저는 국민과 함께 끝까지 싸울 것이며, 대한민국이 올바른 길을 가도록 책임을 다하겠습니다.

국민 여러분의 신뢰와 지지를 부탁드립니다. 감사합니다.
2025년 3월 8일
대한민국 대통령 윤석열

- 선거부정

선관위는 가족회사?
가족회사라는 말에 열 받지 않은 국민이 있을까?

'공정과 상식'이 무너진 사회를 바라보는 MZ 세대들은 무엇이라고 말할까? 공무원이 되기 위해 열심히 공부하는 젊은이들은 어떤 상실감에 사로잡혀 인생을 포기할까 두렵다.

선관위의 독립성을 강조하며 감사원의 감사 결과에 승복하지 못하고 나온 선관위 고위공무원의 입에서 나온 말이다. 선관위는 가족회사라고..

감사원의 감사 결과에 의하면 10년간 채용 비리 등 각종 불법행위가 878건 적발되었다고 한다. 즉각적인 시정이 아니더라도 감사원의 감사 결과에 수용하며 잘못된 관행은 적법절차에 맞게 고쳐가는 것이 행정부처의 태도이며 국민에게 고개 숙여 사과하는 것이 도리이다.

각종 보도에 의하면 3,000명의 상근직에 선거가 있는 해에는 별도의 임시직을 채용하여 운영한다고 하니 얼마나 많은 예산이 투입되는지 명확하게 밝혀 국민적 의혹을 해소하는 것이 마땅하다.

주변의 얘기에 의하면 선관위 소속 공무원들은 다른 공무원들보다 훨씬 수월하다는 것과 선거철에는 오히려 병가 등 휴직으로 그 자리를 임시직으로 대체 한다는 보도는 공직자로서의 사명감이나 의지 등이 결여된 것으로 국민적 비난을 받아 마땅하다는 것이다.

'선거는 민주주의의 꽃이다'라고 알고 있는 상식인데 수많은 곳에서 선거 결과를 신뢰할 수 없어서 소를 제기하였다고 주장을 해왔다.

이러한 국민적 의혹도 빠르게 결과를 공개하는 것이 법과 상식에 부합한다고 생각하는데 그러지 못하였다는 것이 소를 제기한 사람들의 주장이다. 일반적으로 본 선거에서 이기는 결과이면 부재자 투표도 동일한 결과를 가져오는 것이 '대수의 법칙'에 부합한다고 한다. 그러나 부재자 투표에서 결과는 대수의 법칙과 비교할 수 없는 수치가 나와 더 수긍이 어렵다고 한다. 대수의 법칙이란 동전을 10개 던져 앞뒤가 같이 나올 확률을 말하는데 모수가 많으면 같은 결과가 나올 확률이 더 높다는 것이다.

동전 10개를 던져 7:3의 결과가 나올 수 있지만, 모수가 1만개 또는 10만개일 때에는 5:5의 확률로 나오는 것이 훨씬 높다는 것이다.

그래서 많은 사람들이 부재자 투표의 부당성을 주장하고 있으며, 선관위의 '선거 시스템'에 문제가 없는지 다시 한번 점검하여 효율적이면서도 공정한 선거관리로 신뢰받는 선관위가 되길 기대한다.

- 제20대 대통령 취임사(2022.5.10.)

존경하고 사랑하는 국민 여러분,
750만 재외동포 여러분,
그리고 자유를 사랑하는 세계 시민 여러분,

저는 이 나라를 자유민주주의와 시장경제 체제를 기반으로 국민이 진정한 주인인 나라로 재건하고, 국제사회에서 책임과 역할을 다하는 나라로 만들어야 하는 시대적 소명을 갖고 오늘 이 자리에 섰습니다.

역사적인 자리에 함께해주신 국민 여러분께 감사드립니다.

문재인, 박근혜 전 대통령, 그리고 할리마 야콥 싱가포르 대통령, 포스탱 아르샹쥬 투아데라 중앙아프리카공화국 대통령, 왕치산 중국 국가부주석, 메가와티 수카르노푸트리 인도네시아 전 대통령, 더글러스 엠호프 해리스 미국 부통령 부군, 조지 퓨리 캐나다 상원의장, 하야시 요시마사 일본 외무상을 비롯한 세계 각국의 경축 사절과 내외 귀빈 여러분께도 깊이 감사드립니다.

이 자리를 빌려 지난 2년간 코로나 팬데믹을 극복하는 과정에서 큰 고통을 감내해주신 국민 여러분께 경의를 표합니다.

그리고 헌신해주신 의료진 여러분께도 감사드립니다.

존경하는 국민 여러분,

세계 시민 여러분,

지금 전 세계는 팬데믹 위기, 교역 질서의 변화와 공급망의 재편, 기후 변화, 식량과 에너지 위기, 분쟁의 평화적 해결의 후퇴 등 어느 한 나라가 독자적으로, 또는 몇몇 나라만 참여해서 해결하기 어려운 난제들에 직면해 있습니다.

다양한 위기가 복합적으로 인류 사회에 어두운 그림자를 드리우고 있는 것입니다.

또한 우리나라를 비롯한 많은 나라들이 국내적으로 초저성장과 대규모 실업, 양극화의 심화와 다양한 사회적 갈등으로 인해 공동체의 결속력이 흔들리고 와해되고 있습니다.

한편, 이러한 문제들을 해결해야 하는 정치는 이른바 민주주의의 위기로 인해 제 기능을 하지 못하고 있습니다.

가장 큰 원인으로 지목되는 것이 바로 반지성주의입니다.

견해가 다른 사람들이 서로의 입장을 조정하고 타협하기 위해서는 과학과 진실이 전제되어야 합니다.

그것이 민주주의를 지탱하는 합리주의와 지성주의입니다.

국가 간, 국가 내부의 지나친 집단적 갈등에 의해 진실이 왜곡되고, 각자가 보고 듣고 싶은 사실만을 선택하거나 다수의 힘으로 상대의 의견을 억압하는 반지성주의가 민주주의를 위기에 빠뜨리고 민주주의에 대한 믿음을 해치고 있습니다.

이러한 상황이 우리가 처해있는 문제의 해결을 더 어렵게 만들고 있습니다.

그러나 우리는 할 수 있습니다.

역사를 돌이켜 보면 우리 국민은 많은 위기에 처했지만 그럴 때마다 국민 모두 힘을 합쳐 지혜롭게, 또 용기 있게 극복해 왔습니다.

저는 이 순간 이러한 위기를 극복하는 책임을 부여받게 된 것을 감사한 마음으로 받아들이고, 우리 위대한 국민과 함께 당당하게 헤쳐 나갈 수 있다고 확신합니다.

또 세계 시민과 힘을 합쳐 국내외적인 위기와 난제들을 해결해 나갈 수 있다고 믿습니다.

존경하는 국민 여러분,

세계 시민 여러분,

저는 이 어려움을 해결해 나가기 위해서 우리가 보편적 가치를 공유하는 것이 매우 중요하다고 생각합니다.

그것은 바로 '자유'입니다.

우리는 자유의 가치를 제대로, 그리고 정확하게 인식해야 합니다.

자유의 가치를 재발견해야 합니다.

인류 역사를 돌이켜보면 자유로운 정치적 권리, 자유로운 시장이 숨 쉬고 있던 곳은 언제나 번영과 풍요가 꽃 피었습니다.

번영과 풍요, 경제적 성장은 바로 자유의 확대입니다.

자유는 보편적 가치입니다.

우리 사회 모든 구성원이 자유 시민이 되어야 하는 것입니다.

어떤 개인의 자유가 침해되는 것이 방치된다면 우리 공동체 구성원 모두의 자유마저 위협받게 됩니다.

자유는 결코 승자독식이 아닙니다.

자유 시민이 되기 위해서는 일정한 수준의 경제적 기초, 그리고 공정한 교육과 문화의 접근 기회가 보장되어야 합니다.

이런 것 없이 자유 시민이라고 할 수 없습니다.

어떤 사람의 자유가 유린되거나 자유 시민이 되는데 필요한 조건을 충족하지 못한다면 모든 자유 시민은 연대해서 도와야 합니다.

그리고 개별 국가뿐 아니라 국제적으로도 기아와 빈곤, 공권력과 군사력에 의한 불법 행위로 개인의 자유가 침해되고 자유 시민으로서의 존엄한 삶이 유지되지 않는다면 모든 세계 시민이 자유 시민으로서 연대하여 도와야 하는 것입니다.
 모두가 자유 시민이 되기 위해서는 공정한 규칙을 지켜야 하고, 연대와 박애의 정신을 가져야 합니다.

 존경하는 국민 여러분,
 국내 문제로 눈을 돌려 제가 중요하게 생각하는 방향에 대해 말씀드리겠습니다.
 우리나라는 지나친 양극화와 사회 갈등이 자유와 민주주의를 위협할 뿐 아니라 사회 발전의 발목을 잡고 있습니다.
 저는 이 문제를 도약과 빠른 성장을 이룩하지 않고는 해결하기 어렵다고 생각합니다.
 빠른 성장 과정에서 많은 국민이 새로운 기회를 찾을 수 있고, 사회 이동성을 제고함으로써 양극화와 갈등의 근원을 제거할 수 있습니다.
 도약과 빠른 성장은 오로지 과학과 기술, 그리고 혁신에 의해서만 이뤄낼 수 있는 것입니다.
 과학과 기술, 그리고 혁신은 우리의 자유민주주의를 지키고 우리의 자유를 확대하며 우리의 존엄한 삶을 지속 가능하게 할 것입니다.
 과학과 기술, 그리고 혁신은 우리나라 혼자만의 노력으로는 달성하기 어렵습니다.
 자유와 창의를 존중함으로써 과학 기술의 진보와 혁신을 이뤄낸 많은 나라들과 협력하고 연대해야만 합니다.

존경하는 국민 여러분,

세계 시민 여러분,

자유민주주의는 평화를 만들어내고, 평화는 자유를 지켜줍니다.

그리고 평화는 자유와 인권의 가치를 존중하는 국제사회와의 연대에 의해 보장이 됩니다.

일시적으로 전쟁을 회피하는 취약한 평화가 아니라 자유와 번영을 꽃피우는 지속 가능한 평화를 추구해야 합니다.

전 세계 어떤 곳도 자유와 평화에 대한 위협에서 자유롭지 못합니다.

지금 한반도와 동북아의 평화도 마찬가지입니다.

저는 한반도뿐 아니라 아시아와 세계의 평화를 위협하는 북한의 핵 개발에 대해서도 그 평화적 해결을 위해 대화의 문을 열어놓겠습니다.

그리고 북한이 핵 개발을 중단하고 실질적인 비핵화로 전환한다면 국제사회와 협력하여 북한 경제와 북한 주민의 삶의 질을 획기적으로 개선할 수 있는 담대한 계획을 준비하겠습니다.

북한의 비핵화는 한반도에 지속 가능한 평화를 가져올 뿐 아니라 아시아와 전 세계의 평화와 번영에도 크게 기여할 것입니다.

사랑하고 존경하는 국민 여러분,

지금 우리는 세계 10위권의 경제 대국 그룹에 들어가 있습니다.

그러므로 우리는 자유와 인권의 가치에 기반한 보편적 국제 규범을 적극 지지하고 수호하는데 글로벌 리더 국가로서의 자세를 가져야 합니다.

　우리나라뿐 아니라 세계 시민 모두의 자유와 인권을 지키고 확대하는데 더욱 주도적인 역할을 해야 합니다.

　국제사회도 대한민국에 더욱 큰 역할을 기대하고 있음이 분명합니다.

　지금 우리나라는 국내 문제와 국제 문제를 분리할 수 없습니다.

　국제사회가 우리에게 기대하는 역할을 주도적으로 수행할 때 국내 문제도 올바른 해결 방향을 찾을 수 있는 것입니다.

　저는 자유, 인권, 공정, 연대의 가치를 기반으로 국민이 진정한 주인인 나라, 국제사회에서 책임을 다하고 존경받는 나라를 위대한 국민 여러분과 함께 반드시 만들어 나가겠습니다.

　감사합니다.

2022년 5월 10일

대통령 윤석열

- 헌법재판소 판결

헌법재판소는 2025년 4월 4일 11시22분 전원일치 의견으로 대통령을 파면 결정한다. 고 하였다. 주요쟁점 사항으로
 - 비상계엄 선포의 요건과 절차의 위법성
 - 계엄사령부 포고령 1호의 위법성
 - 군과 경찰을 동원하여 국회 활동을 방해
 - 군을 동원한 중앙선거관리위원회 압수수색의 위법성
 - 정치인 등 주요 인사 체포 지시행위 등으로 요약하였다.

위 다섯 가지 쟁점이 헌법에 위배 된다고 판단하였으며, 그 중요성에 비추어 대통령직을 유지하기 어렵다고 하였다.

윤석열 대통령은 이러한 헌법재판소의 결정에 대해 '그동안 대한민국을 위해 일할 수 있어서 큰 영광이었다.'고 입장을 밝히며, '많이 부족한 저를 지지해 주시고 응원해 주신 여러분께 감사드린다.' 그리고 '기대에 부응하지 못해 너무나 안타깝고 죄송하다.' '사랑하는 대한민국과 국민 여러분을 위해 늘 기도하겠다.'는 메시지를 남겼다.

개인적으로 대통령변호인단이 줄기차게 주장했던 공수처의 수사권과 구속적부 등 절차적 정당성에 대한 언급이 부족한 부분이 있었고, 국회의 권한 남용에 해당하는 탄핵남발과 예산삭감 등은 국회법이 규정하고 있지만 제한적으로 운용되지 못한 부분에 대하여 전체 국민의 동의를 얻지 못한 판결로 보여진다.

물론 헌법제판소의 판결에 대하여는 존중되어야 하지만 개인적인 의견도 국민통합과 국가발전을 위해 고민해야 된다고 본다.

'법은 만인에게 평등하다.'는 법정신이 모든 국민에게 각인되고 공정과 공평의 상징물인 저울이 기울어지지 않았음을 보여주어야 누구나 신뢰할 수 있는 헌법재판소가 될 것이다.

"세상은
악을 행하는 자들 때문에
파괴되는 것이 아니라,
악을 보고도 아무것도
하지 않는 사람들 때문에
파괴될 것이다."

- 앨버트 아인슈타인 -

제5장 국토 방위편

- 연평해전과 천안함의 용사들
- 6.25 전쟁의 영웅
- 안시성과 양만춘 장군
- 강감찬 장군
- 세속오계 김유신 장군
- 이순신 장군

◾ 연평해전과 천암함의 용사들

 2002년 피파 월드컵 대한민국과 터키 대표팀의 3.4위전이 펼쳐지던 2002.6.29. 제2 연평해전이 벌어졌다. 북한의 선제공격으로 대한민국 해군 참수리 357호의 침몰과 전사자 6명, 부상자 19명 등의 피해가 있었다.
 2015년 제작된 '연평해전'의 영화를 보면서 긴박했던 순간의 교전상황은 군인으로서 본분을 다한 결과이지만 왜 남북간의 평화협정에도 불구하고 그러한 참사가 일어났는지에 대한 의문과 사선을 넘나드는 애국심은 언제 활짝 꽃을 피워 미래 세대에게 자유의 소중함을 깨칠 것인지 생각하게 하였다.

 천안함은 2010.3.26. 백령도 남서쪽 약 1km 지점에서 북한 잠수정의 어뢰에 공격당해 침몰하였다. 해경 함정에 의해 58명이 현장에서 구조되었으며 46명이 전사한 것으로 보고되었다. 수색작업 중 한준위가 순직하였고 수색을 돕던 금양호 민간인 등 9명이 실종 사망하였다.
 그해 5월 국방부의 발표에 의하면 천안함의 침몰이 북한과 관련이 없다고 하였지만, 민군합동조사단과 국제조사단의 조사결과 북한 잠수함의 어뢰 공격임을 확인하였다.

 천안함 피격 사건 당시 추모시 일부를 옮겨보면 다음과 같다.

 772함 나와라

온 국민이 애타게 기다린다.

칠흑의 어두움도
서해의 그 어떤 급류도
당신들의 귀환을 막을 수 없다
작전지역에 남아있는 772함 수병은 즉시 귀환하라.

6.25 전쟁의 영웅

- 6.25 전쟁 미군 참전과 16개 유엔군

6.25전쟁은 1129일간의 전쟁(1950.6.25.~1953.7.27.)이다.

1950년 6월 25일 새벽 4시 북한은 삼팔선을 넘어 남한을 침공하였다.

3년간의 전쟁 피해는 국군 62만명, 유엔군 16만명, 북한군 93만명, 중공군 100만명, 민간인 250만명, 이재민 370만명, 전쟁미망인 30만명, 전쟁고아 10만명, 이산가족 1,000만명 등 1,900여만명 이었다.

실로 엄청난 피해와 공산군을 중심으로 한 북한을 척결하기 위해 자유 진영의 미군(1,789,000명 참전)을 중심으로 한 UN 연합군이 벌인 2차 세계대전 이후 3차 세계대전에 버금가는 전쟁이었다.

1945년8월15일 일본의 항복으로 해방이 되었으나 38선 이북은 러시아가, 38선 이남은 미 군정하에 있었다. 실로 거대 제국의 손아귀에서 벗어나지 못한 약소국가의 설움이라고 볼 수 밖에없는 현실을 지금의 젊은이들은 어떤 생각을 가지고 있는지 궁금하다.

1910년 한일 간 강제 조약으로 나라를 잃은 국민의 마음은 표현조차 하기 싫으나 열강의 틈바구니에서 해방을 위한 선열들의 희생과 강인한 정신력, 자유민주주의에 대한 열망으로 1948년 남한 단독 이승만 정부가 탄생하였다.

대한민국 헌법 제1조는 대한민국은 민주공화국이다.

자유대한민국 정부수립의 혼란을 틈타 공산화하려는 공산괴뢰는 남한을 침공하여 며칠 만에 서울을 점령하고 함락 직전인 부산을 탈환하기 위한 낙동강 전투는 치열하였다. UN군 사령관 맥아더 장군의 인천상륙작전이 성공함으로써 서울을 수복하고 북진통일을 위해 전진 또 전진하였다.

러시아와 우크라이나의 전쟁에서 보듯이 파병이나 전투 장비의 지원은 쉬운 결정이 아니다. 그런데도 6.25 전쟁에서는 16개 우방국들이 동방의 작은 나라 대한민국의 자유와 평화를 위해 참전한 것은 대단한 용기이며 피를 나눈 형제보다도 가치 있고 소중한 은혜이다.

미 고위직의 자녀가 참전하여 희생한 사례는 진정한 자유와 평화의 가치가 무엇인지를 깨닫게 하기에 충분하며, 반대로 우리의 고위직 자녀가 그런 용기를 가질 수 있도록 교육되었는지 부끄러운 생각이 앞선다.

일부 역사학자들이 진영논리에 매몰되어 6.25 전쟁을 남쪽에서 도발한 북침이라고 주장하는가 하면 미국이 일으킨 전쟁이라고도 한다. 미국을 중심으로 한 UN군 연합군이 없었더라면 대한민국은 벌써 역사 속에 사라지고 없는 나라가 되었을 것이다.

마침 UN 묘지가 부산광역시 남구 대연동에 있다. 우리나라를 위해 희생한 장병들의 영령들을 위해 헌화하고 명복을 빈다.

또한, 피를 나눈 나라들을 하나둘 새겨 본다. 미국, 영국, 터키, 캐나다, 호주, 네덜란드, 태국, 뉴질랜드, 그리스, 남아프리카공화국, 벨기에, 필리핀, 룩셈부르크, 콜롬비아, 에디오피아, 프랑스 등 16개국이며, 의료지원 및 시설파견국은 노르웨이, 덴마크, 스웨덴, 인도, 이탈리아, 독일 등 6개국이다.

- 장진호 전투의 영웅

장진호 전투는 1950.11.26.~12.13. 까지 함경남도 장진군에서 중공군과 맞서 싸운 전투이다.

미국 극동사령부 휘하 미해병대 10군단(군단장 에드워드 알몬드 소장)이 독립적으로 벌인 전투이다.

대비하지 않았던 혹한의 추위와 보급품의 부족 등으로 중국의 12만 병사와 맞서 싸우기에는 역부족이었다. 어마어마한 희생자(사망 1,029명, 실종 4,894명, 부상 4,582명, 기타 7,338명 등 총 17,843명)를 내고 흥남부두에서 철수를 하였다.

고토리, 하갈우리, 유담리 등의 소재지는 장진호를 주변으로 포진해 있던 10군단 소속의 미해병대였지만 인해전술로 내려온 중공군을 막아내지는 못하였다.

중공군에 포위된 미국 해병대 1사단장 올리버 스미스 장군은 브리핑에서 후퇴라는 질문에 이런 명언을 남겼다.

"후퇴라니, 얼어죽을! 후퇴가 아니오, 우리는 다른 방향으로 진격하는 중이라고!"

당시 1연대장 루이스 풀러의 말도 유명하여 적어본다.

"우리는 포위됐다. 이제 문제는 간단해졌다. 우리는 이제 모든 방향으로 공격할 수 있다."

이 모두가 극한의 상황에서도 병사의 사기를 돋우며 진군하는 리더의 의지와 덕목이라는 점에서 가슴이 찡하다.

- 다부동 전투의 영웅

다부동 전투는 1950.8.3.~8.29.까지 경북 칠곡군 가산면에서 북한군과 맞서 싸운 전투이다. 6.25전쟁사에서 가장 치열한 전투로 대구로 진군하고자 하는 북한군과 이를 방어하는 UN연합군(존 허시 마이켈리스 장군)과 한국군의 백선엽장군이 승리함으로써 북한군의 전투의지를 꺾었으며, 임시수도 부산을 방어하는데 크게 기여하였다.

일명 낙동강 최종 방어선 전투라고 할 수 있으며 다부동 계곡에서 쌍방의 장갑차들이 불꽃을 튀기듯 5시간 가량 싸웠다. 이 광경을 바라보던 미 제27연대 장병들은 상대방 전차를 공격하기 위해 날아가는 포탄의 모습이 목표를 향해 미끄러지듯 볼링장의 핀을 쓰러뜨리듯 정확하게 타격하는 것을 보고 볼링장(Bowling Alley) 전투라고 하였다.

유엔군은 마산~왜관~영덕을 연결하는 워커라인을 구축하여 낙동강 방어선을 사수하였으며, 이후 전선마다 승리를 알리는 전황을 보고해 오므로서 이승만 대통령은 부산의 임시수도에서 서울수복을 꿈꾸며 연합군의 승리를 장담한 것 같다. 서울 수복이후 38선 이북에 대한 공격권을 인천상륙작전에 성공한 맥아더 장군에게 위임하여 국제정세를 살폈다고 할 수 있다.

이승만 대통령은 탈환지역에서의 사적 원한에 의한 타살이나 구타 등을 금지하는 성명을 발표하며 내부의 안정을 기할것을 당부하였다. 왜냐하면 북한군은 점령지에서 의용군을 차출하여 북한군 정규군에 총알받이로 편성하였으며 이후 북한군에 부역을 한 자로 낙인되어 정상적인 생활이 어려웠다고 하였다.

안시성과 양만춘 장군

서기 645년 당 태종 이세민이 직접 대군을 이끌고 요동 지역의 안시성을 공격해 왔다. 당초 목표는 고구려의 평양성을 치기 위하였으나 보급로의 차단과 퇴로 문제로 안시성을 먼저 치기로 한 것이다.

그러나, 안시성을 지키던 양만춘 장군과 백성들이 똘똘뭉쳐 당 태종의 공격을 막아내었다. 그 해 9월 침공을 포기하고 3개월만에 퇴각하였으며 충격으로 당 태종은 649년 4월 숨을 거두었다. 사망 직전 그의 자식들에게 '고구려를 공격하지 말라. 이길 수 있는 나라가 아니다. 고구려를 공격하다가 당이 위태로울 수 있다.'는 유언을 남겼다고 하였다.

이로써 당 태종이 고구려를 치기위해 5섯가지 이길 수 밖에 없는 이유인 '선전조서'가 무색해졌으며, 사생즉 각오로 임한 고구려 맹장 양만춘 장군과 그 백성들의 위업이 오늘날 대한민국을 지키는 토대를 마련했다고 생각된다. 기뻐서 눈물이 난다.

■ 강감찬 장군

고려 현종때 거란의 침공을 물리친 장군이다. 1018년 거란의 소배압이 10만 대군을 이끌고 고려를 침공하였으나 강감찬은 강민첨과 함께 10만 대군을 물리쳐 크게 승리하였다.

귀주대첩으로 유명하며, 2023년 KBS 대하드라마 '고려 거란 전쟁'에서 강감찬 역으로 배우 최수종이 주연을 맡아 열연하였다.

강감찬은 948년에 출생하여 1031년에 사망하였으며 현재 그의 묘소는 충청북도 청원군 옥산면 국사리에 있다. 서울 관악구 봉천동 낙성대공원은 강감찬 장군이 태어난 곳으로 낙성대공원 내 안국사에 장군의 영정을 모신 사당이 있다.

낙성대공원에서 매년 10월 강감찬 장군을 기리는 축제가 열리며 민속놀이로 제기차기, 팽이돌리기, 투호 등 체험학습장을 마련하여 자라나는 아이들에게 꿈과 희망, 구국영웅의 모습을 보여주고 있다.

■ 세속오계 김유신 장군

신라 진평왕때 처음 출사하여 문무왕까지 신라 5대 왕을 모신

명장이다. 태종 무열왕(김춘추)의 즉위 및 삼한일족 공적으로 왕족이 아님에도 불구하고 흥무대왕으로 추존 되었다.

595년에 태어나 673년 79세의 나이에 세상을 떠났다.

백제(기원전 18년~660)와 고구려(기원전 37년~668)를 공격하여 삼국통일을 이루었다.

신라(기원전 57년~936)는 군주국가로 가장 오랫동안 한반도를 지배하며 '천년왕국' 또는 '황금의 나라'라고 불렸다.

변방의 작은 나라가 삼국통일을 이루기 위해 당나라의 힘을 빌려 통일을 이루었으며, 이후 당과의 전쟁으로 승리하여 완전한 독립국가가 되었으나 백제부흥군과 고구려부흥군 등의 출현으로 내부적 혼란은 계속되었고 약 30년의 짧은 기간을 '통일신라'로 명명한 학자도 있다.

삼국통일의 공신 김유신 장군은 중국의 제갈량에 비유할 만큼 문무에 능통한 장군이었으며 15세에 화랑이 되어 화랑도 정신을 수련하였다.

당의 힘을 빌린 신라가 삼국을 통일한 후 당에서는 옛 백제 땅에 '웅진도독부'를 옛 고구려 땅에 '안동도호부'를 설치하여 통치하였으며, 신라에도 '계림도독부'를 설치하여 통치하려 하자 "나당 전쟁"을 일으켜 항거하였다. 아들 원술이 당군에게 패배하고 돌아오자 참수할 것을 주장하였으며, 노쇠한 그가 사망한 후 676년에 당을 완전히 몰아내고 독자적인 정치를 할 수 있었다.

백제의 명장 계백장군(? ~660)과 황산벌 전투에서 싸워 승리함으로써 백제를 패망케 하였으며, 이는 신라의 화랑도 정신

세속오계를 연마한 호국정신에 그 바탕이 있었다고 본다. 오늘날 헬조선으로 살아가는 청년들에게 애국심이 무엇인지 신라의 고승 원광법사(542~640)의 화랑도 정신 세속오계를 옮겨본다.

<세속오계>
1. 사군이충(임금을 충성으로 섬길 것)
2. 사친이효(어버이에게 효도를 다할 것)
3. 교우이신(벗을 사귈 때 믿음을 가질 것)
4. 임전무퇴(싸움에 임해서는 절대로 물러서지 않을 것)
5. 살생유택(산 것을 죽일 때는 신중하게 가려서 할 것)

■ 이순신 장군

'필사즉생 필생즉사'(죽고자 하면 살것이요, 살고자 하면 죽을 것이다.)

충무공 이순신 장군은 구국의 영웅 중에 영웅이다. 서울 광화문 광장에는 우리나라의 위대한 세종대왕과 이순신 장군의 동상이 있다.

너무나 잘 알려진 인물이기 때문에 언급을 하는 것 자체가 결례가 될까 두렵다.

그는 1545년 지금의 서울 중구에서 태어나 1598년 경남 남해 판옥선상에서 사망하였다. '적에게 나의 죽음을 알리지 마라'고 한 말은 아군의 사기와 적에게는 두려움의 상징이었기 때문이다.

1592년 7년간의 해전에서 임진왜란과 정유재란을 승리로 이끈 맹장이며 호국영웅이다. '한산도대첩'과 '명량대첩'에서 크게 승리하였으며, '노량해전'에서 적의 탄환에 맞아 순직하였다.

경남 남해 '이순신 순국 공원'에 가면 이순신 장군의 일대기와 '난중일기'에 나오는 명언들, 판옥판 체험, 활쏘기와 제기차기 등 민속놀이 체험을 할 수 있으며, 풍전등화의 위기 속에서도 굴하지 않는 성웅! 불멸의 이순신 정신을 느낄 수 있다.

가슴속에 이순신을 품고 살아온 이순신 저자 김종대의 표지 글을 인용하면 "모함과 질시로 수없이 위기에 부딪치지만 이순신은 결코 원망이나 격분으로 일을 그르치지 않았다. 어떤 상황도 받아들이고, 한 번 세운 '충'을 지켜냈다. 또 백성을 사랑하고, 부하들을 아끼고, 가족을 사랑하는 마음이 있었기 때문에 거북선을 창제하고 23번의 전투에서 모두 승리할 수 있었다."고 쓰고 있다.

"난중일기"에 나오는 '필사즉생 필생즉사'(죽고자 하면 살것이요, 살고자 하면 죽을 것이다.)는 지금도 많이 인용되는 말이다.

말이 필요 없다. 그냥 느껴라..

제6장 경제인 편

- 삼성그룹 이병철
- 현대그룹 정주영
- 엘지그룹 구인회
- SK그룹 최종원
- 롯데그룹 신격호

■ 삼성그룹 이병철

'어떠한 인생에도 낭비라는 것은 있을 수 없다.'
'모든 것은 나라가 기본이다. 나라가 잘되어야 기업도 잘되고 국민이 행복해질 수 있는 것이다.'

이병철(1910~1987) 회장은 1910년 경상남도 의령군 정곡에서 태어났다. 의령의 인물이며 대한민국의 기업가로서 삼성그룹을 이끌어온 경제인이다.

의령 정곡은 솥을 상징하며 남강 물줄기 아래 솥바위가 있다고 한다. 솥바위를 중심으로 10리이내에 한국을 이끌 세분의 명장이 태어난다는 전설이 있는데 그 중 한분이다.

이병철 회장의 생가에는 많은 관광객들이 줄지어 다녀가면서 의령 정곡은 부자마을로 통한다. 큰 기와집과 우물, 집 앞마당에는 거대한 암벽이 둘려쌓여 있어 요새와 같다.

마을 입구에는 관광객을 위한 커다란 주차장과 식당들이 있으며, 얼마전에는 의령에서 가장 시설이 좋은 카페도 있어서 힐링의 장소로도 좋은 곳으로 알려졌다.

또한 의령에서 유명한 망개떡도 맛볼 수 있는 곳이기에 더욱 자주 찾게 하는 지역이며, 조금 더 의령읍내로 이동하면 소고기국밥으로 유명한 전통식당이 있어서 의령을 여행하는 분에게는 더욱 맛과 얼이 공존하는 공간으로 참 좋다고 생각된다.

그는 부농의 아들로 태어나 젊은 시절 골패에 빠져 방황하던 시절도 있었다고 한다. 그러다가 가족을 보며 큰 깨달음이 있어서 삼성이라는 세계적 기업으로 발전하는 밑거름을 만들어 주신 분이다.

1981년 신년사에서 그는 '모든 것은 나라가 기본이다. 나라가 잘되어야 기업도 잘되고 국민이 행복해질 수 있는 것이다.' 라고 하여 애국심을 고양하는 것처럼 '사업보국'을 위해 헌신하신 위대한 분이라는 생각이 든다.

사카린 밀수사건으로 커다란 고초를 겪기도 하였지만 오늘날 삼성이라는 브랜드로 세계적 기업으로 성장하는 밑거름이 되었고, 1970년대 수원에 43만평 규모의 삼성전자 공장을 지을 때 임직원들이 만류하였지만 일본의 히타치 40만평 보다는 커야 하지 않겠냐면서 극일을 강조하셨던 분이다.

그 당시 히타치 하면 세계적인 기업으로 비디오 촬영 등 음향장비 업체의 대명사였다. 그러한 기업을 앞설 날이 있을 것을 예측하며 반도체 산업에 투자하여 '삼성' 이라는 세계적인 기업을 만든 원동력이 되었다고 하니 정말 대한민국의 경제인으로 전설적인 분이시다.

초대 창업주이신 이병철 회장에 이어 이건희(1942~2020) 회장, 지금은 이재용 회장이 삼성의 리더로서 삼성을 이끌어 가고 있다,

오늘날 많은 대한민국의 젊은이들이 살아갈 수 있도록 기회를 만들어 주셔서 감사합니다.

현대그룹 정주영

'사업은 망해도 다시 일어설 수 있지만, 인간은 한번 신용을 잃으면 그것으로 끝이다.'

'우리가 잘 되는 것이 나라가 잘 되는 것이며, 나라가 잘 되는 것이 우리가 잘 될 수 있는 길이다.'

소떼를 몰고 고향을 찾는 기분을 알 수 있을까? 1998년 판문점을 통해 소 500마리를 싣고 개선장군처럼 활보하던 그의 모습에서 통일이 멀지 않았다고 생각하게 하였다. 프랑스의 철학자 기 소르망(미국 시민권자이기도 함)은 소떼 방북 이벤트를 '20세기 최후의 전위예술'이라고 표현할 정도로 세상의 이목을 끌었던 명장면이었다.

정주영(1915~2001) 회장은 강원도 통천에서 아버지 정봉식, 어머니 한성실의 장남으로 태어났다.

현대그룹의 창업주이자 왕회장으로 불리웠으며, 현대중공업 창업 비화와 서산 간척지와 관련 폐선을 이용한 정주영 공법 등 기상천외한 사업가적 마인드와 노력들은 피땀없이 이루어진 결과들이 아니기에 한없는 존경과 경외심을 들게 한다.

1957년에 완공한 고령교(경북 고령과 대구 달성을 잇는 다리) 공사는 신용을 지키기 위해 수많은 실패에도 좌절하지 않고 공사를 완공하였으며 이러한 신뢰를 바탕으로 더욱 큰 공사를 할 수 있었다.

소양강댐건설과 경부고속도로건설, 중동진출 등에서 괄목할 성장을 하였으며, 울산에서 자동차산업의 진출로 자동차 수출과 국내 마이카시대를 열었다.

울산 동구에는 현대중공업과 현대자동차가 들어서며 거기에 진입하는 도로를 정주영 회장의 호인 아산로로 명명하였다.

1992년 정치자금에 불만을 가지고 직접 '통일국민당'을 창당하여 제14대 총선에서 31석을 얻어 원내교섭단체를 구성하였으며, 이에 자신을 얻어 대선에 도전하였으나 실패하였다. 반값 아파트와 현대그룹 임직원들과 가족 등 1천만 표는 가능하다고 보았으나 실제 뚜껑을 열어보니 400만 표도 얻지 못하였다.

이후 정계 은퇴와 정치보복 등으로 고통을 겪었으나 1995년 8.15 특별 사면 복권되어 청와대를 방문 대통령과 독대 화해하였다고 한다.

자동차, 조선, 선박, 철강, 건설, 금융 등 대한민국 구석구석 정주영 회장이 남긴 발자취는 위대하다.

초대 창업주이신 정주영 왕회장에 이어 둘째 아들인 정몽구 현대자동차 그룹 명예회장, 2020년부터 정주영 회장의 장손자 정의선 회장이 현대자동차 그룹을 이끌어 가고 있다.

엘지그룹 구인회

'솥바위처럼 우리의 사업도 튼튼한 세 발로 설 때까지는 아무리 힘들어도 멈추지 말자. 우리는 국민의 삶을 바꿀 준비가 되어 있어야 한다.'

엘지그룹 창업자 구인회(1907~1969) 회장은 1907년 경상남도 진주시 지수에서 태어났다. 1958년 금성사를 창업해 라디오와 흑백텔레비전을 생산하여 지금의 엘지전자와 엘지화학을 중심으로 한 엘지그룹의 역사가 되었다.

삼성 창업주 이병철 회장과 지수초등학교 동문이며 의령 솥바위에 얽힌 전설을 모토로 '솥바위처럼 우리의 사업도 튼튼한 세발로 설 때까지는 아무리 힘들어도 멈추지 말자. 우리는 국민의 삶을 바꿀 준비가 되어 있어야 한다.' 정직과 신용, 품질을 바탕으로 한 국민 생활의 기초를 강조하며 '윤택한 삶'과 '풍요한 삶'이 목표였다.

개인의 욕심보다는 국민의 '삶의 질' 향상에 그 가치를 두었고, 신뢰를 바탕으로 편리한 세상을 만드는 일에 중점을 두었다.

요즘 말로 기업가로서 기업의 사회적 책임을 강조하신 분이시다.

엘지생활건강에서 나오는 치약은 엘지그룹 초창기 생활필수품이었다. 소비하면 또 소비하게 되는 주기적인 생활용품이었으며, 텔레비전 등 전자제품은 초창기 광고 '순간의 선택이 10년을 좌우한다.'는 매 결정의 순간마다 떠오르는 문구로 우리 인생의 명구가 되었다.

결혼을 앞둔 청춘남녀에게는 '순간의 선택이 평생을 좌우한다.'라고 하여 신중한 결정을 할 것을 필요로 한다. 우리는 살아가면서 선택의 순간들이 참으로 많다. 대학을 진학할 때 어느 대학을 갈 것인지? 학과는 경영학을 전공할 것인지? 공학을 전공할 것인지? 철학, 예술, IT, AI 등 무엇을 배워서 사회진출은 대기업, 공기업, 중소기업, 공무원, 금융기관 등 입사를 하면 어떻게 인정을 받고 성공할 것인지 등 선택의 순간들 마다 고민을 하고 결정해야하는 것이다.

엘지그룹은 초창기의 화학·전기·전자·통신 부문의 고도성장으로 생화학, 컴퓨터, 전자의료기기 등 첨단산업 분야에도 진출하여 성공을 하였으며, 에어콘 등 생활용품은 세계 1위 기업으로 우뚝 서있다.

엘지그룹은 경영투명성과 기업경쟁력을 강화하기 위해 2003년 국내 대기업 최초로 지주회사체제를 구축하였다. 이로 인해 지주회사가 출자를 전담하고, 자회사는 고유사업에 전념하는 선진형 기업지배구조를 제고할 수 있게 되었다. 현재 엘지그룹은 전국에 약 40개의 사업장(공장), 전 세계 120여 개국에 147여 개의 현지법인을 두고 있다.

▌SK그룹 최종건

'국가경쟁력은 한국이 국제사회에서 살아남기 위한 생존전략이며 국민과 정부, 기업의 총체적 역량에 의해 좌우된다. 경제를 지배하는 정치논리가 아니라 경제를 도우려는 정치논리를 재정립하는 것이 국제화, 개방화를 앞둔 우리나라에 필요한 국가과제다.' (1993년, 이코노미스트클럽에서 '국가경제력 강화를 위한 제

언' 강연 중 최종현)

 SK그룹 창업주인 최종건(1926~1973) 회장은 경기도 수원에서 출생하여 1953년 선경직물을 인수해 창업하였다. SK그룹 2대 회장은 최종건 회장의 동생 최종현(1929~1998), SK그룹 3대 회장은 최종현 회장의 장남 최태원 회장이 이끌어 오고 있다.
 최태원 회장은 1998년 38세에 SK 회장으로 취임하여 SK그룹 발전에 크게 기여하고 있다.
 최종건 창업주이자 초대회장은 무역과 화학 등의 사업영역을 확대하며 대한민국의 발전에 크게 이바지 하고자 하였으나 47세의 나이에 폐암으로 사망하게 되었다. 이후 동생인 최종현 회장이 투철한 국가관과 사명감으로 섬유산업에서 석유산업까지 수직계열화를 이루며 SK그룹의 기반을 단단하게 닦았다고 할 수 있다.
 최종현 회장의 사망으로 이른 나이에 SK그룹 회장직에 오른 최태원은 최종건 회장의 장남 최윤원 전 SK케미칼 회장의 적극적인 추천이 있었으며 SK그룹을 이끌 적임자로 가족회의의 결과로 탄생하였다.
 탁월한 경영으로 IMF 위기를 잘 극복하였으며 하이닉스를 인수하여 SK하이닉스로 세계적인 반도체기업으로 성장시켰다.
 SK그룹의 주요 사업으로는 에너지와 화학, 정보통신, 반도체, 마케팅 등 다양한 분야에서 한국 대표기업을 자랑하며 SK에너지, SK네트웍스, SK건설, SK이노베이션, SK종합화학 등의 기업체가 있다.

이 외 ESG 경영을 모토로 사회적 기업을 육성하며 행복나눔재단과 SK미소금융재단 등을 통해 사회공헌 활동에도 적극적이다.

롯데그룹 신격호

'사업은 망해도 다시 일어설 수 있지만, 인간은 한번 신용을 잃으면 그것으로 끝이다.'

롯데(LOTTE)그룹은 신격호(1921~2020)가 일본에서 설립 성공한 기업으로 한국에서의 역사는 삼성이나 현대보다는 짧다. 1967년 롯데제과를 설립하여 추억의 풍선'껌'으로 성공한 기업으로 현재는 식품, 유통, 관광, 석유화학 등 90여 개의 계열사를 거느린 대기업이다.

2017년 개장한 '롯데월드타워'는 123층(555m)으로 서울의 랜드마크가 될 정도로 엄청난 규모를 자랑한다. 해마다 연도 말 벌이는 타워의 불꽃 쇼는 장관이며, 롯데타워의 축소 모형은 기념품으로도 인기가 많다.

롯데백화점과 롯데마트는 각 도시의 주요 도심에 자리 잡고 있어서 롯데 VIP 고객의 자긍심은 삶의 질을 높여 주었다. 경쟁사인 신세계백화점이나 현대백화점 등의 추격과 코로나19 영향인 온라인 거래 활성화로 백화점 수요가 많이 감소 되어가는 추세에 있다.

최근 계열사인 롯데케미칼의 사업 부진으로 그룹 전체에 좋지 않은 소문이 돌고 있으며, 부산 해운대 롯데의 사업 부진으로 매각 물건으로 거론되고 있다.

롯데그룹 전체의 자산규모로 보면 웬만한 충격으로도 극복 가능한 수준이지만 최근 주식시장의 거래 동향은 고점에서 -80%로 빠져있어 시장의 반응은 녹녹치 않다.

창업주 신격호가 경영에서 퇴진한 후 장남 신동주와 차남 신동빈이 롯데의 경영권 다툼으로 그룹 이미지가 실추되는 상황이 연출되기도 하여 보기에 좋지 않았다. 이후 차남 신동빈이 한국의 롯데를, 장남 신동주가 일본의 롯데를 경영하는 것으로 매듭이 지어졌다고 하는데 내부적으로는 아직도 경영권 분쟁이 진행 중인 것으로 보도되고 있다.

창업주 신격호 회장이 이루고자 했던 기업문화는 돈벌이가 아닌 사람의 생활을 편리하게 하고 기호를 충족시키는 아름다운 삶의 방식들이 세세연연 이어져 가길 바라는 마음 간절하다.

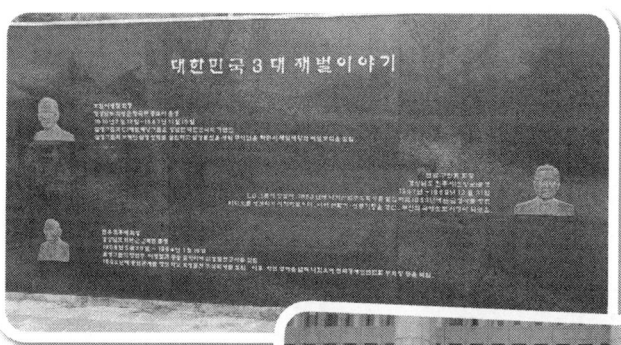

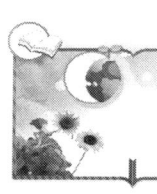

제7장 의료인 편

- 동의보감 허준
- 청십자의료조합 장기려 박사
- 외과수술전문의 이국종 박사
- 국경없는의사회
- 의료 개혁

동의보감 허준

'동의보감은 병이 생기기 전에 치료한다는 양생의 개념을 제시함'

시골 고향집 서재의 한 구석방에는 오래전부터 내려오는 전통 '동의보감' 서책이 곰팡이 냄새를 내며 꽂혀있다.

구지 책이 아니라도 구전으로 내려오는 한방요법은 모두 동의보감에서 나왔다. 간에는 인진쑥이랑 굼벵이가 좋단다. 신장에는 개다래와 어성초, 폐에는 도라지와 맥문동 등 구전으로 내려오는 민간 치료약이다.

그러한 민간요법을 정리하여 '동의보감'이라는 의서를 남겼으며, 밀양의 얼음동굴에서 해부로 인간의 내부를 알아 고귀한 생명을 연장하고자 했던 의술의 달인 허준 선생은 시대를 앞서간 위인이었다.

허준(1539~1615)은 조선 중기의 의학자로 알려져 있다. 경기도 장단군(지금은 북한)에서 태어나 경기도 연천 등에서 유아기를 보내고 1569년 이조판서 홍담(1509~1576)의 천거로 왕실의 내의관이 되었으며, 광해군 때에 보국숭록대부(정1품)로 추증되었다고 하였다.

2000년 배우 전광렬이 열연한 MBC 드라마 '허준'은 좋은 약재를 찾기 위해 전국의 명산을 다녔으며, 그 약재를 중심으로 '동의보감'이 탄생하게 되었다. 그 당시 동의보감은 일본과 중국에까지 유명의서로 소문이 나면서 지금의 베스트셀러와 같이 유명하였다고 할 수 있다.

동의보감은 선조의 왕명으로 탄생한 의서이나 정유재란(1597 ~1598) 등 난리를 겪으면서 1610년 광해군 2년에 완역되어 나왔다. 처음에는 양예수(? ~1597)등 내의관이 중심이 되어 자료를 수집하였으나 나중에는 허준 단독으로 고증을 거쳐 완역한 의서로 2009년 유네스코 세계기록유산으로 등재되었다.

동의보감 내용은 총론, 내경편, 외형편, 잡병편, 탕액편, 침구편으로 구성되어 있으며 각 편마다 처방을 내려 민간이 활용하기 쉽게 구전으로 내려왔으며 아주 잘 짜여진 의서이다. 조선팔도에 늘려있는 잡초와 나무들을 약제로 구분하여 사람의 생명을 살리는 민간요법으로 발전시킨 선각자 허준의 생애는 길이길이 칭송되어야 한다.

청십자의료조합 장기려 박사

'의사를 한 번도 못 보고 죽어가는 사람들을 위해, 뒷산 바윗돌처럼 항상 서 있는 의사가 되겠다.'

부산광역시 동구 이바구길 옆 한적하면서 비탈진 곳에 청십자의료조합을 설립한 장기려 박사 기념관이 있다.

장기려 박사는 한국의 슈바이처로 가난하고 힘든 사람들에게 의술을 베풀며 국가에서 의료보험을 시행하기 전에 청십자의료조합을 설립하여 가난한 사람들이 의료혜택을 볼 수 있는 시스템을 마련하였다.

부산광역시 서구 암남동의 복음병원을 최초로 열어 부산사람들이 생업에 전념하면서 의료혜택을 누릴 수 있는 곳이어서 많은 사람들에게 복음같은 곳이다. 그는 기독교적 가치관을 가지고 많은 사람들에게 사랑을 베풀다 가신 분이다. 의료복지사업, 봉사와 무소유의 삶은 시대를 앞서간 선지자였다.

그런 그에게도 개인적으로 많은 아픈 사연들이 있어서 그 아픔을 봉사로 일생을 바쳤는지 모른다. 6.25 전쟁으로 남북이 갈라지며 다시는 찾을 수 없는 고향의 배우자와 자식들이 얼마나 보고 싶었을까?

둘째 자식과 동행한 남쪽으로의 피난이 마지막 이별이 되리라고는 상상도 하지 못하였지만, 남한의 가난한 사람들에게 사랑의 의술을 베풀며 봉사한 삶으로 대체될 수 있을지 모르겠다.

그는 1911년 평안북도 용천군에서 태어나 1995년 서울 백병원에서 지병인 당뇨병으로 사망하였다.

막사이사이상 수상 및 국민훈장 무궁화장 등 수많은 수상 이력과 저술활동, 인술과 의학발전을 위해 공헌한 그의 기념관이 언제나 가까이서 볼 수 있는 곳에 있어서 참 좋다.

특히, 한국인에게 많이 발생하는 간암관련 간암절제술을 최초로 성공하여 간의학 발전에 기여한 공이 크다고 할 수 있다. 간경화로 돌아가신 아버지가 생각난다.

◼ 외과수술전문의 이국종 박사

'수술방 안에는 삶과 죽음만 있다. 무승부는 없다.'

이국종 원장이 교수로 재직하였던 아주대학교병원 권역외상센터는 한국의 외과 전문의로서는 최고의 시설과 장비를 갖춘 병원이었다.
　권역외상센터의 중요성을 모르는 시기에 2017년 판문점 북한군 귀순병사의 총상을 치료하여 살려냄으로써 외과수술에 대한 인지도를 높였다고 할 수 있다. 그때 사용한 수술법이 손상통제 수술이었는데 우리나라에는 잘 알려지지 않았다고 한다. 즉, 위급한 상황의 생명을 유지한 후 경과를 보고 수술을 마무리하는 방법이라고 한다.
　촌각을 다투는 외상환자에게 생명은 의사의 손에 달렸다. 가벼운 외상의 치료가 아니라 생명을 먼저 살린 후 외상의 치료는 천천히 해도 늦지 않을 것이다.
　2012년 MBC드라마 '골든타임'을 통해 사람의 생명을 살리는 중요한 시간 즉 1시간의 개념이 일반인에게 알려지기 시작하였으며, 드라마의 모티브가 되었던 이국종 교수는 의학적 개념으로 골든타임 보다는 골든아워라는 말이 적절하다고 주장하였다.
　실제로 그의 저서 '골든아워'는 1,2부 베스트셀러로 통상적인 심정지의 경우 1시간 이내 내과적 치료를 받으면 생존확률이 높다고 하였으며 각 환자의 병과별 상태에 따라 골든아워는 다르다고 한다.
　얼마 전 친구가 2m높이의 주차장에서 낙상사고로 세상과 이별하였다. 119가 도착했을 때에만 해도 대화를 나눌만큼 정신이 온전하였는데 병원에서 사망하였다. 그 슬픔과 쓸쓸함은 말로 다

표현할 수가 없다.

국경없는의사회

'국경없는의사회는
독립적인 국제 인도주의 의료 구호단체입니다.'

사람의 생명은 의사의 사망진단서로 종결된다.
자연사, 돌연사, 병사, 자연 재해사 등 각종 사망의 이유가 있겠지만 갑작스러운 사망은 본인에게 뿐만 아니라 그 가족에게도 준비되지 않은 죽음으로 많은 아픔과 슬픔을 준다.
지진이나 해일 등 자연재해는 수많은 인명을 한 번에 앗아가기 때문에 대응할 수가 없는 상황이다. 그러한 곳에 파견된 국경없는의사회는 본인의 생명을 담보로 봉사하며 세계평화에 기여한다.
그들은 그들이 필요로 하는 의료현장에 바로 투입되며 종교나 이념에 편승하지 않고 중립적으로 의료봉사활동을 한다.
그야말로 국경이 없는 '국경없는의사회'다
얼마 전 진도 7.7 미얀마 지진으로 수많은 생명이 유명을 달리하였으며, 분쟁현장과 쓰나미 등 의료사각지대에 놓인 그들을 돕기 위해 인도주의 정신으로 달려간다.
이러한 국경없는의사회는 양심적인 후원자들의 후원으로 운영되고 있다. 정기후원, 기업후원, 일시후원, 기념후원 등 다양한 방법으로 후원이 이루어지고 있으며 작은 손길이 모여 사람의 생명을 살리는 위대한 일을 하고 있다.

◼ 의료 개혁

의대 정원문제로 온 나라가 시끄러웠다. 정부 발표에 의하면 2,000명의 증원이 불가피하다고 설명하였지만, 전문의와 의과대학 학생들은 정부정책의 부당함을 호소하며 보이콧 하였다.

그리고 2년의 세월이 흐른 지금 모든 것이 원점으로 돌아와 학생들은 학교에 일부 복귀하고 전문의는 병원으로 돌아와 정상적인 진료가 시작되는 것 같아서 다행이다는 생각이다.

사실 의사가 된다는 것은 쉬운 일이 아니다. 고교 성적 1등급으로 전교의 상위 0.1%만이 입학이 허용되며 입학 후 인턴 전문의 등 그 절차도 복잡하고 견디기 힘든 과정들이다.

히포크라테스 선서가 아니더라도 생명에 대한 존귀함이나 사명감이 없으면 의사가 되기 힘들다. 무엇보다도 엘리트가 되지 않으면 허용되지 않는 직업이다. 그래서 존중되어야 마땅하다고 생각된다.

아무리 옳은 정책이라도 일방적이어서는 안된다. 타협과 통합을 통해 합리적인 방안을 이끌어내려는 시도와 협상이 전제된 정책이 국민의 지지를 받을 것이다.

개혁은 새로운 제도나 시스템을 만드는 것으로 많은 저항을 불려온다. 기존의 기득권 세력을 설득하거나 뛰어넘는 보상이 없으면 성공하기 어려운 것이 개혁이다. 그래서 개혁은 혁명보다도 어렵다고 한다.

　1987년 6월 항쟁으로 완성한 9차 개헌은 대통령 직선제를 골자로 한다. 제왕적 대통령제의 문제점과 국회의 권한 축소 등 87체제의 문제점을 보완하는 개헌의 필요성을 제기하고 있다. 시대상황에 맞는 제도개혁은 합의와 의지가 중요하다. 우*식 국회의장이 쏘아올린 민의의 전당 국회에서 심도 있는 논의로 국가발전에 이바지하는 협의가 이루어졌으면 좋겠다는 바램이다.

　우리나라의 의료 개혁은 의약분업으로 많은 발전을 해왔다. '진료는 의사에게, 약은 약사에게'라는 슬로건으로 국민건강 증진을 위한 정책들이 의사와 약사간 영역 침범에 따른 싸움으로 분쟁이 있었지만, 지금은 어느 정도 안정단계에 있다고 생각된다.

　향후 의료 개혁은 국민건강과 당사자들의 협의와 통합으로 완성되길 바라는 마음이다.

제8장 전국 숲 체험장

- 아홉산 대나무 숲
- 남해 섬이정원
- 국립 대운산 치유의 숲
- 국립 청도 숲체원
- 국립 통고산 자연휴양림

아홉산 대나무 숲

'고요함과 신선함 그 무엇이 이끄는 힘'

부산 기장 아홉산 대나무 숲은 400여 년의 세월 속에서도 변함없이 푸르름을 간직한 남평문씨 문중 재산이다.

아홉산은 해발 361m의 낮은 산으로 아홉 개의 골짜기를 품고 있다는 순 우리 말의 산이며, 주변 맛집으로 유명한 고기집들이 즐비하다. 특히 아홉산 숲 바로 입구에 있는 미동암소갈비집은 가끔 가족들과 외식 장소로도 좋은 곳이다. 넓은 주차장과 맛있는 품질을 보증하며 임직원들의 친절한 서비스는 덤이다.

아홉산 대나무숲은 대나무 뿐만 아니라 느티나무, 참나무, 금강송 등 다양한 식물들과 생물들이 서식하는 곳으로 대나무 숲길을 걷다 보면 무릉도원을 연상케 한다. 드라마와 영화촬영지로도 유명하여 킹덤, 군도, 대호 등이 촬영되었다.

400여 년의 비밀을 간직한 숲길은 대나무 숲길과 소나무길, 계곡길, 전망대로 만들어져 유료로 개방하고 있다. 천천히 왕복 2시간 정도가 소요되며 가족과 연인, 모임 등 힐링 장소로 최고의 장소이다.

TV로도 소개되었고 용우회 모임에서 단체로 입장하여 친구들과 담소를 나누며 걸었던 기억들이 있으며, 아이스 빙과를 먹으며 헤어지는 것이 아쉬워 다시 그 자리에 머물렀던 순간들이 언제 다시 올까 생각해 본다.

대를 이어오며 숲을 가꾸고 시민들을 위해 개방을 해준 남평문씨 문중과 종가댁에 감사를 드리며 숲에서 들려주는 시원한 바람 소리와 종달새 소리에 알 수 없는 그 무엇을 느낀다.

남해 섬이정원

'먼 우주선을 타고 세상에 없는 세상을 만난 것 같은 그런 느낌! 이글거리는 태양을 담아 다시 우주로 던져 되돌아오는 상상은 나만의 것은 아닐 것 같다.'

가공함이 없는 순수함이라 할까? 원시림 상태에서도 인생샷을 남길 수 있는 곳이기에 많은 사람들이 찾는 곳이다.
하늘연못에서 바라보는 바다와 구름이 한 폭의 수채화를 보는 것 같다. 연못에 비친 자아를 발견하는 것 같기도 하고 먼 우주선을 타고 세상에 없는 세상을 만난 것 같은 그런 느낌! 이글거리는 태양을 담아 다시 우주로 던져 되돌아 오는 상상은 나만의 것은 아닐 것 같다.

하늘연못에 서면 그냥 그런 묘한 기분이 든다.

순천만 정원 박람회에 가면 유럽식 정원 등 각국의 정원을 꾸미며 나라와 국민의 삶의 방식을 이해하기도 하지만 꾸미지 않은 순수함이 우리의 문화이기도 한 것일까? 마치 아라비아 사막을 헤메이다가 오아시스를 만난 그러한 기분이 들면 우리의 인생은 어떻게 변할까?

　우리는 크고 작은 일들로 기뻐하기도 하고 슬퍼하기도 한다. 우리의 작은 실수가 돌이킬 수 없는 잘 못이 되기도 하여 매사에 세심하고 주의를 기울여야 결과도 좋은 것이다.

　경북 의성의 산불이 안동까지 번져 헬기가 동원되기도 하고 많은 인력이 동원되기도 하지만 산림의 훼손 뿐만아니라 인명의 피해도 있었다는 보도를 보며 안타까움을 금할 수가 없다. 또한 천년고찰 '고운사'가 전소되었다는 소식은 우리의 문화재가 화마에 훼손된 것이라 더욱 안타까움이 크다. 모든 것이 제자리로 돌아오길 천지신명에게 빌어보며 희생자의 극락왕생을 기도한다.

　어려움이 있을 때에는 모두가 힘을 모아 한방향으로 나아갈 때 파워가 생긴다. 1997년 그 어려웠던 IMF도 잘 이겨온 민족의 저력을 살려 진정한 애국심으로 국난극복의 계기가 되었으면 좋겠다.

◾ 국립 대운산 치유의 숲

　'산림복지란 국민에게 산림을 기반으로 하는 산림복지서비스를 제공함으로써 국민의 복리 증진에 기여하기 위한 경제적·사회적·정서적 지원을 말한다.' -「산림복지 진흥에 관한 법률」제2조에서 정의 함 -

　울산 울주군 온양에 있는 대운산 치유의 숲은 풀향기길, 바람뜰치유길, 명품숲길 등 다양한 체험환경을 제공하고 있다. 많은 이용객들이 산림을 통해 체력을 강화하고 인체의 면역력을 증진함으로써 건강한 삶을 유지할 수 있어서 참 좋다고 표현하고 싶다.

대운산 정상은 742m로 그리 높은 산은 아니지만 낙동정맥의 최고봉으로 신라시대 고승 원효대사가 마지막으로 머물렀던 곳으로 알려져 있다.

인근 부산광역시 및 양산시, 울산광역시의 많은 등산객들이 즐겨 찾는 곳으로 봄에는 진달래 가을에는 억새로 유명하다.

경남 양산 웅상읍에서 고즈넉한 산길을 따라 온양으로 이어지는 드라이버 길은 시골 내음이 물씬 묻어나는 길로서 산이 주는 향긋한 냄새와 논바닥에 쌓인 볏짚들은 옛 향수를 자극한다.

대운산 치유의 숲은 웅상읍 쪽의 대운산 자연휴양림보다는 규모가 작지만 울산수목원과 인접해 있으며 온양읍 쪽에서 이용하기가 편하다.

자연휴양림과는 별개로 운영되는 치유의 숲은 전국에 20개소가 있으며 산림을 기반으로 하는 복지서비스 정책이며 경제적, 사회적, 정서적 안정과 국민의 국리민복을 위해 지역마다 특색있게 운영되고 있다.

2016년 법적 근거에 의해 설립된 한국산림복지진흥원에서 운영하는 치유의 숲은 대운산 치유의 숲, 부산승학산 치유의 숲, 청도 숲체원, 칠곡 숲체원, 제천 치유의 숲, 산림 치유원, 횡성 숲체원, 대관령 치유의 숲, 춘천 숲체원, 양평 치유의 숲, 예산 치유의 숲, 대전 숲체원, 김천 치유의 숲, 고창 치유의 숲, 장성 숲체원, 곡성 치유의 숲, 진안고원산림 치유원, 나주 숲체원, 화순 치유의 숲 등 모두 국립으로 운영되고 있다.

■ 국립 청도 숲체원

'숲은 사랑이며, 공익의 공간이다.'

연중무휴로 운영되는 청도 숲체원은 2018년에 개장하여 예약제로 운영되고 있다. 숙박과 식사가 제공되어 편리하게 힐링할 수 있는 곳으로 최소 2명에서 6명까지 숙박이 가능하다.
바로 옆으로 오래전부터 청도 자연휴양림이 설치되어 운영되고 있지만 휴양림과는 조금 다르게 숲에 대한 이해와 체험을 통해 심신을 단련하고 조금 더 쉽게 자연과 가까이할 수 있는 곳이라서 좋다.
숲의 산책로에는 소나무와 참나무 등 다양한 수종이 눈길을 끌며 봄, 여름, 가을, 겨울 등 4시즌마다 다른 매력을 가진 숲! 숲이 주는 사랑의 메시지는 체험을 통해 느껴보기를 바란다.

언양 쪽에서 청도 숲체원 입구까지는 운문 계곡이 깊어서 은둔의 계곡으로 도솔천에 이르는 신비한 길이었다. 터널과 포장도로가 생기면서 예전의 신비로움은 찾기 어렵지만 계곡 주변으로 잘 꾸민 펜션과 커피 등 드라이버 자체가 아름다운 곳이다.
주변에 청도 운문사와 운문사 사리암, 청도 와인농장 등 볼거리와 운문사 사찰 입구에는 먹거리가 많아서 관광을 겸한 휴식

장소로도 충분하다.

  대자연의 신비함을 느낄 수 있는 공간을 개인이 조성할 수 없는 곳이기에 소관 기관에 감사를 드리며, 차원 높은 문화공간이 되길 바란다.

■ 국립 통고산 자연휴양림

  '가족의 사랑! 그 떨림의 감동과 가치는 표현할 수 없는 무엇이다.'

  경북 울진 불영사계곡을 지나 꼬부랑 산길 사람의 손길이 미치지 못한 신비스러운 곳에 있는 국립 통고산 자연휴양림은 추억이 스며있는 곳이다.

  아이들 어릴적에 부산에서 울진까지 동해안 바다를 구경하며 달리고 달려 도착한 곳이 통고산 자연휴양림 통나무집이다. 계곡의 물소리와 시원한 바람, 새소리를 들으며 한적한 휴가를 즐기면서 사랑하는 가족과 함께한 시간은 아름다운 추억으로 남아있다.

  통고산은 태백산맥의 지맥인 중앙산맥에 위치하여 낙동정맥 등반이 아니면 잘 찾지 않는 곳이지만 자연휴양림이 잘 가꾸어져 있고 주변에 불영사와 사랑바위 등 볼거리가 많아서 한 번쯤은 계곡의 물소리와 새소리, 야생화들을 보며 자연과 함께 힐링을 느껴보기 바란다.

자연휴양림은 각 시도별로 산이 있는 곳마다 국·공립과 사립으로 운영되고 있으며 조금만 관심을 가지면 산림이 주는 효과를 바로 느낄 수 있어서 참 좋다.

새벽에 일어나 1,066.5m 통고산 정상까지 단숨에 오를 정도로 기운찬 그 날의 젊음은 이제 아련한 추억이 되었다. 그러나 정상에 이르는 길에 곧게 자란 금강송과 굴참나무들이 반갑게 인사를 나누었고, 한강 이남에서 자라기 힘든 환경에서 외롭게 혼자 서 있는 자작나무 한 그루는 지금도 잘 자라고 있는지 궁금하다.

그리고, 가족의 사랑은 그 무엇으로도 표현할 수 없는 가치이며 사랑이다. 사랑없이 존재하는 것이 있는가? 그리스 신화에 나오는 피그말리온 효과처럼 모든 만물에 사랑이 깃들길 바란다.

제9장　해양수산분야의 영웅

- 바다의 날
- 전국 해양스포츠제전
- 대한민국 수산식품명인
- 4대에 걸친 등대공무원 가족
- 남극 장보고 과학기지

◣ 바다의 날

'옛 사람이 말하길 의로움을 보고도 움직이지 않으면 용기가 없는 것이라 했습니다. 난 비록 평범하고 미천하지만 당신의 명을 따르겠습니다.'

우리나라는 3면이 바다로 열려있다. 동해! 서해! 남해! 광활한 바다는 끝없는 도전과 응전의 역사를 만들었다.

중국 대륙과 연결된 국토의 반은 북한이 차지하고 있어서 육상으로는 자유롭게 왕래를 할 수가 없는 상황이다.

'통일은 대박'이라고 했던 일들이 이제는 옛말이 되었고 피폐한 북한 동포들의 삶은 점점 베일에 쌓여 오리무중의 정국으로 변한 지 오래다.

1950년 동족상잔의 비극이 일어난지 75년이 되었건만 각자 독립국으로 내정 간섭없이 잘살면 좋겠다고 기대를 하고 또 하여도, 북한 정부는 남한을 향해 미사일로 위협을 하며 도전하는 불상사를 언제까지 지켜만 보아야 하는지 안타까움이 크다.

다행하게도 우리나라는 3면이 바다로 연결되어 있어서 태평양을 향한 해양 대국으로 발전하며 수출로 세계를 압도하는 국가가 되었다.

세계 조선산업을 석권하였고 자동차와 반도체 등을 수출하며 수출경쟁력 9위로 부강한 대한민국을 자랑한다.

미래세대를 위해 1996년 '바다의 날'을 제정하여 기념하고 있으며 국정교과서에도 수록되어 바다의 중요성을 홍보하고 있다. 통일신라시대 바다를 향해 해상왕 장보고(780 추정~846)가 '청해진'을 설치한 날인 5월 31일을 '바다의 날'로 제정하여 기념하고 있다.

청해진을 설치했던 완도에서는 바다의 날을 기념하기 위해 장보고 축제 기간을 정해 청소년 장보고 선발대회와 무역선 승선 체험 등의 행사를 통해 해양수산산업을 발굴하고 청소년의 꿈을 응원한다.

서울에서도 '바다의 날' 기념 마라톤 대회를 평화의 공원 평화광장에서 매년 개최하고 있으며, 하프 코스와 10㎞, 5㎞ 코스로 운영하며 누구나 신청하면 참여 가능하다.

1994년 UN이 세계 각국의 해양자원 개발과 확보를 위해 해양법협약이 발효됨으로써 미국과 일본에 이어 해양자원의 중요성을 인지하고 바다의 날을 제정하고 운용하게 된 것은 참으로 다행스럽다고 생각한다.

전국 해양스포츠제전

'푸른 꿈! 푸른 도전! 힘찬 미래!'

바다 위에서 펼치는 스포츠는 참 매력적이다. 요트와 카누, 수영 등 젊은이에게 꿈과 미래, 도전의식을 가지며 바다를 가르는 세계는 환상적이다. 호연지기를 키우기에 참 좋은 스포츠이다.

86아시안게임과 88올림픽을 위해 부산 수영만 요트경기장을 개설하여 운영하고 있으며 1인당 국민소득이 3만불 이상이면 해양스포츠에 관심을 가지게 된다고 하는데, 국민소득 4만불을 바라보는 시점에 요트에 대한 수요가 늘어나면서 부산의 요트 계류장이 포화상태에 이르러 통영과 고성까지 원정을 가야 한다니 참 격세지감을 느낀다.

이러한 해양스포츠가 '푸른 꿈! 푸른 도전! 힘찬 미래!' 라는 슬로건으로 제16회 전국해양스포츠제전이 충남 보령시 일원에서 열렸다. 정식종목으로 '요트, 카누, 핀수영, 철인3종' 4종목과 번외 종목으로 '드래곤보트, 고무보트, 플라이보트' 3종목, 체험종목으로 '해상체험 5종과 문화공연 등 기타체험'으로 구성하여 해양스포츠에 대한 관심과 저변확대를 꾀하며 해양레저산업의 발전을 도모하고자 하는 정부정책에 박수를 보낸다.

이번 행사는 보령의 '대천해수욕장'을 중심으로 한 스포츠 축제로서 대한민국의 해양레저 문화가 한 단계 업그레이드되는 계기가 되었고 많은 사람에게 전파되어 '꿈과 도전'을 갖기를 희망한다.

◼ 대한민국 수산식품 명인

'온고지신', '전통을 살리는 힘! 현대인의 입맛에 맞게 연구 노력하면 세계인의 입맛을 사로잡을 수 있다.'

해양수산부장관이 지정하는 대한민국 수산식품명인은 1999년 제1호부터 2024년까지 제14호 명인을 배출하였다.

우리나라 수산식품의 전통을 계승하고 발전시켜 식생활 개선 및 세계화에 앞서가는 사람들을 발굴하여 우리문화의 우수성을 전파하고 조리와 가공 분야의 전문성을 길이길이 보전하고자 하는데 뜻이 있다고 생각한다.

부산 동구 초량천 산책길에 '조선명태비'를 기념하는 현판이 초량전통시장 입구에 있다.

예전에 대한민국 명태유통의 80%를 초량에서 공급하였다고 하여 그것을 기념하기 위해 세워진 비이다. 사실 지금은 명태하면 강원도 덕장을 먼저 생각하게 하는데 왜 바다를 끼고 있는 초량에서 명태가 유통되었을까 곰곰이 생각해 보았다.

명태는 버릴것이 없다. 동태탕, 황태탕, 생태탕, 그리고 내장은 명란젓과 창란젓으로 우리의 입맛을 돋구는 전통음식이다.

지금도 부산 동구 초량에는 명란젓 연구소가 있고, 168계단 산복도로 입구에는 명란카페도 있다. 사람에게 유익하고 전통의 맛을 살려 유통되는 명란젓은 고급스럽기도 하고 서민들이 즐겨먹던 음식이기도 하다.

이러한 명란젓을 고급 브랜드화하고 전통적인 수산식품 가공으로 해수부장관이 지정한 제11호 수산식품 명인 장종수 대표가 부산에서 사업체를 운영하고 있다.

그는 2011년 고용노동부 지정 수산제조부문 최초의 명장 장석준(1945~2018) 회장의 아들로 조선명란 본연의 맛을 살리면서

400년 명란의 전통을 이어오고 있다.

　수산식품 명인은 수산식품의 제조, 가공, 조리 분야에서 20년 이상 종사한 사람들 가운데 전통적 방법을 고수하면서 유지발전 시키기 위해 노력한 사람들을 엄격히 심사하여 결정한다.
　이러한 심사과정을 거쳐 해양수산부장관이 지정한 제1호에서 14호까지 수산식품 명인을 자랑하고자 한다.

　　제1호 김광자(숭어어란/전라남도 영암/1999년)
　　제2호 이영자(제주옥돔/제주도/2012년)
　　제3호 정락현(죽염/전라북도 부안/2015년)
　　제4호 김윤세(죽염/경상남도 함양/2016년)
　　제5호 김정배(새우젓/충청남도 아산/2016년)
　　제6호 유명근(어리굴젓/충청남도 서산/2016년)
　　제7호 김혜숙(참게장/전라남도 곡성/2018년)
　　제8호 이금선(가자미식해/강원도 속초/2020년)
　　제9호 김천일(마른 김/전라남도 완도/2021년)
　　제10호 김헌목(멸치젓/경상북도 경주/2021년)
　　제11호 장종수(명란젓/부산광역시/2022년)
　　제12호 문은희(창난젓/강원도 속초/2023년)
　　제13호 신세경(새우젓/충청남도 홍성/2024년)
　　제14호 윤효미(김부각/경상남도 거창/2024년)

사단법인 한국수산회에서 한분 한분 명인들의 인생 이야기와 조리법 등을 설명하고 있어 참조하기 바란다.

4대에 걸친 등대공무원 가족

'커다란 함선의 선장이 반짝이는 불빛을 보고 말한다. 빨리 비켜라. 비끼지 않으면 발포하겠다. 네가 비켜라! 나는 등대다.'

해양수산부는 4대를 이은 등대 공무원 가족이 탄생하였다고 보도하였다.

그 주인공은 해양수산부 공무원 김성언씨다. 김성언씨는 부산청 항로표지과 김대현 주무관님의 차남으로 4대를 이은 항로표지를 관리하고 운영하는 해양수산부 공무원이 되었다.

김성언씨는 2024년 해양수산부 기술직 공무원으로 마산지방해양수산청에 근무하게 되면서 증조부를 시작으로 조부와 아버지에 이어 본인까지 직계 4대가 항로표지 분야에 근무하는 진기록을 세웠다.

보도에 의하면 김성언씨의 증조부 김도수(1914~1981) 주무관은 1946년부터 26년간, 조부 김창웅(1937~2001) 주무관은 1967년부터 30년간 경남지역에서 등대 관리 업무에 종사하였다고 한다. 부친 김대현 주무관은 1987년부터 지금까지 근무하고 있으며, 4대에 걸쳐 100년 넘게 항로관리로 선박의 안전과 생명을 지키는 역할을 해왔다.

바다와 파도 구름이 낀 흐린 날이나 맑은 날이나 한결같이 선박의 안전과 생명을 지키는 일은 쉬운 일이 아니다. 역사적 사명감으로 해양수산부 공무원이 되신 김성언 주무관의 앞날에 무궁한 영광이 깃들기를 기원한다.

남극 장보고 과학기지

'남극 연구의 전초기지', '세상의 끝에 우뚝 서다'

2014년 설립한 남극 장보고 과학기지는 남극 빙붕 붕괴 과정을 세계 최초로 규명하며 남극 연구 발전에 크게 기여하고 있다.

남극 연구의 전초기지로서 동남극 테라노바만에 위치하며 세종과학기지에 이어 2번째로 설치하였다. 남극 중심부로 접근이 용이하여 빙하와 대륙연구에 박차를 가하고 있으며 해수면 상승 등의 많은 연구 성과를 내고 있다.

남극 해양탐사를 통해 대한민국의 국제적 위상을 제고하고 생태계를 보전하는 등 극한 상황에서도 국위선양을 위해 정성을 다하는 연구진에게 감사의 인사를 전한다.

제10장　한국 바둑의 거장들

- 조훈현
- 이창호
- 이세돌
- 신진서

조훈현

'정상에 오를 때는 정상만 보며 올랐고, 오르기만 하다 보니 진다는 걸 몰랐다. 하나둘씩 뺏길 때는 불안에 떨었는데 더 이상 아무것도 잃을 게 없으니 오히려 편해졌다.' - 무관에 대한 답변 -

1953년 전남 영암 출신으로 9세에 프로에 등단하였으며 대한민국 최연소 기록 보유자이다.

바둑의 성지 일본에 유학하며 세고에 겐사쿠(瀨越憲作 1889~1972) 9단을 스승으로 모시며 활동하다가 군복무를 위해 한국으로 돌아왔다. 1976년 공군병장으로 만기전역 하였으며 1989년 제1회 중국의 응씨배에서 중국의 별이라 불리는 녜웨이핑 9단을 꺾고 우승하면서 더욱 유명해졌다. 통상 161회 우승하였으며 전무후무한 기록이다. 세계 바둑계 최초 전관왕, 세계 최초 바둑 국제기전 그랜드슬램, 바둑기사 최다 연속우승 등 많은 기록을 보유한 사람이다.

제20대 국회의원으로 활동하면서 '바둑진흥법'을 제정하여 바둑의 저변확대를 꾀하는 계기가 되었으며 바둑은 몇 수를 내다보지만 정치는 한치 앞을 예측하기 힘들다는 그의 정치 경험은 바둑의 신이 보는 정치 환경이 녹녹하지 않다는 것을 증명한다.

바둑에서 무관이 되었을 때 심경을 묻는 어느 기자의 질문에 그의 답은 '정상에 오를 때는 정상만 보며 올랐고, 오르기만 하다 보니 진다는 걸 몰랐다. 하나둘씩 뺏길 때는 불안에 떨었는데 더 이상 아무것도 잃을 게 없으니 오히려 편해졌다.'라고 하여 비움의 미학이 인생을 더욱 아름답고 풍요롭게 하는 깨달음을 선사하는 기분이다.

동시대에 활동했던 조치훈, 유창혁, 서봉수 등 많은 바둑의 신들이 있었지만 필자에게 남아있는 국위선양의 1순위가 조훈현 9단이라는 기억들이 어릴적 추억으로 소환되었다.

◾ 이창호

1975년생

이창호 구단은 11세에 데뷔하여 1992년 세계대회인 동양증권배에서 우승하며 최연소 타이틀을 획득하였습니다.

이창호 구단은 한국 바둑을 대표하는 인물로 여러 세계대회에서 우승하며 '바둑황제'라는 별명을 얻었으며, 2003년도에는 전세계 대회에서 우승하여 세계대회 그랜드슬램을 달성하며 전성기를 보냈습니다.

2005년 '농심배' 세계 바둑 최강전에서 일본과 중국을 꺾는 대파란으로 '상하이 대첩'을 성공적으로 마무리 하였습니다. 이로써 한국 바둑의 위상을 높이는 계기가 되었으며 한국 바둑 애호가들의 자존심을 지킨 기록으로 남아있습니다.

49세의 나이에 '2024년 쏘팔코사놀 레전드 리그' 시상식에서 MVP로 선정되었으며 팀이 우승의 영광을 차지하였습니다.

이세돌

'무조건 이긴다고 생각한다.'

1983년 전남 신안에서 태어나 12살인 1995년 프로에 데뷔하였다.

2002년 후지쯔배 준결선에서 이창호 9단을 꺾고 올라가 결승에서 유창혁 9단을 꺾으며 첫 세계대회 우승을 차지하였다.

이후 메이저 세계대회에서 통산 14회 우승하였으며, 2016년 AI 알파고와의 대전에서 패하였지만 1승을 함으로서 인간의 자존심을 지킨 대국으로 평가하고 싶다. 많은 사람들이 TV 앞에서 생중계를 보며 실망에 실망을 거듭하였지만 1승이라도 건진 불계승의 대가는 엄청난 드라마였다.

구글에서 개발한 AI 알파고는 통산 전적 74전 73승 1패로 불패의 신화를 기록하였으나 이세돌에게 패한 1패가 유일하다. 이세돌이 바둑 대회에 임하는 자세는 '무조건 이긴다고 생각'하는 다소 저돌적인 승부사 기질을 가지고 있었으며, 알파고에게 패하고도 1승을 거두면서 그의 진가는 더욱 높이 평가되었다.

신진서

'바둑은 각양각색의 변화가 충만합니다. 무궁무진합니다. 전 이것이 매력이라 생각한다.'

신진서는 2000년 부산진구 개금동 출신이다. 2012년 영재바둑 입단대회에서 신민준과 함께 프로에 입단하였다.

제22회 농심신라면배 세계바둑 최강전에서 일본의 이야마 유타와 중국의 커제 등 기성들을 꺾고 대한민국의 우승을 이끌었다.

2023년 중국의 상해에서 제9회 응씨배 세계 바둑 선수권 대회 결승에 올라온 셰커를 2승으로 마무리 하며 우승하였다. 한국 선수로는 14년 만에 우승을 차지하였다. 몸통 만한 응씨배 우승컵을 들어 올린 장면은 한국 바둑의 자존심을 세계만방에 알린 쾌거였다.

2025년 1월 현재 세계 메이저 바둑 대회 7회 우승, 준우승 5회를 하였으며 통산 1056전 834승 1무 220패 승률 78.97%로 한국기원 통산 승률 1위를 기록하고 있다.

중국의 커제를 상대로 통산 26국 15승 11패 승률 57.7%로 앞서며, 일본을 상대로 패한 적이 없다. 국내 선수로는 변상일 9단이 있으며 '신 9단은 약점이 전혀 보이지 않는다'고 할 정도로 변화무상한 바둑의 세계에서 독보적인 존재로 인정하고 있다.

이세돌에 의하면 신진서는 메이저 세계대회 우승을 10회 이상 할 재능을 가진 차세대 주자라고 얘기하였으며, 우승상금을 기부하는 등 선한 영향력을 지닌 선수로 한국 바둑의 거목이 되기에 충분하다.

제11장 평범한 영웅들

- 택시 드라이버
- 농부의 하루
- 소상공인의 하루
- 직장인의 하루
- 알바의 하루
- 친구의 죽음
- 친구의 창작시

택시 드라이버

'따라가면 함께 갈 수 있지만
차선을 바꾸지 않으면 앞지를 수가 없다.'

새벽 3시 잠에서 깨어나 세수를 하고 에스가 차려준 아침을 먹는다. 변변찮은 벌이에도 군소리 없이 한결같은 마음으로 살아온 세월이 수년이다. 주섬주섬 운전복으로 갈아입고 집을 나서는데 아직 어둠이 깔려있다. 부지런한 쓰레기 수거 아저씨가 골목을 돌아서서 콜록콜록 기침을 하며 지나간다. 회사에 도착하여 커피 한 잔을 먹고 오늘의 안전운전을 기원하며 기분 좋게 운전대를 잡았다.

콧노래를 흥을 그리며 큰길을 들어서자 손님이 손짓을 한다. 손님 어디로 모실까예? 부산역 갑니다. 아! 예 편안히 모시겠습니다. 속으로 오늘은 운이 좋을 것 같은 기분이 들었다. 바깥바람이 차가운데 좀 춥지예? 이런 새벽에 멀리 가시는 모양이지예? 예, 서울에 업무차 계약건이 있어서 갑니다. 아이쿠 좋은 일이네예 어느새 부산역에 도착했다. 손님 잘 다녀 오이소...

이렇게 기분 좋게 하루를 연다. 일상적으로 반복되는 일이지만 그 즐거움은 자녀들이 자라고 예쁜 색시가 보내는 해바라기 같은 맑고 밝은 미소가 늘 풍만한 삶을 만든다.

청년 시절 춥고 배고픔을 견디며 운전대를 잡았지만, 깡소주와 불공평한 사회 현실 앞에서 늘 불만으로 가득한 세상이 밉고 원망스러웠다. 부지런히 일을 해도 하루 사납금도 마련하기 어려운 시절에 참고 일한 보람이 세월이 한참 흐른 후에야 위대한 조국 대한민국의 발전과 나는 함께 성장하고 있다는 사실을 깨달으며 에스와 자녀에 대한 사랑이 얼마나 소중한지를 알게 되었다.

가족에 대한 사랑은 그 어떤 가치로도 보상받을 수 없는 소중한 것이며 코흘리개 아이들이 자라서 어른이 되어가는 과정을 지켜보는 것과 그 아이들이 다시 아이를 낳아 재롱을 떠는 모습이 이제는 큰 기쁨이 되었다.

모범운전자로서 사명감을 가지며 교통법규를 잘 지키는 개인적 욕망이 있지만 때로는 바쁜 손님들을 위해서는 차선을 바꾸거나 난폭한 운전을 해야할 때도 있어서 미안한 감정을 가질 때도 많았다. 앞 차를 따라가면 편안하게 함께 갈 수 있지만 차선을 바꾸지 않으면 앞지를 수가 없는 현실 앞에서 참 많은 고민을 하기도 했다.

정직하게 사는 것이 정도이지만 때로는 변칙이 필요한 이 세상살이 앞에서 양심은 지키고 살아야지 하는 뚝심은 어릴 때 아버지가 가르쳐 준 정도가 큰 힘이 되었다. 작은 씨앗이 큰 열매를 맺는 과정은 참으로 혹독하고 정성을 기울이지 않으면 올바른 열매(결과)가 열리지 않는다는 사실은 체험을 통해 보고 느꼈다.

시골에는 수박과 참외 무 배추 고추 등 씨앗을 바로 뿌리거나 모종을 가꾸어 옮겨 심는 것을 보며 무엇이 열매를 크게 하는지를 보고 느끼며 자랐다.

씨를 뿌리고 거름을 주며 흙에서 나는 식물의 탄생은 경이로움 그 자체이며 정성과 사랑으로 가꾸지 않으면 태풍이나 홍수 등 자연재해로부터 무방비 상태가 되기가 다반사였다.

　인생살이도 식물의 성장과 같다고 할 수 있다. 돌보고 가꾸지 않으면 거리의 부랑아가 되기도 하여 돌보고 가꾸는 참사랑의 중요성은 아무리 강조하여도 지나치지 않다는 것이 삶을 살아본 사람의 결론이다.

　다행히도 두 자녀는 바르게 성장하여 대기업에 취직을 하였고 멋진 배우자를 만나 가정을 꾸리고 자녀들을 낳아 나보다는 훨씬 좋은 환경에서 잘 훈육하는 것을 보며 한없는 기쁨에 눈물 흘린다.

　택시를 운전하며 많은 우여곡절을 겪었지만, 세상의 변화만큼 따라잡지 못하면 적응되지 않는 현실 때문에 선점한 플랫폼 사업자 카카오는 스마트폰의 성능에 따라 고객을 모시느냐 빈차로 가느냐의 차이가 소득으로 연결되어 참 빠르고 좋은 세상에 살고 있다.

　새벽 찬바람이 무섭지 않은 오늘을! 늘 기쁨으로 가득한 오늘을 살아가는 나는 운전대를 잡고 조국 대한민국의 발전과 세계평화를 외친다.

　아! 대한의 미래여, 청년의 삶이여, 국민이 하나 되는 기쁨을!!

농부의 하루

　'그 누구요' 동이 트기 전 어슴푸레 보이는 사람의 형상을 보고 물었다. 아랫동네 김서방입니다. 부지런한 농부는 목소리를 듣고 안도의 한숨을 내쉬며 그 참 부지런하기도 합니다. 어찌 이리 일찍 나왔소? 콩밭이 지난 태풍에 쓰러지지 않았나 걱정이 되어 잠을 뒤척이다가 나와봤심니더 근데 아재는 예? 나도 논두렁이 무너졌나 해서 이것저것 살피려 나왔는디 다행히 괜찮은 것 같네. 지난 여름은 참 무덥기도 하더구먼 낮에는 그늘에 앉아 가만히 있어도 땀이 주루룩 흘려내려 논밭에서 일하기가 엄두가 나야지 천천히 쉬어가며 해야지... 예 아제도 건강관리 하면서 쉬었다가 하이소 저는 콩밭 좀 보고 오겠습니다.

어둠을 헤치고 그렇게 스쳐 가는 사람들이 여럿이 보여도 공포나 두려움이 없는 시골의 풍경이다.

그렇게 살아온 세월이 수십년이 흘려도 변하지 않는 것은 사람들의 정이었는데 철수 아버지가 얼마 전 세상을 떠나고 하나둘 세상을 떠나가는 농촌의 풍경은 외롭고 쓸쓸하기 그지없다.

이곳저곳 빈집이 수두룩 해지면서 시골의 학교는 학생들이 없어서 폐교를 해야하는 지경이 되었고 두서 마지 논밭으로 생계를 유지하며 아이들 유학 보내고 했던 당시를 생각하면 가난했지만 참 정이 넘쳐나는 고즈넉한 시골의 아름다운 시절이었다.

아이들이 장성하여 가정을 이루고 도시의 아파트에 살면서 아버지의 가난은 기억조차 하기 싫은 편리한 삶 앞에서 '전원생활'의 달콤한 유혹은 하룻밤의 꿈도 아니길 하는 바람으로 살아가는 젊은이들이 미래는 어떻게 전개될지 걱정이 앞선다.

그래 모두가 현재에 만족하며 살아가는 것이 '인생'이겠지 하면서도 대지에 묻혀있는 삶의 흔적들이 사라지는 아픔은 고향을 그리워하는 나그네의 마음같이 아프다.

며칠 전 들려온 소문에 의하면 초등학교 전교생이 6명이며 올해는 입학생이 없어서 분교도 문을 닫아야 한다는 것과 상주인구가 감소하면서 60대가 마지막 농촌의 파수꾼이라고 한다.
　이렇게 농촌의 인구소멸 현상을 지켜보는 아픔은 옛 정서가 메말라 가는 느낌으로 다가와 더욱 가슴을 아프게 한다. '뿌린대로 거둔다'는 옛 말은 씨를 뿌리면 거기에는 응분의 결과가 있다. 좋은 씨를 뿌리면 좋은 열매가 맺히고, 나쁜 씨를 뿌리면 나쁜 열매가 맺히는 것이 세상의 이치일진데 컴퓨터 게임에 빠져있는 도시의 아이들은 무엇을 보고 성장할까를 생각해 보면 휴머니즘적 사고는 여기서 끝나는 것인가? 라는 걱정으로 농부의 일상은 아프다.

　사람의 운명을 결정하는 데는 여러 가지 요인이 있다. 여행길에서 만난 현자의 말 한마디에서 인생의 방향을 결정하기도 하고 성장 과정에서 부모님 선생님의 가르침으로 깨달음을 얻기도 한다. 위인전을 읽으며 위대한 사람이 되길 희망하며 영화나 드라마 속의 주인공이 되기를 바라기도 한다.
　사람은 각자가 가진 취향이나 생각과 경험들로 채워지는 생명체이다.
　아무리 똑똑한 AI와 함께 있어도 음식을 함께 먹으며 사랑을 나누기에는 한계가 있어 보인다.
　물 공기 햇빛 등 식물이 자라기 좋은 환경과 참새와 벌 나비 애벌레 등 생명체가 숨쉬는 대지의 농부는 늘어나는 공장과 환경

오염을 국가의 재앙이라 생각하며, 대변혁의 진화보다는 푸르른 지구 환경을 보존하고 생명이 살아 숨 쉬는 대지 본연의 모습으로 돌아오길 희망한다.

소상공인의 하루

점심때가 되면 우루루 몰려드는 사람들로 정신이 없다. 들어오는 순서를 잘 지켜야 한다. 순서대로 음식이 나가지 않으면 왜 우리가 먼저 왔는데 하고 불평불만을 한다. 1분도 기다리지 못하고 직격탄을 날린다. 너그러움이란 찾아볼 수 없는 현실이 가슴 아프게 하지만 각자의 개인 사정이 있는지라 '네 조금만 기다려 주세요.' 이해를 구하고 맛있게 먹는 고객의 모습에서 위안을 받으며 하루를 보낸다.

오늘은 순대, 내일은 섞어 **돼지국밥집의 하루는 바쁘다. 얼마 전 대표의 남편이 아파서 병원을 가야 하는데 그러지도 못하는 아내는 발만 동동 그리며 손님을 맞이하고 있다. 일손이 부족하여 도와주는 아주머니도 대표의 안타까운 심정을 이해라도 하는 것처럼, 자신이 대신할 수 없는 마음을 어찌할 수 없어 열심히 손님을 맞이하였다.

가족회의를 통해 서울에서 직장 생활을하는 아들을 불러들이기로 하였다. 아들도 잘 다니는 직장을 그만두고 부모님을 도우는 것이 쉬운 일이 아니다. 며칠간 고민을 하다가 부모님의 뜻에 따르기로 하고 처음에는 서울에서 왔다 갔다 하다가 서울의 모든 생활을 정리하고 부모님 곁으로 와서는 부모님의 가업에 충실하기로 하였다. 수입을 따지면 직장 생활이 훨씬 풍요롭겠지만 효성이 지극한 아들은 아픈 부모님을 외면할 수가 없었다.

국밥 장사로 3남매 자식을 키우고 누나 둘은 시집을 가고 잘 살고 있는데 남은 자식이라도 마지막 효도를 해야 하는 마음이 부모님의 마지막 소원처럼 가슴에 남아 그렇게 나날을 보낸다.

전사처럼 머리띠를 하고 고기를 쓰는 어머님의 마음은 무엇일까? 궁금해 하면서 처음에는 몰랐다. 아버지가 아파서 병원에 누워 있을 때에도 매일 국밥이 그리워 찾아오는 손님에게 배불리 먹을 수 있는 한 그릇의 따뜻한 마음을 몰랐다.

국밥을 파는 것이 아니라 사랑을 파는 것이었다. 우리의 인생이라는 것이 무엇인가? 세월이 가면 흔적 없이 사라지는 육체의 아픔과 고달픔 들이 '국밥 한 그릇'의 따뜻한 영혼으로 남아 영원히 기억되길 바라는 마음이다. 그렇게 나의 운명은 '국밥 한 그릇'의 의미를 알아가는 중이다.

■ 직장인의 하루

사람의 운명은 선택에 의해 결정된다. 대기업에 취직을 하여 무난하게 살아가거나, 중소기업에 취직을 하여 이것저것 경험하면서 치열하게 살아가거나, 창업을 하여 불확실한 미래를 개척해 가는 개척자의 삶을 살아가거나 하면서 자신의 운명을 선택한다.

A는 대학에서 놀기를 좋아하다 보니 남들처럼 대기업에 취업

을 못하고 자그마한 중소기업에 취업을 하였다. 첫 월급을 보며 대학에서 열심히 공부를 하지 않고 게으름 피운 것을 후회하였다. 대기업과 중소기업의 연봉이 거의 배가 차이가 났다.

같이 놀면서도 운이 좋게 대기업에 취직한 B의 연봉뿐만 아니라 직장의 환경도 비교가 되지 않을 정도로 차이가 나서 다시 공부를 해서 대기업에 취직을 해볼까 생각도 하였지만 이미 세월이 흘러 사람을 주눅들게 할 뿐이었다.

C는 전자상거래 사업을 하면서 직접 힘쓰는 일을 마다하지 않으며, 고객의 불평에도 대응하면서 만족도를 높여 매출을 늘려가는 재미에 와! 이게 사업이다. 라고 좋은 시너지를 구축하고 있다.

아! 많은 친구들이 하나둘 결혼을 하고 중소기업의 열악한 환경과 적은 보수에 배우자를 찾기가 쉽지않은 현실 앞에서 좌절감과 쏟아지는 일감으로 겨우 버티고 있는 자신을 돌아보게 된다. 그러나 이미 엎질러진 물이 된지가 오래다. 중소기업에 대한 이미지가 갈수록 나빠지고 있으며, 동남아 취업비자로 현장에서 일하는 근로자만 늘어가고 내국인은 자꾸 빠져나가기만 하는 것 같아서 미래가 불안하다.

그러나, 중소기업은 대한민국의 희망이고 미래다. 라는 가치관을 가지고 열심히 살아온 세월이 내공을 길려주는 것 같다. 지난 정부 5년간 잃어버린 원자력발전 사업이 다시 수주가 늘어나고 공장의 일손이 바쁘게 움직이며 그 구성원들도 희망을 가지게 되었다.

'다시 희망으로' 슬로건은 가슴을 설레이게 하고 두 발을 움직이게 하는 동력이 되었다. 역시 대한민국 중소기업의 기술력은 세계가 인정하는 시스템이며, K-문화, K-푸드 등 국내에서뿐만 아니라 세계적인 품질, 세계적인 문화를 만들어가는 자부심은 큰 자랑이다.

대기업에 비해 보수는 적지만 가족같은 분위기에 멀티플레이어로서 맡겨진 일은 이것저것 가리지 않고, 모르는 것은 인터넷에 질문을 하면 AI가 답변을 주어 해결하고 조금 부족한 것은 관공서에 질문하면 상세하게 설명을 해주어 무엇이든지 적극적으로 해결하려는 의지가 있다면 해결되지 않는 것이 없다.

문제가 답이 되는 세상에 살고 있다. 그 기쁨을 함께 가꾸고 키워나가는 의지를 키우는 교육이 필요한 것이다.

◼ 알바의 하루

요즘 정말 취직이 힘든 세상이다. 지방대학교를 졸업하고 대기업은 엄두를 못 내고 지방의 여러 곳에 취직문을 두드려도 합격하기 힘들다. 그래서 많은 사람들이 카페나 식당 등에서 알바로 생계를 유지한다.

머리를 싸메고 공부를 하지 않아도 쉽게 할 수 있는 일들이 알바이다. 오직하면 알바천국이라는 플렛폼 사업이 인기가 있을까 하고 생각해 본다. 중소기업의 공장에서는 현장에 일할 사람이 동남아의 외국인 아니면 구하기 힘들다고 하고, 대학 졸업자는 공장 현장에서 일하는 것보다는 차라리 시내의 카페같은 곳에서 알바를 하는 것이 훨씬 편하고 좋다고 하니 청년들의 미래가 암울하다. 특별한 기술이 없어도 마음만 먹으면 알바는 구할 수 있는 세상이다. 시급이 올랐다고 하나 정규직 근로자에 비하면 턱없이 부족한 보수에 만족하는 현실이다.

적지만 확실한 행복을 추구하는 소확행의 트랜드가 유행하더니 요즘은 그냥 하루가 행복하면 다행인 시대에 살고 있다. 꿈도 없고 야망도 없다. 집단지성이 중요하던 시절은 가고 개인의 행복만이 최고의 가치인 것 같아서 참 세상은 빨리도 변화하며 기성세대들이 어떻게 이해를 할까하는 두려움이 있지만 살아보니 무엇이 옳고 그르다로 양분할 수 없는 것이 시대정신이며 삶의 가치인 것 같다.

무엇인가 할 수 있는 건강한 육체가 있고 자신의 행복을 추구하며 한 가지라도 사회에 기여하는 무엇이 있다면 잘 사는 인생이라고 정의하고 싶다.

친구의 죽음

이심전심 친구의 착한 마음을 모두가 알고 있는 것 같다.

2024.10.20. 축전이 끝나고 불의의 사고로 친구가 세상과 이별하였다. 부산광역시 서구 꽃마을 공영주차장 난간에서 떨어져 혼자 아프다는 말 외에는 아무말도 못하고 허무하게 하늘의 별이 되었다.

용마51 부산동기회 회장으로 축전의 준비를 위해 혼신을 다했던 친구의 마음을 알기에 그 쓸쓸함은 말로 표현할 수가 없다. 행사장과 가까이 있는 '수야집'에 들려 직접 오리백숙을 예약하고 행사가 끝나면 참여한 동기들의 저녁식사를 위해 만찬을 즐기려고 했던 그 마음은 전화 한 통화로 불길한 사고를 예감하기에 충분하였다.

친구야 119가 곧 도착한다. 걱정하지마라. 조금만 참아라. 어깨가 아프다고 하였고 왼쪽 팔뚝에는 피가 배어있어서 단순하게 팔의 골절로만 알았다. 그러나 그게 아니었다. 부산대학교병원 트라우마 센터에서 수술이 성공적으로 되길 그의 가족들과 많은 친구들이 희망하였다.

갈비뼈에 문제가 생겨 시술을 먼저하고 두개골이 파열되어 수술을 시도하여 중환자실로 보내졌다. 그러나 그게 다였다. 다음날 새벽의 비보는 안타까운 친구의 죽음이었다.

많은 친구들이 슬퍼하며 애도하였다.

그의 고향은 경남 고성이다. 고성 배둔에서 출생하여 세 살 때까지 살고는 의령 마산에서 성장하였다고 하며 출생지인 배둔에 대한 기억이 없어서 한 번쯤은 가고 싶은 곳이어서 고성이 고향인 친구에게 독백처럼 말했다고 한다. 그의 예언적 성찰은 삼촌이 계시는 고향 배둔의 어느 마을에 들려 추억을 떠올리며 고향으로 회귀하고픈 본능적 사고로 보면 너무 단순한 생각일까?

인간은 참으로 어리석고 단순하다. 온갖 개같은 고생을 다하고는 나중에 가장 소중한 곳을 찾는 모순은 무엇으로 설명할 수 있을까?

심중의 말 한마디 이해되지 않는 세상에서 벅차게 살아가는 민초들의 삶이 가슴 스리며 아리며 아프다.

그는 마산상고를 졸업하고 금융기관 같은 버젓한 직장생활 한 번 못하고 부산광역시 장애인 운송 차량인 두리발 운전기사로 재직하였다. 성정이 온순하여 봉사 생활에 보람을 갖고 네 자녀들 키웠다. 어려운 살림에도 아내와 함께 화목한 가정을 꾸리고 자녀들을 국가 공무원과 사회의 훌륭한 일군으로 성장시켰다.

세 자녀는 결혼을 하여 손자·손녀의 재롱으로 세월이 가는 것이 너무나 즐겁고 행복하였는데 얼마 전 두리발에서 정년 퇴직을 하고, 참다운 노년의 즐거움을 만끽하려고 아내와 의논하여 노후 설계를 완료하였다.

아내의 표현에 의하면 용마51부산동기회는 친구의 가장 편안한 안식처이며 즐거움의 상징이었다.

그래서일까? 용마가족축전 사전등반대회에 참석하여 오랜 시간 친구들과 함께하였고 이번 용마부산가족축전 당일에도 용마51부산동기회 회장으로서 소주와 맥주, 떡, 안주 등 준비를 철저히 하여 친구들의 입을 즐겁게 해 주었다.

그런 그가 갑자기 하늘의 별이 되었다니 꿈같은 일이 되었다.

세상은 내일을 알 수가 없다. 그래서 현재에 충실하고 보시를 많이 하고 가치 있는 일을 많이 해야 한다. 그런데 천만년 살 것처럼 손에 들어온 것은 놓지 않고 베풀지 않고 세상을 떠나간다. 그런 안타까운 죽음들을 너무나 많이 보았기에 청빈하고 봉사하는 내 친구의 삶이 더욱 거룩하고 빛나 보인다.

용마 부산동창회 회장으로 있는 친구 이*상의 카톡 메시지를 그대로 옮겨보면 다음과 같다.

우리 친구들 중에
가장 키크고
가장 무공해 친구인
박*찬 친구를 편안한 곳에
모셔놓고 왔습니다.

안타깝고 애석한 일이지만
아무래도 천국에서
*찬 친구 같은 일 잘하는
일꾼이 필요 했던거
같습니다 …

우리 모두 잘 가라고
보내줍시다 …

자녀는 딸3 아들1
둘째 딸만 결혼을 안했고
착하게 착하게만
살아온 이야기를 듣고
가슴이 찡합니다 …

두리발이라는
장애인 운송택시를
하면서 월급으로
80만원 받아다가
자녀 4명을 키우는데
생활이 힘들어서
와이프가 보험을 하면서
생계를 유지했는데

많이 힘들 때 와이프가
능력 있는 친구들께
부탁 좀 하면 안될까 하니
친구들께 폐 끼치면
안된다 하며
그냥 적게 쓰고 아끼고
살자했답니다 ...

부산 친구들은
아무도 그것을 모르고
동기회 총무 시키고
이번에 회장 시켜서
심부름만 시켰습니다 ...

이번 사고도
친구들을 위한 먹을거
준비하고 정리 하는 과정에서
이러한 변을 당해서
너무너무 안타갑습니다.

앞으로 여러 가지
도울 일이 있을 때
부산 동창회와 동기들이
나서서 돕기로 하고
왔습니다.

그리고 혹시 김해 상동지역
우리공장에서 2 ㎞ 위치에
모셨으니 지나는 걸음에
있으면 제가 안내하겠습니다.

김해 상동 이*상

이 글을 읽으며 눈물이 났다.

친구의 창작시

소주 한잔 나누며 친구와 얘기를 나누다가 갑자기 생각이 나서 전화를 했다고 한다. 참 반가운 목소리에 그동안의 안부를 물으며 편안하게 일상의 얘기들을 나눈다는 것이 얼마나 행복하고 감사한 일인지를 생각하게 하는 하루였다.

'해운대 25시'를 출간하여 글솜씨가 있다고 하면서 아침에 집 주변의 산길을 걸으며 바위 위에 앉아 쓴 글이라고 보내주었다. 친구 이*수의 시 '좀 더 크게'를 옮겨본다.

제목 : 좀 더 크게…

불어오는 찬 바람
맞으며
숲속 길을 걸어가고 있다

앞산 바라다 보이는
그곳으로

고개 들어
맑고 푸른 하늘 한번
바라다볼 수 있는
그곳으로

사랑하는 사람들을 위해
기도할 수 있는
그곳으로....

푸르름으로
가득했든 숲속의 나뭇잎도
지난 세월 뒤로한 채

하나 둘
낙엽되어 떨어지고 있다

지나가고 있다
계절이...

맑고 청량한 소리 내며
흐르는
계곡물도
아래로 아래로만
지나가고 있다

바라다보기만 해도
편안함을 느낄 수 있는
푸른 바다

그곳을 향해...

계곡 한편 고여있는 물
그곳엔

하늘을 나는
철새들도
내려와
목을 축이고서
잠시 휴식을 취하고
있다

따뜻한 남쪽 나라
그곳을 향하기 위해...

동녘 하늘 아침에
고개 내밀며

숲속 수많은 생명들에게
따뜻한 생명의 온기를
전해주는 햇님도

천천히 지나가고 있다

서산마루
그곳을 향해서...

자연이 만들어 놓은
최고의 명작

하늘위에
멋있는 구름들도
지나가고 있다

바람이 부는
그곳을 향해서...

이 세상에 지나가지 않고
머무는 것이
무엇이 있을까요?

모두가
지나가지 싶습니다

세월도
가슴 깊이 묻어 두었든 사연도...

세상을 두 손에
모두 가진거 같았든
한때의 기쁨도

웃고 울었든
어린 시절 아련한 추억도

언제까지나
지금의 나일 것만 같은
우리네 인생도

조금씩
조금씩
지나가고 있다

이것이
자연의 섭리이고

세상의 순리가
아닌가 싶습니다

하루하루
오늘을 맞이할 수 있음을

감사히 여기면서
살아갑시다

이 세상에
자기 자신은 나 하나밖에
없습니다

나와는 다른 수많은 사람들

수많은 생명들이
이 땅 위에서
함께 살아가고 있습니다

서로 다름을 인정하고
웬만한 일은
그러려니 하면서 살아 갑시다

지금
내옆에 함께 하고
있는 사람을
소중히 여기면서

지금 보다는 좀더 마음을 크게

열어놓고
세상을 바라보면서
살아갑시다

내 마음에 편안함이
깃들 수 있도록 말입니다

- 어느 하루
바람 부는 날 바위에 앉아서 -

　이리저리 부대끼며 삶의 흔적을 훈장처럼 달고 살아가는 인생을 정리하는 차원에서 '포기하지 않고 살아가는 인생 역정'을 우리는 아름답다고 한다. 울고 싶어도 울지 못하는 부모의 심정과 가장의 심정을 대변하는 한 남자의 포효는 '매난국죽'의 기개를 보여주고 있다.
　밤하늘의 수많은 별들이 은하수 되어 강물처럼 흐르고 세상의 수많은 사람들이 각자 다른 삶을 살아도 자유롭고 평화롭게 살아가는 지구별의 아름다움이 반짝반짝 빛나길 바라는 마음이다.

제12장 역사속의 인물들

- 한글편찬 세종대왕
- 목화씨 문익점
- 독립투사 안중근 의사(하얼빈의 까레아 우라)
- 유관순 누나
- 김구 선생님
- 농업혁명 우장춘 박사
- 한국인이 존경하는 인물
- 한국을 빛낸 인물들

한글편찬 세종대왕

'태정태세문단세 예성연중임명선 광인효현숙경영 정순헌철고순' 조선 27대 왕의 이름이다. 조를 붙이기도 하고 종을 붙이기도 한다. 조는 국가의 시조나 왕조 창시자의 호칭이며, 종은 왕조의 계승자 중에서 특별히 중요한 업적을 남긴 왕들에게 주어진 호칭이다. 참고로 군은 왕이 아닌 왕족이나 왕위 계승권이 없는 왕의 자손에게 붙이는 호칭이다.

세종대왕은 조선 제4대 왕으로 취임하였다. 1397년 태종과 정경왕후의 3남으로 태어나 1408년 12살에 충녕군에 봉해졌고 1412년에 대군으로 진봉되었다. 자의반 타의반 장자인 양녕대군과 차남인 효령대군을 제치고 1418년 태종으로부터 왕위를 계승하였으나 1422년 태종이 사망하기 전 4년간은 상왕인 태종이 실권을 쥐고 있었다.

1443년(재위 25년) 훈민정음을 창제하여 어린 백성을 위해 말하기 쉽고 쓰기쉽게 28자로 그 뜻을 펴게 하였다. 1450년(재위 32년) 52세의 나이로 서거하였다. 슬하에 18남 7녀를 두었으며 왕비 소헌왕후에게서는 9남2녀를 두어 다산의 상징이 되었다.

세종대왕이 빛났던 것은 어릴적 독서량과 충신들과 집현전 학사들이 있었다. 좌의정 황희 정승과 우의정 맹사성이라는 충신이 있었으며, 집현전 학사들의 노력이 한글창제로 이어졌다.

광화문광장에 세워진 세종대왕 동상을 바라보노라면 성군으로서의 위상과 쉽고 편리한 한글(집현전 학사들)의 사용으로 K-문화를 선도하였으며, 만백성이 우러러 그 기상을 느낀다.

전주이씨의 태조 이성계가 조선을 건국하였지만 세종대왕의 한글편찬이 없었다면 조선의 건국에 대한 정통성도 사라지지 않았을까? 생각해 본다. 지금까지 한국을 빛낸 가장 존경받는 인물로 세종대왕은 한국의 자부심이 되었다.

훈민정음 언해 서문에 실린 세종대왕의 어록을 옮겨본다.

"우리나라 말이 중국과 달라 한자와 서로 통하지 않으므로 이런 까닭에 어리석은 백성이 이르고자 하는 바가 있어도 마침내 그 뜻을 능히 펴지 못하는 사람이 많다. 내가 이를 불쌍히 여겨 새로 스물여덟 글자를 만들었으니 사람마다 하여금 쉽게 익혀 날로 씀에 편안하게 하고자 할 따름이니라."

목화씨 문익점

고려가 망하고 조선이 태동하는 시기에 붓두껍에 목화씨를 가지고 국내에 전파하였다는 고등학교 국사 선생님의 말씀을 더듬어 본다. 원나라와 전쟁이 심하던 시절 조선의 건국을 앞두고 고려 공민왕의 사신으로 원나라에 가게 되었는데 거기서 목화씨를 가져와 국내에 보급하였다고 들었다.

목숨을 건 목화씨의 보급은 의복의 역사를 바꾼 혁명으로 백성을 사랑하는 애민 충정이 있었기에 가능한 것이었으며 여말 충신이었던 정몽주와 뜻을 같이 하였으나 죽음은 피하고 초야에 은거하며 지냈다고 전해진다.

최근의 많은 학자들은 삼국시대부터 목화의 보급이 있었을 것이라고 추정하고 있으며, 그 근거로 백제 때에 충남 부여에서 목화에서 뽑은 면사로 짠 직물이 발견되었다는 보고가 있었다.

그러나 온 백성들에게 보급된 것은 문익점 이후로 평가되는 것으로 보아 그의 공로를 과소평가해서는 안된다는 것이 정설이며 춥고 배고픈 시절 면화는 솜사탕같이 달달 하여 간식으로도 먹었다. 지천으로 늘려 있던 면화의 원산지는 따뜻한 인도였으나 우리나라 남부지방에서도 잘 자라 따뜻한 겨울을 나는데 큰 공을 세웠다고 할 수 있다.

◣ 독립투사 안중근 의사

'나는 대한독립을 위해 죽고, 동양평화를 위해 죽는데 어찌 죽음이 한스럽겠소?'

'까레아 우라!'

안중근 의사는 1879년 황해도 해주에서 태어나 1910년 뤼순

감옥에서 사망하였다.

영화 '하얼빈'을 보며 개인의 영달보다도 대한독립을 위해 젊은 청춘을 바치는 많은 선열들의 거룩한 희생정신을 생각하게 하였다.

일본과 맞서 싸우면서도 그 중에는 고문을 참지못해 밀정이 되었다가 많은 동지들의 희생과 자기반성으로 다시 독립투사로 묘사되는 장면은 참 다행이다라는 생각이 들었다.

1909년 하얼빈 역에서 일본의 이토히로부미를 저격하고 러시아 말로 까레아 우라(대한독립 만세)를 외치며 세계만방에 고하였다.

이후 일본군에 체포되어 왜 이토히로부미를 저격하게 되었는지 재판을 받으며 일본 통치하에 있던 뤼순감옥에서 형장의 이슬로 사라져 갔다.

안중근 의사가 재판을 받으며 이토히로부미를 저격하게된 사유 15가지는 오늘날 자유의 가치가 얼마나 소중한지를 깨닫게 하는 말이다.

한국근대사료 DB에 소개된 이토 히로부미 죄악을 적어본다.

<이토 히로부미 죄악>
1. 1867년 대일본 명치 천황 폐하의 부친 태황제 폐하를 시살(弑殺)한 대역부도(大逆不道)의 일
2. 1894년 한국에 사람을 부려 병사를 황궁에 돌입시켜 대한

황후 폐하를 시해한 일

3. 1905년 병력을 돌입시켜 대한 황실을 위협하여 황제 폐하께서 다섯 조항의 조약을 강제로 체결하게 한 일

4. 1907년 다시금 많은 병력을 한국 황실에 돌입시켜 칼을 빼들고 위협하여 일곱 조항의 조약을 강제로 맺게 한 후 대한 황제 폐하를 폐위시킨 일

5. 한국 내 산림, 하천, 광산, 철도, 어업, 농·상·공업 등을 일일이 늑탈(勒奪)한 일

6. 소위 제일은행권을 강제로 사용케 하고 단지 한국 내에서 유통시켜 전국의 재정을 고갈시킨 일

7. 국채 1,300만 원을 한국에 강제로 지게 한 일

8. 한국 내 학교의 서책을 압수하여 불사르고 내외국의 신문을 민인들에게 전하지 못하게 한 일

9. 한국 내에서 많은 의사(義士)가 봉기하여 국권을 되찾고자 하였으나 그들을 폭도로 칭하여 발포하거나 목 졸라 끊임 없이 살육하고 심지어 의사의 가족까지 전부 십여만 명을 참혹히 죽인 일

10. 한국 청년의 외국 유학을 금지한 일

11. 소위 한국 정부의 대관이라는 오적, 칠적 등과 일진회 무리를 체결하여 한인은 일본의 보호를 받고자 한다고 운운한 일

12. 1909년 다시금 다섯 조항의 조약을 강제로 체결한 일

13. 한국의 3천 리 강토(疆土)를 일본의 속국으로 삼고자 한다고 선언한 일

14. 1905년 이후 한국은 하루도 평안한 날 없이 2천만 생령(生靈)의 곡소리가 하늘에 진동하고 살육이 끊이지 않으며 포성과 탄우(彈雨)가 지금까지도 그치지 않는데, 다만 이토는 한국이 태평무사한 것처럼 명치 천황에게 보고한 일
15. 이로써 동양의 평화를 영영 파괴하고 수많은 인종이 장차 멸망을 면치 못하게 한 일

수많은 죄를 낱낱이 거론할 수 없으며, 이와 같이 교활한 전후 소행은 외부적으로는 열강의 신의를 잃고 내부적으로는 이웃 나라와의 교의(交誼)를 단절시켜 먼저 일본을, 나중에는 동양 전체를 멸망시키고자 하니 어찌 통탄하지 않겠는가? 동양의 뜻있는 청년 여러분이 깊이 살펴야 하겠도다.

안중근 의사는 옥중에서도 한중일 3국이 서로 도우는 것이 가장 이상적이라는 '동양평화론'을 집필하다가 완성을 못하고 순국하였다. 또한 순국 당일 일본 헌병에게 써준 휘호로 '위국헌신 군인본분'은 대한민국 국군의 슬로건이 되었다.

우리는 지금 정치가 아닌 전쟁인 시대에 살고 있다. 100여년 전 외쳤던 대한독립만세가 일본으로부터 해방이 되고 남북한을 아우러는 독립된 대한민국은 아니지만 남한의 자유대한민국은 이승만 정부의 자유대한민국 수호와 우방인 미국과의 한미상호방위조약으로 튼튼한 안보를 기반으로 민주화, 경제적 독립을 성취한

유일한 국가가 되었다. 역사를 올바로 직시하여 보수와 진보의 양극단을 헤치고 진정한 자유대한민국의 건설을 위해 MZ 세대가 분발할 때이다.

유관순 누나

"내 손과 다리가 부러져도 그 고통은 이길 수 있사오나, 나라를 잃어버린 그 고통만은 견딜 수가 없습니다. 나라에 바칠 목숨이 오직 하나밖에 없는 것만이 이 소녀의 유일한 슬픔입니다."

기미년 3월1일 정오에 발발한 만세운동은 다음 달 4월 1일 천안을 중심으로 한 아우내 장터에서 대한독립만세를 목이 터져라 외쳤다. 대한독립만세, 대한독립만세, 대한독립만세!!!
1902년에 충청남도 천안에서 태어나 1920년 옥사하였다.
일제강점기 꽃다운 나이에 대한독립을 위해 만세운동을 주도하였으며 일본 헌병에 체포되어 5년형을 선고받고 서대문형무소에 복역 중 고문에 의한 병으로 옥사하였다.
유언으로 "내 손과 다리가 부러져도 그 고통은 이길 수 있사오나, 나라를 잃어버린 그 고통만은 견딜 수가 없습니다. 나라에 바칠 목숨이 오직 하나밖에 없는 것만이 이 소녀의 유일한 슬픔입니다." 죽어 가면서도 나라 걱정을 하며 참으로 안타까운 그 날의 고통이 느껴진다.
삼일절이 국경일이라 근로자에게는 쉬는 날이라 참 좋기도 하지만 자유대한민국을 부르짖으며 숨져간 순국선열들을 한번쯤은 생각하는 시간을 가졌으면 좋겠다고 생각한다.

그런 의미에서 그렇게도 많이 불렸던 정인보(1893~1950) 작사, 박태현(1907~1993)작곡 '삼일절 노래'를 올려 봅니다.

'삼일절 노래'

기미년 삼월일일 정오
터지자 밀물같은 대한독립만세
태극기 곳곳마다 삼천만이 하나로
이날은 우리의의요 생명이요 교훈이다
한강물 다시흐르고 백두산 높았다
선열아 이 나라를 보소서
동포야 이날을 길이 빛내자

■ 김구 선생님

김구 선생은 1876년 황해도 해주에서 태어났다. 광복 후 신탁통치반대운동 및 비상국민회의 조직과 남북이 하나 되는 통일대한민국 추구 등 왕성한 정치 활동으로 1949년 안두희에게 암살당했다.

위대한 민족의 지도자였던 김구 선생을 왜 암살했는지에 대한 명확한 주장은 없으나 친일 잔당들에 의해 살해되었다는 것이 정설이다. 시대적 배경을 보면 1945년 일본의 히로시마에 원자탄 투하로 일본 천황은 무조건 항복을 선언하였고 8.15해방과 동시에 38선 이북은 소련이, 38선 이남은 미국이 주둔하며 사실상의 통치를 하였으므로 상해에 있었던 대한민국 임시정부 요인의 입국을 허락하지 않았다.

결국은 임시정부 요인으로서가 아니라 개인의 자격으로 입국하여 환국 다음 날인 1945.11.24. '전국 동포가 하나가 되어 우리의 국가 독립의 시간을 줄이자'라는 귀국 방송과 서울운동장에 열린 환영대회에서 크게 환영을 받았으며, 이후 대한민국 임시정부의 통치권 행사와 한국독립당의 수반으로 그 지도력을 발휘하였다.

1945.12.27. 모스크바 3상 회의에서 5년간 신탁통치가 결정되자 반탁운동을 전개하였으며, 1946년 비상국민회의 총리, 1947년 국민의회 부주석으로 취임하였다. 이후 유엔감시하에 남북한 총선거에 의한 정부수립을 지지하였으나 다음 해 1948년 3월 유엔 소총회가 '가능한 지역에 국한한 선거실시'가 결정되자 반대하였다.

처음부터 통일 대한민국 건설을 주장한 김구 선생은 「삼천만 동포에게 읍고(泣告)함」이란 글에서 "나는 통일된 조국을 건설하려다가 38선을 베고 쓰러질지언정, 일신에 구차한 안일을 위하여 단독정부를 세우는 데는 협력하지 아니하겠다"라고 밝혔다.

1948.4월 '4김 회담'과 '남북정당사회단체협의회'에 참석하고 서울로 돌아왔으나 1948.8.15.남에는 이승만 정부가 탄생하였고,

북에는 김일성 공산국가가 태동함으로써 정계에 은퇴하였다.

사실상 김구 선생은 전 생애를 걸쳐 동학농민운동, 신민회 활동, 애국계몽운동, 한국광복군, 대한민국 임시정부 주석 등 사회운동으로 일생을 보내었다. 카이로회담에서 한국의 독립을 약속받는 외교활동으로 주목을 받았으며, 1894년 2차 동학농민운동에서는 안중근 의사의 아버지 안태훈과의 교전을 피해 구월산으로 칩거 패전으로 잠시 안태훈의 집에서 유학을 공부하였다고 한다. 영화 '암살'은 상해임시정부에서 해방을 맞이하며 김구 선생님이 김원봉과 불타는 술잔(죽어간 독립투사)을 두고 너무 많은 희생자를 위로하는 장면은 김구 선생님의 인간적인 모습을 잘 보여주었다. 1949년 반민족특위에서 밀정으로 활동한 '염*진'의 무죄선고(증거없음)를 '명우와 옥순'이 단죄하는 장면은 "정의"가 살아있음을 보여준 명장면이었다.

■ 농업혁명 우장춘 박사

1898년 일본 도쿄에서 태어나 1959년 서울 국립중앙의료원에서 사망하였다. 임호식에 이어 한국인 2호 농학박사로 이승만 대통령의 지원을 받아 한국농업의 기틀을 마련하였으며 1935년 《배추속(Brassica) 식물에 관한 게놈 분석》을 통해 유채(B. napus)가 배추(B. campestris)와 양배추(B. oleracea)의 자연교잡종이라는 사실을 밝힘으로써 세계 최초로 종의 합성과 종간 잡종에 관한 개념을 제시하였다

또한 배추와 양파의 일대 잡종을 육성하여 재배가 쉽고 저항성에 강한 작물을 개발하였으며, 밀감의 재배를 제주도와 남해 등에서 가능하다는 시험 결과로 오늘날 맛있는 귤과 농가의 소득증대에 크게 기여한 업적은 높이 평가되어야 한다고 본다.

흔히 '씨 없는 수박'의 연구로 유명하였는데 이는 실제로는 일본의 교토대학 명예교수 키하라 히토시 박사이며 우장춘 박사는 '씨 없는 수박'을 한국에 최초로 가져와 보급한 사람으로 표현하는 게 맞다.

부산시 동래구에 우장춘 박사 기념관이 있으며 그 앞길의 도로명을 우장춘로로 명명하여 농업혁명의 선구자로 기리고 있다. 부산 동래에 우장춘 기념관이 생긴 배경은 그가 부산원예고등학교에 재직했다는 기념이라고 한다.

나무위키에 실린 우장춘 박사의 일화 중 일부를 소개하면 다음과 같다.

평생을 애국자로 살아간 인물. 일본에서 성을 바꾸거나 하며 조금만 굽히면 편안한 생활을 할 수 있는 것을 모조리 버리고 대한민국을 위하여 일생을 바쳤다. 일본 정부는 우장춘을 대마도와도 바꾸지 않겠다고 했다는 설이 돌 정도로 우장춘을 보내기 싫어했다. 만약 자존심을 굽히고 일본에서 생활했으면 상당한 지원을 등에 업고 더 많은 시간을 자신의 개인 연구에 투자해 지금보다 학술적으로 개인 경력에서도 더 높은 평가를 받았을지도 모른다. 사적으로는 가족과 계속 함께 지낼 수 있었다. 이 모든 걸 포기한 것. 게다가 순수 한국인도 아닌 한일 혼혈이고, 일본 태생이기 때문에 일본 국적을 가지고 있었다. 이는 우장춘의 어머니가 일본인이었음에도 불구하고, 우장춘을 조선인으로 키운 덕택. 심지어 도쿄제대도 일본인이 아닌 조선인 유학생 신분으로 진학했다. 이승만이 그를 농림부장관에까지 내정했는데도 과학자로서 묵묵히 일했다. 우장춘이 존경받는 이유에는 이렇게 정치판에 뛰어들지 않고 오로지 과학자로서의 연구에만 몰두한 것도 큰 지분을 차지한다.

한국인이 존경하는 인물

5년마다 한국갤럽에서 한국인이 존경하는 인물을 발표하고 있다.

2024년 한국인이 존경하는 인물 순위 1위 '이순신' 2위 '세종대왕' 3위 '박정희' 4위 '노무현' 5위 '김대중' 6위 '김구' 7위 '부모님' 8위 '정주영' 9위 '안중근' 10위 '유관순' 11위 '이건희' 12위 '신사임당' 13위 '반기문' 14위 '문재인' 15위 '유일한'으로 발표했다.

2019년에는 1위 '이순신' 2위 '세종대왕' 3위 '노무현' 4위 '박정희' 5위 '김구' 6위 '정주영' 7위 '유관순' 8위 '김대중' 9위 '반기문' 10위 '안중근' 11위 '부모님' 12위 '신사임당' 13위 '이국종' 14위 '이건희' 15위 '안창호' 16위 '문재인' 17위 '김연아'로 발표했다.

처음 조사연도인 2014년에는 1위 '이순신' 2위 '반기문' 3위 '박정희' 4위 '세종대왕' 5위 '노무현' 6위 '정주영' 7위 '이건희' 8위 '김수환' 9위 '김대중' 10위 '김구'로 발표했다.

매 조사마다 부동의 1위는 '이순신 장군'이다. 그리고 세종대왕, 박정희 전대통령, 노무현 전대통령 등으로 정치와 재계, 나라를 위해 희생하거나 국위선양을 한 사람들이다.

특이한 점은 2019년 11위에서 2024년 7위에 오른 '부모님'을 존경하는 인물로 뽑아 부모님의 위상이 오른 것은 존경의 대상이 꼭 나라를 위해 희생하거나 큰일을 하지 않아도 평범하지만 정직하게 살아온 대부분의 부모님에게 큰 영광이라는 생각으로 감사한 마음이 든다.

한국을 빛낸 인물들

도산 안창호 선생, 월남전파병용사들, 아덴만파병용사들 등 언급하지 못한 수많은 애국지사들과 용사들에 대한 고마움을 가슴에 안고 살아가는 대한민국의 애국애민 국민들과 동포들의 애국심이 대대손손 이어지길 바라는 마음이다.

태극기를 볼 때마다 대한민국의 대자만 보아도 가슴은 뛰고 요동친다.

우리들의 삶이 자신만의 안위만 생각하면 무슨 의미가 있겠는가? 조국을 위해 사회를 위해 가족을 위해 내가 태어나기 전보다는 좀 더 나은 세상을 만들어 놓고 떠나는 것! 미국의 철학자이자 시인 랄프 왈도 에머슨(1803~1882)이 말한 "성공이란" 시를 옮겨 본다.

성공이란
자주 그리고 많이 웃는 것
현명한 이의 존경을 받고 아이들의 사랑을 받는 것
정직한 비평가의 찬사를 듣고
친구의 배반을 참아내는 것,
아름다움을 식별할 줄 알며
다른 사람의 내면에서 최선의 것을 발견하는 것
건강한 아이를 낳던 한 뙈기의 정원을 가꾸든
사회 환경을 개선하든
자신이 태어나기 전보다 세상을
조금이라도 살기 좋은 곳으로 만들어 놓고
떠나는 것,
자신이 한 때 이곳에 살았음으로 해서
단 한사람의 인생이라도 행복해 지는 것
이것이 진정한 성공이다.

제13장 해외이주 교민의 애국심

- LA 교민
- 연해주
- 페루 교민
- 아르헨티나 방송인 황진이
- 우즈베키스탄의 2세들

LA 교민

LA는 미국 뉴욕 다음으로 큰 도시로 우리 교민이 가장 많이 살고 있는 곳이다. 캘리포니아주에서 가장 큰 도시이며 390만 인구 중 우리 교민은 대략 13만 명으로 판단된다.

LA 영사관은 미국과 대한민국의 수교로 가장 먼저 설치된 총영사관이며 1948년 11월 24일 설립되었다. 설립 이유로는 로스앤젤레스 내 상주 한국인 인구가 매우 높았기 때문이라고 한다.

미국에 있는 한인 사회의 단합과 친목을 도모하기 위해 1962년 '남가주한인센터'에서 1984년 '로스엔젤레스한인회'로 명칭을 변경하여 교민들의 정치적, 사회적, 문화적 권리를 주장하고 그 영역을 확대하고 있다.

1990년대 초 미국 사회에의 흑백갈등이 '흑인폭동'으로 소수민족간의 분쟁으로 발전하여 LA교민 사회는 충격을 받았다. 태생적으로 근면하고 성실한 교민들은 미국 주류 사회와 어울리며 한 단계 도약하고자 하였으나 같은 소수민족인 흑인의 밥그릇을 빼앗는 결과를 초래함으로써 흑인들로부터 미움을 받게 되었으며, 그 결과 소수민족간 분쟁이 발생한 것이다.

그 사건으로 우리 교민들은 혼자 잘먹고 잘사는 것 보다는 함께 잘사는 것이 더 중요하다는 사실을 깨달았으며, 이후 흑인들과도 교류하면서 인간적인 우정과 신뢰를 회복해 가고 있다.

얼마 전 산불로 많은 재산적 피해가 있었다. 박찬호 집도 타버렸다는 보도를 봤다. 윤석열 대통령도 직무 정지 상태에서 페이스북을 통해 "LA는 전 세계에서 우리 교민들이 가장 많이 살고 있는 곳"이라며 "도움이 필요하다면 정부 차원에서 지원해야 한다"라고 강조하였다.

윤 대통령은 미국 국민에게도 위로를 전했다. 윤 대통령은 "강한 돌풍으로 진화에 어려움이 크고, 피해가 계속 확산되고 있다고 하니 너무나 안타깝다"면서 "불의의 피해를 입으신 분들께 애도와 위로의 말씀을 드린다"고 했다. 이어 "미국은 대한민국이 가장 어려웠던 시절에 우리의 손을 잡아주었던 소중한 동맹"이라며 "하루속히 산불이 진화되고 피해가 복구되기를 진심으로 기원한다."고 밝혔다.

연해주

연해주는 러시아 동부의 지구로 프리모르스키라고 한다.

일제강점기에 일제의 핍박과 자주독립을 위해 우리의 많은 국민들이 연해주로 떠났다. 동해와 둥베이(만주) 사이 북한과 중국 접경지역에 위치하며 행정중심도시 블라디보스토크 항구하면 이해가 빠를 것 같다.

탄광산업이 발달하여 석탄과 주석, 납, 아연 등이 생산되며, 우수리강 주변의 비옥한 농토도 있어서 콩이나 채소 등을 재배하며 겨울의 혹독한 추위를 제외하면 살기에 괜찮은 편이다.

역사적으로 고구려와 발해의 유적들이 발견되고 있으며, 독립운동가 안중근 의사의 단지동맹비석과 최재형(1860~1920)의 독립운동 활동 등 선열들의 얼이 숨쉬는 곳이다.

러일전쟁 당시 고려인 이주정책으로 많은 고려인이 연해주를 떠나 러시아 곳곳에 정착하여 강한 생명력을 이어오고 있다. 러시아로부터 독립한 카자흐스탄이나 우즈베키스탄 등의 고려인 2세들이 모국인 한국에서 우수한 기술과 문화를 습득하여 잘 살아가는 모습은 참 보기 좋다.

얼마 전 강원 속초 공해상에서 연해주 교민이 심근경색으로 시간을 다투는 중 동해해경청에서 헬기로 육지의 대형 병원에 수송을 하여 생명을 구한 미담이 알려지며 연해주 한인회에서 대한민국 해경에 감사를 하며 동해해경청에 감사장을 주었다고 한다.

이동명 연해주 한인회장은 '거친 바다에서 신속하고 침착하게 구조해 준 김성종 동해해경청장님을 비롯한 현장에서 헌신한 동해 해양경찰 여러분 덕분에 소중한 생명을 구할 수 있었다.'며 감사를 전했고, 구조된 사람은 이후 긴급수술 등을 받고 회복돼 현재는 안정을 찾았다고 한다.

■ 페루 교민

'우리는 자유로우며 언제나 그러하리라'

페루는 중남미 지역으로 한반도 면적의 6.5배에 달하는 큰 나라이다.

마추픽추의 고향이며 찬차마요 시장으로 재임(2010~2017)한 교민 정홍원의 인생 여정이 방송되면서 관심을 가지게 되었다.

그는 페루 빈민의 아버지라고 불릴정도로 페루 국민들을 위해 헌신적인 삶을 살아온 분이다. 항상 약자의 편에 서서 병원비 등을 대납하거나 찬차마요에 복지시설을 지어 주민들의 삶을 향상시키기 위한 노력들이 보도되었다. 다른 비판적인 내용들도 있지만 가족관계나 주변을 돌아보면 그가 얼마나 봉사하는 인생관을 가졌는지 알 수 있다.

정치가란 개인적인 명예보다도 국민들의 삶을 더욱 보람되고 가치 있는 일로 자기희생을 각오하는 사람들이 해야하는 고도의 사명감이 없으면 안되는 자기 성찰이 필요하다.

그는 건강 등의 문제로 3선을 포기하고 재선까지 약 8년 동안 찬차마요에서 가장 인기있는 동양인이었다. 한류 열풍으로 K-콘테츠가 페루 전역에 방송되고 유튜브 조회수도 많고 한국어를 배우려고 하는 페루인도 많다고 한다.

쿠스코에 있는 작은 한인문화회관도 K-cluture를 전파하고 홍보하는 역할을 하면서 한국문화 전도사로서 기여를 한다고 한다.

2020년 코로나가 기승을 부리던 펜데믹 때에는 페루교민과 코이카, 여행객 등 198명을 대한항공 전용기에 태워 인천공항에 착륙 각종 공공기관 연수원에 분리 수용하여 한국의 우수한 국력을 보여준 바 있다.

최근에는 페루교민 납치사건 등 사건 사고가 빈번하게 발생하여 여행 주의 지역으로 안전수칙을 잘 준수하여 줄 것을 당부하고 있다. 펜데믹 이후 경제상황이 어려우며 치안상태가 불안한 남미의 페루에서 납치사건의 빈발은 생명이 위태로울수가 있기 때문에 조심해야 한다.

주페루 한국대사관은 안전 공지를 통해 '납치범을 자극하지 말고 몸값 요구를 위한 서한이나 녹음을 요청할 때는 이에 응할 것', '이동할 경우 도로 상태 등을 최대한 기억할 것', '구출된다는 희망을 갖고 최대한 건강 상태를 유지할 것' 등과 같은 피해 시 행동 요령을 공지했다.

◾ 아르헨티나 방송인 황진이

'여러분은 모두 소중하며 꿈을 가지세요'

아르헨티나는 남미에서 브라질에 이어 두 번째로 큰 나라이며 수도는 부에노스아이레스이다. 축구와 탱고의 나라로 기억하며 축구하면 떠오르는 선수가 마라도나와 메시이다. 정말 전설적인 유럽축구의 제왕이라고 불리는 인물들이다.

이러한 걸출한 인물 가운데 남미 최초 아르헨티나 앵커 출신 황진이 방송인이 KBS 설특집 '김영철이 간다'에 소개되었다.

황진이는 유튜브 구독자 145만명이 넘는 인플루언서로 K-pop 등 한국문화를 소개하며 이방인의 삶을 긍정적으로 풀어내었다. 이민자로서 겪어왔던 말못할 내면의 세계를 희망과 용기로 품으며 교민의 명예를 고양시켰다.

아르헨티나 2만 여명의 교민들은 K-pop과 한국전통문화를 전파하며 한국인의 자긍심을 고취해 가는가 하면 재외동포로서 방송인 황진이의 삶이 곧 에너지가 되어 아르헨티나 전역에 흐른다.

황진이는 조선시대 송도삼절(서경덕, 황진이, 박연폭포) 가운데 하나일 정도로 유명한데 그 인물에 인물을 더한 앵커 황진이는 시대를 넘나드는 절세의 영웅이라고 말하고 싶다.
아! 노래의 가사에 나오는 황진이! 황진이!

■ 우즈베키스탄의 2세들

'힘은 정의에 있다.'

우즈베키스탄은 소련으로부터 분리 독립된 나라이다.

우리나라보다도 두배나 크며 수도는 타슈켄트(보석의 도시)이다.

역사 교과서에서 배웠던 실크로드의 정점에 있는 타슈켄트와 티무르의 영웅담, 사마르칸트 등은 여행자의 가슴을 설레이게 하는 것들이다.

다민족 국가로 소련의 연해주 이주정책으로 우리 한민족 고려인이 이주 정착하여 소수민족을 이루며 살아가고 있다.

우리나라가 해방되기 이전의 삶을 되돌아보며 우리 고려인이 겪어야 했던 아픈 기억들이 주마등처럼 스쳐 지나간다. 그러나, 곧고 굳게 고려인의 전통을 이어가며 고려인 2세, 3세에게 한글을 가르치며 독립심을 고양하고 국위를 선양한 그 분들의 생애를 기억해야 한다.

국립 부경대학교에서 우즈베키스탄 2세들의 교육과 우수한 한국문화를 전파하기 위해 자매결연을 맺고 지원을 하는 프로그램에 참여한 고려인 2세들의 향학열과 전통문화 계승은 보물보다도 값진 것이었다.

고려인 2세, 3세가 한국을 터전으로 성장하여 K-문화를 선도하고 부를 이루어 살아가는 상황이 전개된다면 실크로드로 향하는 우리의 마음은 한결 가볍고 따뜻할 것이다.

제14장 파독 광부와 간호사

◐ 대통령의 눈물
◐ 광부의 하루
◐ 간호사의 첫사랑
◐ 남해 독일마을

대통령의 눈물

박정희 대통령 시절 차관 자금을 얻기 위해 독일에 방문을 하였다가 예정에도 없던 광산에 방문을 하게 된다.

한국 대통령의 갑작스런 방문에 깜짝놀란 탄광의 책임자에게 작은 키에 맞는 작업복을 갈아입고 지하 갱도의 고생하는 한국 광부들을 위로하기 위해 직접 탄광 현장에 들어갔다고 한다.

어둠 속에서도 한국 대통령을 알아본 노동자들은 이억만리 타국의 노동 현장을 방문한 대통령의 진심어린 격려에 감사를 하며 함께 부둥케 안고 울었다고 한다.

이 글을 쓰며 한 표도 울고 있다. 그 눈물의 의미가 무엇인지 부족한 부존자원과 담보도 없는 동방의 작은 나라 코리아! 그 광경을 목격한 독일의 고위 관료는 대통령의 성실함에서 진심을 발견하고 차관 자금을 제공해 주었다는 일화는 두고두고 가슴이 미어지게 한다.

이를 발판으로 경부고속도로 건설과 포항제철, 중공업육성 등 경제 개발 5개년 계획이 차질 없이 진행되고 새마을운동이 퍼지면서 헐벗고 가난했던 보릿고개를 극복하고 지금은 산업화와 민주화를 동시에 이룬 세계 유일의 성공한 나라가 되었다.

이 얼마나 가슴 벅찬 대한민국인가?

광부의 하루(파독 광부의 눈물)

'글뤽 아우프!' (살아서 돌아오라!)

독일 광부 파견은 1963~1980년까지 한국의 실업문제와 외화 획득을 위해 정부가 실행한 해외인력파견 정책이었다.

연인원 7,900 여명이 파견되었으며 한국노동청과 독일탄광협회 간의 협정으로 매월 인당 160달러의 고수익이 보장되는 그 당시 상상할 수 없는 외화 수입이었다.

영화 '국제시장'에서도 언급한 바와 같이 도시의 가장이 가정을 책임지기 위해서는 전혀 경험도 없는 탄광 노동자의 지원이 많았다. '인생은 타이밍이야! 타이밍!' 큰돈을 벌기위해 이국만리 머나먼 길을 위험도 마다않고 달려간 한국의 노동자는 그야말로 '애국자'였다.

지하 캄캄한 갱도에서 헤드램프에 의존한 채 땀흘리는 사람! 그 사람이 한국인이었고 우리의 형님, 아버지였다.

단체 생활을 하면서 부자로 여유롭게 사는 독일 사람들을 보며 인간으로서 느끼는 소외감과 부끄러운 자화상은 한국인으로 강인한 정신력이 없었다면 견디기 어려운 시절이었다고 상상이 된다.

3년을 계약하고 갔지만 연장을 해서 고국의 가난을 이겨낸 사람들! 그들의 피와 땀, 돌아오지 못한 영혼이 있었기에 대한민국의 오늘이 있다는 사실을 늦게라도 깨달아야 하겠다.

그리고, 지금 힘들고 어려운 일은 외국인(동남아 등)에게 의지하고 있는 현실을 생각해 보면 외국인에게 인간적인 상냥함을 보내주고 격려해 주어야겠다고 생각된다.

■ 간호사의 첫사랑(파독 간호사의 사랑)

파독 간호사는 1967~1976년까지 10년간 1만 여명의 간호사가 독일에 파견되어 한국의 실업문제와 외화획득으로 한국의 산업화에 크게 기여했다.

먹는 것 외에는 전부 고국으로 보냈어요. 라고 한 어느 간호사의 말처럼 최소한의 생활비를 제외한 돈은 한국으로 보냈다는 것은 사실인 것 같다. 낮은 처우와 고된 노동에도 불구하고 검소하고 성실한 한국인의 따뜻한 마음씨는 독일인에게 감동을 주었고 사랑은 싹트기 시작하였다.

'선혜'는 조국에 사랑하는 남자가 있었다. 독일 파견 간호사로 확정되면서 서로 헤어지기 싫어서 울었던 기억은 동구 밖 서낭당 할머니만 알고 있을 것이다.

귀국이 늦어지고 남자는 결혼을 하였고 선혜의 향수병은 독일 사람들의 정으로 차츰 멀어져 갔다. 선혜가 간호하던 아저씨의 아들은 독일 뮌헨대학을 졸업한 핸섬가이였다. 가끔씩 아버지를 뵈려 왔다가 천사 같은 선혜의 마음씨에 반하고 말았다. 물론 얼굴도 이쁘기도 하고 마음씨까지 착하니 어느 누구도 반하지 않을 사람이 있겠나?

늦게 고국의 첫사랑 남자는 결혼해서 가정을 꾸렸다는 소식을 접하고는 외로운 향수병에 시달리다가 독일의 핸섬가이에게 정을 주었고 서로 사랑하게 되어 가정을 이루어 행복하게 살았다고 한다.

남자들이 군대에 가게 되면 군 3년을 기다리지 못하고 고무신 거꾸로 신는다고 했는데 첫사랑의 향기는 간직할지라도 어쩔 수 없이 혼기에 차 결혼해야 할 운명은 운명으로 받아들여야 하지 않을까?

그 당시 고국으로 돌아오지 않은 많은 동포들이 첫사랑의 아픔을 극복하고 코리아타운을 지키며 승승장구하는 모습을 상상해 본다.

남해 독일마을

남해 독일마을은 2001년부터 파독 광부와 간호사 들이 정착할 수 있도록 전국 방방곡곡을 다닌 결과 낙점된 곳으로 배산임수에 물건항이 보이는 명당이다.

독일식 집을 지어 독일 문화를 체험할 수 있으며 파독 전시관과 원예예술촌 등 관광단지가 조성되어 있어서 하루를 묵으며 힐링을 해도 좋은 곳이다.

독일식 맥주를 마셔도 좋고 남해 물건항의 푸른 바다를 바라보며 달달한 커피와 남해 유자차를 마셔도 좋다. 그 자체로 힐링이 되는 공간이다.

전시관을 보면 우리의 경제가 어려웠던 시절이 생각나기도 하여 눈물이 핑 돌기도 한다. 그들의 희생이 있었기에 오늘날 대한민국의 발전이 있었고 자유를 누리며 살고 있는 지금이 참 좋다.

남해 독일마을 아래로 오래전부터 터전을 잡고 살아온 물건 마을이 있으며, 물건항을 중심으로 방풍림이 조성되어 있어서 슬기롭게 살아온 조상님들의 삶과 인생은 한 폭의 그림과 같다.

남해 독일마을은 2006년 MBC 드라마 '환상의 커플' 촬영지로 이름이 나 있으며 그 당시 철수네 집으로 나왔던 곳이다. 배우 한예슬이 주연을 맡았다. KBS2 예능 프로그램 '1박2일' 촬영지로도 유명하다.

물안개가 자욱한 어느날 새벽! 물건항의 통통배를 타고 물건항에서 가까운 무인도에서 볼락을 낚아올리며 즐거웠던 젊은 시절의 그 사람들과 웃음기 가득한 그 시절이 그리움으로 다가온다.

제15장 맺음말

- 김형석 교수의 백성과 시민
- 미래를 위한 제언

김형석 교수의 백성과 시민

지인이 보내준 카톡의 내용 중에서 김형석 교수의 백성과 시민이 가지는 태도에 대하여 공감 가는 내용은 다음과 같다.

김형석 교수는 국민을 '민초', '백성', '시민'으로 나누며 현재 대한민국 다수 국민이 여전히 '민초'나 '백성' 수준에 머물러 있다고 지적했다.

민초 : 무지하고 복종적인 계층
백성 : 문제를 인지하지만 행동하지 못하는 계층
시민 : 불의에 저항하며 대안을 제시하는 계층

그는 대한민국 국민의 절반 가까이가 경제와 안보의 위기를 외면하고 문제를 만들어낸 세력을 지지하는 민초와 백성에 머물러 있다고 강하게 비판했다.

'시민으로 깨어나야 한다'
김교수는 '지금 궐기하지 않으면 후회할 날이 멀지 않았다'고 경고하며, 대한민국 국민이 행동하는 시민이 되어야 한다고 강조했다.

그는 홍콩의 민주화 시위와 프랑스 혁명을 예로 들며 '시민이 깨어나고 행동해야만 나라를 살릴 수 있다.'고 말했다.

마무리 글로 '나라가 망해가는 것을 보고도 침묵하는 것은 비통한 일'이라며, 국민들이 더 늦기 전에 행동해야 한다고 재차 강조했다.

애국이란 존재 자체이다.

'대한민국은 민주공화국이다.' 헌법 제1조에 규정한 대한민국의 정체성을 얘기한다. 많은 애국시민이 흘린 노력과 피의 상흔들이 오늘의 대한민국을 만들었으며 그 정통성을 지켜가는 것이 미래에 주어진 사명이다.

'역사는 미래다.'라는 말이 있는 것처럼 지금의 MZ 세대들이 지금의 자유와 평화를 끊임없이 이어가길 바라는 심정은 꼰대가 아닌 숭고한 자유의 가치를 너무나 뼈저리게 느낀 선열과 경험을 통해 알게 된 진실을 알리고자 하는 까닭이며, 더 이상의 아픔이 없는 자유대한민국의 숭고한 애국 애민 정신을 지켜나가길 바라는 마음이다.

'애국' 생각만 하여도 나라의 소중한 가치는 두 눈에 흐르는 눈물을 주체할 수 없을 정도로 아름다운 단어이다. 어버이 없이 내가 없듯이 나라 없이 나를 말할 수 있는가? 트럼프 정부의 자국 우선주의로 보호무역이 강화되는 추세에 있으며, 시민이 아닌 불법 체류자의 인권이 무시되어가는 뉴스를 접할 때에 세계 속의 대한민국은 어디쯤 존재하는지 불안하다.

BTS를 통한 문화 대국으로 대한민국의 존재감을 홍보할 필요성이 느껴진다. 지금 대한민국은 어디로 가고 있는가? 묻지 않을 수 없다. 젊은이여 대한민국을 바로 알고 바로 지키자.

미래를 위한 제언

"운명을 믿는 자는 하늘을 원망하지 아니하고
자신을 믿는 자는 남을 원망하지 아니한다."

기회비용인가, 기회박탈인가?
5만명의 희생자가 생겨도 1백만명의 생명을 살릴 천재가 1명 있다면 누구를 살려야 하는가? 거시경제와 미시경제를 다루는 사람은 무엇이 정의인가? 를 알아야겠다.
한참 유행했던 마이클 샌델 교수의 '정의란 무엇인가?'라는 책을 읽으며 정의를 찾기위해 1페이지에서 끝페이지까지 샅샅이 살펴보았으나 무엇이 정의라고 정의한 바가 없다. 벤담이 주장했던 '최대 다수의 최대 행복'이 정의라고 생각하였으나 앞에서 언급한 바와 같이 한 사람의 천재가 1백만명을 살릴 기회와 5만명의 희생 중 무엇이 옳은 것인가?
천재 1명을 살리고 5만명을 희생할 것인지, 5만명을 살리고 100만명을 살릴 천재 1명의 희생을 눈감고 보아야 하는지 그 판단은 독자의 몫으로 남겨 놓았다.
우리 인생의 고민 중 고민은 '선택은 하나다.' 라는 것이다. 경제학적으로 얘기하면 기회비용이다. 똑같은 시간에 연애를 하며 즐거운 시간을 보낼 것인지, 미래를 위해 강의실에서 열심히 공부를 할 것인지 그것은 선택이다. 똑같은 시간에 두 가지 모두를 가질 수 없는 것이 인생이다.

중국 북송의 유학자이자 정치가인 사마광(1019~1086)의 얘기 중 '장독 안에 빠진 아기를 구하려면 장독을 깨뜨려야 한다는' 유명한 일화는 무엇이 중요한지를 깨우치는 지혜의 강변이다.

러시아의 대문호 톨스토이(1828~1910)는 '고난받는 사람들로 인하여 세상은 전진해 간다.'고 했다. 탄핵으로 고통받고 예산 삭감으로 마비된 행정부의 기능이 회복되어 '세계로 뻗어가는 한국, 잘사는 대한민국'이 되길 바란다.

국민이 뽑은 의회의 기능도 제자리로 돌아와 참된 '국리민복'을 위한 의회가 되었으면 좋겠다.

국민이 뽑은 대통령도 임기를 보장하고 대한민국 발전의 초석이 되도록 돕는 것이 국민의 도리라는 생각이다. 무기력한 현실을 극복하고 희망의 새시대를 열어가는 우리 대한민국의 저력을 발휘하자.

대통령의 취임사에서도 살펴보았듯이 오직 국민만 바라보며 국위를 선양하고 '내 생명 조국을 위해' 헌신하고자 하였던 위대한 영웅들의 삶을 통해 '조국이 나를 위해가 아닌 나는 조국을 위해 무엇을 할 것인가'를 고민하자. 미국의 유명 정치가가 말한 '국민의, 국민에 의한, 국민을 위한' 위대한 조국의 지도자가 탄생하길 바란다.

우리의 아버지 할아버지 세대가 핍박받았던 일제강점기와 6.25 전쟁의 피해는 이제는 지난 과거가 되었고 GDP 세계 10위의 선진 대국의 국민으로 자부심을 가지며 앞으로 나아가자.

역사학자들은 '역사는 미래다'라고 정의하지만 병자호란과 정유재란 등 외침에 의한 국난극복, 제주 4.3사건과 거창 난민학살 사건, 가까이는 5.18 등 민족사의 아픔은 치유하기 힘든 혼돈의 역사이다.

한 개인의 인생사도 과거의 어떤 잘못된 일로 현재를 희생하는 것은 어리석다는 생각이다. 그것을 극복하고 미래를 향해 나아가는 방향은 현재를 더 멋있고 아름답게 만든다는 것이 깨달음의 진리이다.

어떤 종교적 이념도 현재를 포기하고 과거에 매달리라고 말하지 않는다. 과거는 흘러간 과거일 뿐 현재를, 미래를 침범할 수 없는 것이다.

미래에 대해 중국이 낳은 세계적 IT 산업 마윈 회장의 성공에 대한 말을 인용하면 다음과 같다.

"나의 성공은 중국 인터넷 비즈니스의 미래, 청년 세대에 대한 믿음이 바탕이다. 젊고 패기 넘치는 유능한 사람들을 믿는 것이야말로 미래를 향한 가장 확실한 자산이다."

'운명을 믿는 자는 하늘을 원망하지 아니하고 자신을 믿는 자는 남을 원망하지 아니한다.'라는 말이 있다. 세상에 대한 믿음을 가지고 성실하게 살아간다면 우리의 미래는 찬란하게 빛나게 될 것이다.

제16장 부록

- 역대 올림픽 개최지(하계)
- 전국 숲체원
- 수산식품 명인
- 자연휴양림1(국립)
- 자연휴양림2(공립1)
- 자연휴양림3(공립2~사립)

■ 역대 올림픽 개최지(하계)

구분	연도	개최 도시	나라 이름	비고
제1회	1896	아테네	그리스	
제2회	1900	파리	프랑스	
제3회	1904	세인트루이스	미국	
제4회	1908	런던	영국	
제5회	1912	스톡홀름	스웨덴	
제6회	1916	미개최	독일	1차세계대전
제7회	1920	안트베르펜	벨기에	
제8회	1924	파리	프랑스	
제9회	1928	암스테르담	네덜란드	
제10회	1932	로스앤젤레스	미국	
제11회	1936	베를린	독일	
제12회	1940	미개최	일본	2차세계대전
제13회	1944	미개최	영국	"
제14회	1948	런던	영국	
제15회	1952	헬싱키	핀란드	
제16회	1956	멜버른	오스트레일리아	
제17회	1960	로마	이탈리아	
제18회	1964	도쿄	일본	
제19회	1968	멕시코시티	멕시코	

제20회	1972	뮌헨	독일	
제21회	1976	몬트리올	캐나다	
제22회	1980	모스크바	러시아	
제23회	1984	로스앤젤레스	미국	
제24회	1988	서울	대한민국	
제25회	1992	바르셀로나	스페인	
제26회	1996	애틀랜타	미국	
제27회	2000	시드니	오스트레일리아	
제28회	2004	아테네	그리스	
제29회	2008	베이징	중국	
제30회	2012	런던	영국	
제31회	2016	리우데자네이루	브라질	
제32회	2020	도쿄	일본	
제33회	2024	파리	프랑스	
제34회	2028	로스앤젤레스	미국	개최예정
제35회	2032	브리즈번	오스트레일리아	"

전국 숲체원

이름	단체예약 등	소재지	비고
국립 김해숲체원	1566-4460	경상남도 김해시	2025.8월 준공
국립 청도숲체원	054-371-7580	경상북도 청도군	전통문화체험
국립 칠곡숲체원	054-977-8773	경상북도 칠곡군	유아전용 자연놀이
국립 대전숲체원	042-718-1501	대전 유성구	어린이 체험 프로그램
국립 춘천숲체원	033-260-5800	강원도 춘천시	산악자전거 등
국립 횡성숲체원	033-340-6300	강원도 횡성군	맨발 치유숲길
국립 제천숲체원	043-653-0246	충청북도 제천시	한방 숲치유
국립 무주숲체원	1566-4460	전라북도 무주군	산림욕과 트레킹
국립 나주숲체원	061-338-8400	전라남도 나주시	금성산 야생차 군락
국립 장성숲체원	061-399-1800	전라남도 장성군	편백숲 등
국립 대운산 치유의 숲	052-237-8600	울산 울주군 온양	청량한 계곡 숲길
국립 부산 승학산 치유의 숲	051-292-5637	부산 사하구	도심속 휴식처
국립 대관령 치유의 숲	033-642-8382	강원도 강릉시	울창한 소나무숲 등
국립 곡성 치유의 숲	061-363-0760	전라남도 곡성군	솔바람 폭포 등
국립 진안고원 산림 치유원	1566-4460	전라북도 진안군	생태,힐링,여행
국립 화순 치유의 숲	061-375-8990	전라남도 화순군	빼어난 암봉 등
국립 양평 치유의 숲	031-8079-7950	경기도 양평군	펫로스 치유 등
국립 예산 치유의 숲	041-331-5970	충청남도 예산군	관모산,옹골산
국립 김천 치유의 숲	054-434-4670	경상북도 김천시	울창한 자작나무 숲
국립 고창 치유의 숲	1566-4460	전라북도 고창군	문수산 편백숲
국립 산림치유원	054-639-3400	경상북도 영주시	소백산 산림

※ 숲e랑 : 고객지원센터 1566-4460

수산식품 명인

명인명	분야	지정연도	주소	비고
제1호 김광자	숭어어란	1999	전라남도 영암	
제2호 이영자	제주옥돔	2012	제주도	
제3호 정락현	죽염	2015	전라북도 부안	
제4호 김윤세	죽염	2016	경상남도 함양	
제5호 김정배	새우젓	2016	충청남도 아산	
제6호 유명근	어리굴젓	2016	충청남도 서산	
제7호 김혜숙	참게장	2018	전라남도 곡성	
제8호 이금선	가자미식해	2020	강원도 속초	
제9호 김천일	마른김	2021	전라남도 완도	
제10호 김헌목	멸치젓	2021	경상북도 경주	
제11호 장종수	명란젓	2022	부산광역시	
제12호 문은희	창난젓	2023	강원도 속초	
제13호 신세경	새우젓	2024	충청남도 홍성	
제14호 윤효미	김부각	2024	경상남도 거창	

자연휴양림1(국립)

지역		휴양림	지역	휴양림	
서울 경기	양평	산음	전북	무주	덕유산
		중미산		부안	변산
	양주	아세안		진안	운장산
	포천	운악산		순창	회문산
	가평	유명산		군산	신시도
	인천	무의도			
강원	정선	가리왕산	전남	순천	낙안민속
	삼척	검봉산		진도	진도
	강릉	대관령		장성	방장산
	평창	두타산		장흥	천관산
	양양	미천골	경북	영양	검마산
	인제	방태산		문경	대야산
		용대		봉화	청옥산
	원주	백운산		영덕	칠보산
	철원	복주산		울진	통고산
	홍천	삼봉		청도	운문산
	춘천	용화산	경남	부산	달음산
	횡성	청태산		김해	용지봉
	화천	화천숲속		울주	신불산
충북	청주	상당산성		함양	지리산
	보은	속리산		남해	남해편백
	단양	황정산			
충남	보령	오서산	※ 자세한 정보는 각 휴양림 홈페이지 참조바라며, 바우처와 다자녀 등은 우선예약 또는 우선 추첨 가능함.		
	서산	용현			
	서천	희리산			

자연휴양림2(공립1)

지역		휴양림	지역		휴양림
인천 경기	가평	강씨봉	충북	단양	소백산
		칼봉산			소선암
	연천	고대산		보은	충북알프스
	안성	서운안		청주	옥화
	인천	석모도		옥천	장령산
	양평	양평쉬자파크		음성	백야
		용문산			수레의산
	용인	용인		증평	좌구산휴양랜드
	의왕	의왕바라산		보은	속리산숲체험휴양
	포천	천보산	세종 충남	공주	산림휴양마을
	남양주	축령산		세종	금강
	동두천	동두천		금산	산림문화타운
강원	홍천	가리산		부여	만수산
	춘천	강원숲체험장		예산	봉수산
		집다리골		보령	성주산
	양구	광치		태안	안면도
	철원	두루웰숲속문화촌		논산	양촌
	영월	망경대산		아산	영인산
	양양	송이밸리		홍성	용봉산
	원주	치악산		청양	칠갑산
	태백	태백고원		천안	태학산
	평창	평창		대전	장태산
	인제	하추	부산 경남	거제	거제
	강릉	임해		거창	금원산
충북	충주	계명산			항노화힐링랜드
		문성		산청	한방
		봉황		양산	대운산
	제천	박달재		창녕	화왕산
		옥전		하동	구재봉
	영동	민주지산			하동편백
	진천	생거진천		함양	대봉산
	괴산	성불산			산삼, 용추
		조령산		합천	오도산

자연휴양림3(공립2~사립)

지역		휴양림	지역		휴양림
대구 경북	안동	안동계명산	전남	순천	순천
		안동호반		여수	봉황산
	군위	군위장곡		완도	완도
	의성	금봉		해남	흑석산
	성주	독용산성		화순	백아산
	칠곡	송정			한천
		팔공산 금화	제주	제주	교래
	구미	옥성			제주절물
	김천	수도산		서귀포	서귀포
	영천	운주산 승마			붉은오름
		보현산	사립		
	청송	청송	경기	가평	청평
	경주	토함산		양평	양평설매재
	대구	비슬산	강원	삼척	삼척활기
		화원		원주	피노키오
	봉화	문수산		횡성	횡성
	울진	구수곡	경남	산청	중산
	고령	미숭산		하동	덕원
	상주	성주봉	경북	예천	학가산우래
	포항	비학산	전북	남원	남원
	영양	에코둥지	전남	화순	무등산편백
	청도	청도			
전북	완주	고산	※ 산림청에서 운영하는 숲나들e 예약정보시스템 활용 통합고객센터 1588-3250		
	진안	데미샘			
	장수	방화동			
		와룡			
	남원	흥부골			
	무주	향로산			
전남	강진	주작산			
	고흥	팔영산			
	광양	광양백운산			
	구례	산수유			
	보성	제암산			

제17장 참고문헌

※ 참고문헌

강철근(2022), "윤석열의 길", 이지출판.
김성진(2015), "사람이 먼저다 꿈을 키우라:리더의 자격", 씨앤북스.
김종대(2015), "이순신, 신은 이미 준비를 마치었나이다", 가디언.
김형석(2024), "105세 철학자 백년의 지혜", 21세기북스.
나폴레온 힐 지음, 김정수 편역(2007), "나폴레온 힐 성공의 법칙", 중앙경제평론사.
다니엘 사피로, 로저 피셔 지음, 이진원 옮김(2013), "원하는 것이 있으면 감정을 흔들어라", 한국경제신문.
라이너 지텔만 지음, 서정아 옮김(2022), "부의 선택", 위북.
마이클 샌델 지음, 이창신 옮김(2009), "정의란 무엇인가", 김영사.
문갑식, 배진영(2017), "그리운 박정희", 조선뉴스프레스.
박근혜(2021), "그리움은 아무에게나 생기지 않습니다", 가로세로연구소.
박근혜(2024), "박근혜 회고록: 어둠을 지나 미래로", 중앙북스.
박지성(2015), "박지성 마이 스토리", 한스미디어.
앨빈토플러・하이디토플러 저, 김중웅 옮김(2017), "부의미래", 청림출판.
이중근(2014), "6.25 전쟁 1129 일", 우정문고.
정주영(2004), "이 땅에 태어나서", 솔.
제임스 알렌 저, 안희락 옮김(2007), "원인과 결과의 법칙", 지식여행.
조수미(2010), "꿈꾸는 프리마돈나 조수미", 창해.

국경없는의사회(2025), https://msf.or.kr/about/
나무위키(2025), https://namu.wiki/
다음 백과사전(2025), https://100.daum.net/
대한민국정책브리핑(2025), https://korea.kr/news/
문화체육관광부(2025), https://mcst.go.kr/
산림청 자연휴양림(2025), https://forestrip.go.kr/
소심 소소 소중(2025), 제14대 김영삼대통령 취임사
소심 소소 소중(2025), 제15대 김대중대통령 취임사
숲e랑(2025), https://www.sooperang.or.kr/main.do
전국해양스포츠제전(2025), http://brnmsg.kr/
한국갤럽(2025), https://www.gallup.co.kr/
한국극지연구원(2025), https://www.kopri.re.kr/kopri/html/infra/
한국산림복지진흥원(2025), https://www.fowi.or.kr/
한국수산회(2025), http://korfish.or.kr/
해양수산부(2025), https://www.mof.go.kr/doc/ko/selectDoc.do
행정안전부대통령기록관(2025), https://www.pa.go.kr/

애국심
영웅들의 생각과 삶! 스타들의 말과 행동!!

2025년 5월 28일 인쇄
2025년 5월 30일 발행

지은이 | 황광석
펴낸이 | 박중열
펴낸곳 | 다솜출판사
　　　　부산광역시 중구 대청로 135번길 10-1
　　　　TEL.(051)462-7207~8　FAX. 465-0646
등록번호　1994년 4월 22일 제325-2001-000001호

정가 22,000원
* 저자와 협의에 의해 인지를 생략합니다.

ISBN 978-89-5562-815-9　03810